"国家级一流本科课程"配套教

普通高等学校新时代公共体育课系列教

大学篮球运动

DAXUE LANQIU YUNDONG

李芃松 主编

宋　鸽 副主编

陈哲夫

赵志男

大连理工大学出版社

Dalian University of Technology Press

图书在版编目(CIP)数据

大学篮球运动 / 李芃松主编. -- 大连：大连理工大学出版社，2024.1(2024.1重印)
ISBN 978-7-5685-4388-0

Ⅰ.①大… Ⅱ.①李… Ⅲ.①篮球运动－高等学校－教材 Ⅳ.①G841

中国国家版本馆CIP数据核字(2023)第102850号

大连理工大学出版社出版

地址：大连市软件园路80号 邮政编码：116023
发行：0411-84708842 邮购：0411-84708943 传真：0411-84701466
E-mail:dutp@dutp.cn URL:https://www.dutp.cn
大连图腾彩色印刷有限公司印刷 大连理工大学出版社发行

幅面尺寸：185mm×260mm	印张：13.5	字数：328千字
2024年1月第1版		2024年1月第2次印刷

责任编辑：邵 婉 王 洋　　　　　　责任校对：朱诗宇
封面设计：奇景创意

ISBN 978-7-5685-4388-0　　　　　　定 价：50.00元

本书如有印装质量问题，请与我社发行部联系更换。

前言 Preface

本教材以落实中共中央办公厅、国务院办公厅印发的《关于全面加强和改进新时代学校体育工作的意见》中提出的"加强体育课程和教材体系建设"的意见为目标,全面贯彻党的教育方针,以立德树人为根本,坚持健康第一的教育理念,推动青少年文化学习和体育锻炼协调发展,帮助学生在体育锻炼中享受乐趣、增强体质、健全人格、锤炼意志。

本教材由大连理工大学篮球教学课程团队编写。该课程团队先后获得"校级金课""省级一流本科课程""国家级一流本科课程"等荣誉,团队成员包括职业球员、国家级裁判、大学生篮球联赛教练等。本教材是在资深专家的指导和建议下,结合近年来普通高校本科学生对大学篮球课程的需求,在广泛汲取同类教材精髓的基础上,精心设计编写而成的。

本教材共六章,其中第一、第二章由赵志男编写,第三、第四、第五、第六章由宋鸽、陈哲夫、王磊、刘乃俊、朱晓龙、毕然共同编写,李苋松、宋鸽、陈哲夫负责编辑、整理、统稿。

本教材除了对篮球运动发展、基本技术、基本配合、基本战术等方面进行讲解外,还充分考虑了当前学校体育对于提升大学生身体素质的重要任务,结合篮球运动专项特点,介绍了体能练习方法。同时,为了能让大学生更加全面了解和掌握篮球比赛中不同角色的职责,本教材还介绍了组织篮球比赛的方法以及篮球比赛规则常识,凝聚了教学团队教师多年的教学经验。

尽管本教材的编写经历了长时间的酝酿和反复修改,但错误和不妥之处在所难免,恳请专家、同行和广大读者提出宝贵意见。

编 者

2023 年 12 月

目录

第一章　篮球运动概述 ·· 1
第一节　篮球运动的起源与演变 ··· 1
第二节　篮球运动的特征与价值 ··· 6
第三节　篮球运动的重要组织与重大赛事 ·· 11
第四节　篮球运动的规律及发展趋势 ·· 15
课后题 ··· 22

第二章　篮球运动技术训练 ·· 23
第一节　篮球初级技术 ··· 23
第二节　篮球中级技术 ··· 44
第三节　篮球高级技术 ··· 62
课后题 ··· 69

第三章　篮球运动战术训练 ·· 70
第一节　篮球初级战术 ··· 70
第二节　篮球中级战术 ··· 87
第三节　篮球高级战术 ··· 98
课后题 ··· 105

第四章　篮球专项体能训练 ·· 106
第一节　力量素质 ··· 106
第二节　速度素质 ··· 121
第三节　耐力素质 ··· 133
第四节　灵敏素质 ··· 139
课后题 ··· 143

第五章　篮球运动竞赛组织及比赛规则 ······································ 144
第一节　篮球运动竞赛基本理论 ·· 144
第二节　篮球运动竞赛的组织与编排 ·· 146

  第三节 篮球运动竞赛中的球队组成……………………………………………154
  第四节 篮球比赛规则……………………………………………………………165
  课后题……………………………………………………………………………………183
第六章 篮球运动教学与训练中的保障体系……………………………………………184
  第一节 篮球运动中常见损伤的防治…………………………………………184
  第二节 篮球运动中疲劳的产生与恢复…………………………………………190
  第三节 篮球运动教学与训练中膳食营养的补充…………………………………196
  课后题……………………………………………………………………………………209

参考文献………………………………………………………………………………210

第一章 篮球运动概述

篮球运动有着悠久的历史，它以较强的健身性、娱乐性、竞争性等特点深受人们的欢迎和喜爱。篮球运动的演进和发展史与整个时代背景是分不开的。在现代竞技体育快速发展的今天，竞技篮球运动的水平也发展到了一个相当高的水平。对于热爱篮球运动的人来说，篮球不仅是他们的日常喜好，甚至已经成为他们生活中的一部分。

篮球运动发展

第一节 篮球运动的起源与演变

一、篮球运动的起源

篮球运动是在一定的历史条件下产生与发展的，伴随着19世纪中叶工业革命的进行，人们的思想观念发生了重大的变化，追求健康、文明、进步和富裕的生活方式成为时代发展的新潮流。另外，美国由于经济的发展和国力的增强，科教文化事业也受到了空前的重视。这些都为篮球运动的产生奠定了必要的基础。

1885年，在美国马萨诸塞州的斯普林菲尔德学院中，有一位名叫詹姆斯·奈史密斯的体育教师，他非常重视青少年身心的全面发展，主张通过体育锻炼来达到培养学生心智的目的。但是由于马萨诸塞州的地理因素——冬季通常较为寒冷，夏季又多有特大暴风雨，在美国比较流行的棒球运动无法开展，原本在户外进行的体育课就不得不转为在室内进行的古典体操运动课程。根据参与古典体操运动课程的学生数量越来越少的情况，詹姆斯·奈史密斯认为学生们普遍对这项运动感到厌烦。为解决这一问题，根据学生在大学时代大多有运动经历的特点和冬季室外开展活动困难的情况，考虑设计一项适合冬季在室内进行比赛的运动项目。这一运动项目就是现代篮球运动的雏形。

詹姆斯·奈史密斯根据当时的实际情况，为篮球运动的设计提出了三个基本要求：第一，保持文明，去除野蛮，消除人们对当时体育运动（如橄榄球运动）中各种粗野行为的恐惧心理；第二，新设计的运动不受季节和气候影响，也可在室内和晚上进行；第三，要不断改进训练内容和方法，让不同年龄、性别的人都参与到运动中来。

在以上三个方面要求的影响下，詹姆斯·奈史密斯于1891年12月，从工人和儿童用球向桃篮内做投准的游戏，以及他小时候在家乡玩耍时用石头向立在高处岩石上的石块抛掷"打落野鸭子"的游戏中受到启发，然后结合曲棍球、橄榄球、足球等运动的特点，设计了以投掷准确性程度来计分并决定胜负的新游戏。后来，以此为基础，在一定地面范围的场地两端设置两个竹制桃筐，展开投篮游戏，篮球运动由此而诞生。

综上所述,现代篮球运动是由游戏发展而来的,正是这个在当时看似有趣、娱乐性很强的游戏,发展成为世界范围内最具有影响力的运动之一。

二、现代篮球运动的发展历程

到现在,篮球运动已有一百多年的历史。在这一百多年的发展过程中,篮球运动经历了各种变化,其发展阶段可分为以下五个时期。

(一)初创探索时期

初创探索时期为19世纪90年代至20世纪20年代。篮球运动自产生后便很快广为传播,最先在美国和加拿大广泛流行,随后传入墨西哥、法国、英国、中国、巴西、捷克斯洛伐克等国。1904年,第3届奥运会在美国圣路易斯举行,美国青年会男子篮球队首次进行了篮球表演赛。此后,篮球运动逐步在美洲、亚洲、欧洲和大洋洲开展起来。

这一时期,篮球运动发展的主要特点表现在以下两个方面。

(1)没有明确的规则,也没有人数、场地设备限制。初创时期的篮球运动没有明确的竞赛规则,场地大小不等,活动人数也不受限,仅在一块狭长的空地两端各放一个桃筐,竞赛时把参加者分成人数相等的两队,分别以横排站在场地两端界线外,当主持竞赛者在边线中点把近似现代足球大小的球抛向场地中心点后,两队便集体向球落地点奔跑抢球,随即展开攻守对抗。竞赛以球进筐后得1分,累计得分多者获胜,而且每进一球后都需要按开始时的程序重新开始。为使比赛合理进行,1892年,詹姆斯·奈史密斯对比赛场地做了分3段区域的规定(通常以进攻为例,称为后场、中场和前场),同时确定了比赛时的要求,如不准个人持球跑、限制攻守对抗中队员间身体接触的部位,以及对悬空的篮筐装置明确了要求等。

(2)在实践中逐渐增加了一些关于场地设备、动作等的规则要求。具体来说,主要表现在三个方面:第一,场地有了大小规定;第二,篮筐可设置于地面,也可悬于空间靠挂;第三,对游戏时的动作行为有了简单的要求等。

关于必须执行的比赛规则,直到1915年,美国国内才得到统一,其中比较重要的几项规则有:第一,比赛时间分为前后两节各15分钟,节间休息5分钟;第二,某方队员累计犯规3次时,判对方投中一个球;第三,可以用单、双手运球,但不允许用脚踢球,不准用手或脚对对方队员进行打、推、拉、绊、捶,违者记一次犯规,若第二次犯规判犯规者停止比赛,直至对方投进一个球后方允许其进入场地参赛;第四,产生故意或具有伤害性的犯规时,取消犯规者该场比赛的资格,而且不得换人;第五,对掷界外球规定在5秒内完成,超过5秒时,裁判员可判为违例,由对方发界外球;第六,比赛结束时若双方打成平局,经双方队长同意后,可延长比赛时间,直至先投进一个球的队获胜为止。

后来,随着比赛规则的不断变革,比赛场地也随着得到了进一步的改进,具体来说,主要体现在以下两方面:首先,增画了各种区位的限制线,如中圈以及罚球线,之后又增加了中线;其次,篮圈使用了较规范的铁圈,篮圈后部的挡网由木质制作的不规则挡板替代并与篮圈连接,近似于现代所使用的篮板装置。比赛场地有了进一步的改进之后,受此影响,竞赛程序也有了一定的变化,如改由中圈跳球开始,比赛中的队员有锋、卫的位置分工,前锋、中锋在前场进攻,后卫负责守卫本方篮筐以及把球传给中场和前场的中锋与前锋。篮球运动的规则在试行中不断得以完善。

1904年，美国组队在第3届奥运会上进行了世界第一次篮球表演赛。至20世纪20年代末，尽管篮球运动在国际上还没有形成统一的规则，但有一些基本的规则已经确定，例如，上场队员已基本定为5名，球场有了电灯泡式的限制区，罚球时的攻、守队员分列站位。但此时攻守技术较简单，普遍是双手做几个传、投的基本动作，竞赛中主要是以单兵作战为主要攻守形式，战术配合还在朦胧时期，篮球运动处于初创阶段。1891—1920年，篮球运动显著的趣味性特点使其在美国各类学校中得到了迅速推广，在这种迅速的发展势头下，1926年开始举办职业性篮球联赛。另外，这一时期，随着美国文化、宗教的扩张，通过基督教青年会组织以及教师、留学生间的交往，篮球运动开始先后在美洲、欧洲、亚洲、澳洲及非洲个别国家和地区逐渐传播，为下一时期的进一步发展打下了坚实的基础。

(二)完善传播时期

完善传播时期为20世纪三四十年代。这一时期是篮球运动发展的第二个时期，其发展特点主要表现在以下几个方面。

(1)篮球运动逐渐被各国青年人喜爱，于1932年在日内瓦成立国际业余篮球联合会。

(2)初步制定了13条比赛规则，明确规定了上场参赛的人数和时间，同时对篮球场地、设备进一步加以规范，划分了比赛场地的不同区域，并在1936年第11届奥运会上将篮球列为男子竞赛的正式体育项目。

(3)攻守技术动作增多，开始出现基础战术配合，掀起了篮球运动第一次发展的高潮。

在20世纪30年代以前，篮球运动的技术还较为单调，基本没有战术的参与，更多的是依靠强壮的身体和身高优势强行进攻。20世纪30年代以后，篮球运动中单兵作战的基本形式逐渐被掩护、协防等几个人的相互配合所充实。

为适应并推动世界各国篮球运动的普及与发展，1932年6月8日，在瑞士的日内瓦，由葡萄牙、阿根廷等欧美八个国家的代表酝酿组织国际业余篮球联合会，会上以美国大学生篮球竞赛规则为基础，初步制定了国际上统一的13条竞赛规则等。这一时期，篮球运动中的攻守技术动作增多，基础战术配合也开始出现，在一定程度上标志着第一次发展高潮的到来。

1936年，第11届奥运会将男子篮球列入正式比赛项目。奥运会后，国际业余篮球协会宣告成立，对比赛规则做了统一规定并不断充实。这也标志着竞技篮球运动正式诞生，并成为一项现代竞技运动，开始登上国际竞技舞台。

到了20世纪40年代，在篮球技术、战术的不断演进、发展和高大队员的涌现的影响下，比赛规则又得到了进一步的充实和修改，其中，改进较为显著的有以下几个方面。

(1)严格了侵人犯规罚则和违例罚则；

(2)篮板有规范的长方形和扇形两种；

(3)球场上的中圈分为跳圈和禁圈两个同心圆，球场罚球区的两侧至端线明确分设了争抢篮板球的队员分区站位线等。

除上述三点改进外，篮球运动的技战术也得到了较好的发展，并且逐渐形成体系，向着集体对抗性方向发展。到了20世纪40年代末，很多战术阵型和配合打法被世界各国的篮球队所运用，其中较为突出的战术有进攻中的快攻、掩护、策应战术，防守中的人盯人防守、区域联防等。这标志着篮球运动进入了完善传播的新时期。

(三)普及发展时期

普及发展时期为20世纪50年代到60年代末。这一时期是篮球运动发展的第三个时期,其发展特点主要表现在以下两个方面。

(1)全球近百个国家与地区已经开始广泛流行篮球运动,各大洲国家组织了频繁的竞赛活动,男、女世界篮球锦标赛试行,篮球运动逐渐得到广泛普及。

(2)篮球技战术创新发展,比赛场地设施及处罚规则进一步完善,进一步促进运动技术、战术的快速发展,形成了科学的攻防体系。

20世纪五六十年代后,篮球运动在全球近百个国家与地区广泛普及,包括大部分发达国家和发展中国家。在这一阶段,越来越多的各种级别的篮球赛事被组织起来,其中,代表世界篮球最高荣誉的男、女世界篮球锦标赛也开始试举办,篮球运动逐渐家喻户晓。

随着篮球运动的普及,篮球运动技术、战术的创新发展,规则对技战术的不断制约和相互促进,篮球运动员的身高开始成为现代篮球竞赛中决定胜负的重要因素之一。因此,一种固定型的利用高大队员强攻篮下的中锋打法风靡一时。1950年和1953年分别在阿根廷与智利举行了第1届世界男、女篮球锦标赛,这两届比赛均呈现出高大球员雄霸篮坛的趋势,在一定程度上冲击了国际篮球运动,并且使得篮球规则在场地、区域划分和时间上对进攻队增加新的限制,其中表现较为突出的有:第一,20世纪50年代将篮下门字形限制区扩大成梯形限制区,一次进攻限制为30秒;第二,20世纪60年代中期曾一度取消中场线,至20世纪60年代末,又恢复了中场线等。攻守区域的限制、高度与速度的交叉渗透互相促进,有力地推动了攻守技术、战术的全面发展。到了20世纪60年代末,世界篮球运动的战术打法开始呈现出不同的特点,其中较为显著的有三种类型:第一种是以美国队为代表的高度与技巧相结合的美洲型打法,第二种是以苏联队为代表的高度、力量和速度相结合的欧洲型打法,第三种是以韩国队、中国队为代表的矮、快、准、灵相结合的亚洲型打法。这三种战术打法的出现标志着篮球运动进入普及与发展时期。

(四)全面提高时期

全面提高时期为20世纪70到80年代。这一时期是篮球运动发展的第四个时期,其发展特点主要表现在以下几个方面。

(1)篮球运动员身高、技术的有机统一和队伍整体高空战术配合的形成,地面与空间协同组合的战术配合及速度与高度的对抗日趋激烈,高智慧、高技巧、高强度、高对抗、高速度、高比分的抗争成为篮球运动新时期发展的新趋势。

(2)随着篮球比赛规则的数次修改,增加了追加罚球和3分球的规定,调整了进攻时间,提高了攻防转换速度,重新构建了篮球技战术新体系。

(3)第二次发展高潮的标志是20世纪70年代中期女子篮球运动被列为第21届奥运会竞赛项目,并逐步向男子化靠拢。

进入20世纪70年代以后,身高优势越发被篮球界重视,身高2米以上的队员大量涌现,篮球竞赛的空间争夺进一步激烈。为此,规则对高大队员在进攻时做出了更多的限制与要求,以利于调动防守和身高处于劣势队伍的积极性。1973—1978年,竞赛规则又有了进一步的调整和改进,具体来说,主要体现在两个方面:一方面是对犯规做出了数次调整,另一方面则是增设了追加罚球的规定。这促使防守和进攻技术与战术在新的制约条件下,转向既重视高度又重视速度、既促进进攻又鼓励防守,以确保攻守平衡发展,同时又有力地促使运动员由平常的体能素质、身体形态、技术应用型向技巧、智慧以及多变的综合型方向发展。进攻中的对抗技术、快速技术和高空技术在综合运用中趋于技巧化,全面技术与整体性、综合性、频繁移动穿插掩护的运动打法取代了传统单一的攻击性技术、机械的战术配合和相对固定阵型的打法;防守更具有破坏性和威胁力,贴身平步站位,积极抢时、抢距、抢位,身体有关部位主动用力地破坏性个体防守和集约性防守战术逐渐取代了个人运用的远距斜步和弓箭步蹲站式干扰性防守,以及单一的整体阵型式防守战术。尤其是1976年第21届奥运会增加了女子篮球比赛(女子篮球由此被正式列入奥运会竞赛项目)和1978年增加了男子世界篮球锦标赛后,逐渐展示出了现代篮球运动向立体型当代化发展的新特点、新趋势。具体来说,主要表现为高身材、高技巧、高速度、多变化、大比分、高空技术。到20世纪80年代,这一趋势和特点则更为突出与明显。为此,20世纪80年代中期又对篮球竞赛的进攻时间、犯规罚则等规则做出了新的修改,场地规定了远投区和3分球规定等,现代篮球运动进入更高水平的全面提高和发展时期。

(五)创新攀登时期

创新攀登时期为20世纪90年代至今。这一时期是篮球运动发展的第5个时期,其发展特点主要表现在以下三个方面。

(1)掀起了第三次发展高潮,世界篮球运动朝着科技化、竞技化、智谋化、多变化、凶悍化、技艺化、职业化、产业化融于一体的当代化方向发展。

(2)篮球规则对比赛场地区域、速度、高空争拼及攻守技术、战术的合理运用,以及比赛的时间、方式都进行了新的规定。

(3)篮球运动技术动作不断创新,战术精湛,力求实效,阵型多变,运动员内外攻守区域分位趋向模糊,高空争夺更趋凶悍,竞技艺术更显观赏性。

进入20世纪90年代,国际奥委会解除了禁止职业运动员参加奥运会的禁令。在此后的第25届西班牙巴塞罗那奥运会上,以乔丹、约翰逊等为代表的美国"梦之队"将这项运动技艺展现得更加充实完美,战术打法更为精练、多变、实用。这也标志着世界篮球运动第三次发展高潮的掀起。

这一时期,不仅男子篮球职业化发展较好,受其影响,女子篮球也有一定程度的发展,并逐步向职业化的方向努力。美国于1995年率先组织了女子职业俱乐部(WNBA),举办了女子职业联赛。欧洲、亚洲等地也陆续出现女子职业俱乐部,并举办女子职业联赛。

1999年12月,国际篮球联合会决定从2000年奥运会后对篮球竞赛规则实行某些新的规定,具体来说,主要表现在以下几个方面:第一,比赛分为四节,每节比赛时间为10分钟;第二,将球队每次进攻的时间从30秒缩短为24秒;第三,球由后场进入前场的时间限制为8秒;第四,各队每节如果有4次犯规,对以后发生的所有犯规都要处以两次罚球;第五,奥运会和世界锦标赛可以实行3人裁判制度;第六,各队交替拥有球权等。

从上述内容可以看出,无论男子篮球还是女子篮球,现代篮球运动的发展方向都是智、高、快、全、准、狠、变,技术、战术运用技艺化,各种风格、不同打法高度文化性、高度观赏性、高度商业性。

第二节 篮球运动的特征与价值

随着篮球运动的不断发展,其自身所具有的健身、教育、宣传和社交等功能逐步显现,并得到各级教育主管部门和学校领导的认同。通过积极开展校园篮球运动,丰富校园文化生活,展现校园风采,提升学校的社会知名度,同时增强师生体质,陶冶情操,实现教育目的已成为全社会的共识。

21世纪,篮球运动以其无可比拟的发展速度和规模,成为一种全球性的人文景观和社会文化现象,并且在可以预见到的未来,其商业化和全球化的趋势仍会进一步加深。因此,这项运动所反映出的基本规律、时代特点及其自身在与社会互动中所体现出的价值尤其值得探讨。本节将介绍有关于篮球运动的时代特征以及价值。

一、篮球运动的时代特征

(一)高度与速度的逐步统一

篮球运动从诞生之日起,争夺高空优势就成为其显著特点。从20世纪50年代开始,美国篮球率先追求身高优势,并很快得到其他国家的效仿,但这一时期,比赛双方攻守战术简单、打法呆板、节奏缓慢、队员灵活性较差,比赛的精彩程度、激烈程度大打折扣。从20世纪60年代开始,美国队在技战术方面有了新的发展,高大队员技术全面,进攻从固定位置配合发展为换位进攻配合。苏联的高中锋特卡钦柯也被技术全面的萨博尼斯取代,说明了身高在篮球比赛中固然重要,但是兼具速度、灵敏以及技术全面的高大队员更不可或缺。

现代篮球运动已从单一的高空优势发展为地面与空间并举、高度与速度平衡的立体争夺,身高、技术、速度的同步发展已成为现代篮球运动的特点之一。只有高度而没有速度,再加上高大队员缺乏全面的身体素质和过硬的技术,同样无法在球场上立足。

(二)进攻与防守日趋平衡

篮球运动的进攻与防守是篮球比赛的两个对立面,在相互斗争中促进篮球运动的发展。进攻是矛盾的主要方面,只有进攻才能得分取胜。然而防守却是巩固得分并扩大领先优势的重要方面。在长期的发展过程中,攻与守始终围绕着"平衡与不平衡"的矛盾斗争并不断促进和提高篮球技战术水平,是篮球运动自身相互促进、共同发展的基本特征。随着进攻技战术水平的不断提高,必然促进防守技战术水平的提高,防守水平的提高反过来促进着进攻水平的不断提高。当前国际上的篮球强队都能够保持攻守的平衡,攻守平衡已成为现代篮球技战术训练构思和确定具体打法的重要特点之一。

(三)身体与技术紧密结合

现代篮球运动,运动员具备良好的身体素质,不仅是掌握高难度技术的需要,也是实施先进战术的基础,更是比赛中发挥技术水平的保证。我们所看到的大力扣篮、强力突破、对篮板球的争夺以及外围的投射等动作,都离不开良好的身体素质。现代篮球比赛速度加快,空间争夺激烈,要求运动员必须做到速度和技术紧密结合。现代篮球比赛运动身体接触频繁,要想发挥技术,必须把身体和技术紧密结合。

(四)全面与特长兼备

培养既全面又有特长的篮球运动员是现代篮球运动发展的又一基本特点,而20世纪50年代以前,运动员只要有一技之长就能在比赛中发挥作用。现代篮球运动由于运动员的身高不断增长,比赛速度不断加快,攻守战术更加灵活,场上移动更加频繁,运动员个人活动范围不断扩大,在这种情况下,运动员必须掌握全面的技术才能在比赛中发挥作用。

(五)智力与体力并重

智力是指篮球运动员在比赛中能够运用自己的知识、经验来观察、判断和预测。体力是指运动员在比赛中所付出的力量。当今各国篮球队大力发展运动员的身体素质和技术,在激烈的比赛中,不仅需要出色的体能,智力也是影响比赛结果的重要因素。显然,现代篮球赛程中的情况瞬息万变,需要运动员根据场上防守者的情况审时度势,发现对手的薄弱环节,并做出正确的选择。

(六)准确是获胜的保证

篮球运动从诞生之日起,就以比赛双方得分多少决定胜负,投篮命中率始终是比赛双方争夺的焦点,投篮次数与命中率是决定比赛结果的重要因素。当前,一场比赛投篮的次数在不断增加,比赛中投篮命中率普遍提高。为了培养更多的投篮手,世界强队都加强了投篮训练,同时也对投篮密度、强度和对抗能力等方面进行了强化训练。

除了要求投篮准确率之外,为了在比赛中合理运用技术,技术动作的准确性同样至关重要。传球及时到位、运球转换变化、投篮时机把握以及防守判断的准确性等,不仅是衡量技术运用水平的首要标准,也是完成整体行动的基本保证。在运用技术过程中,要求配合的空间、时间与地面的结合极为精准,只有做到思想统一、行动一致、变化及时、配合协调,战术的运用才能达到最佳效果。因此,准确是目标,快速和高度是条件,没有准确性做保证,快速和高度的优势会失去它应有的价值。

(七)对抗技战术发展的核心

篮球运动是一项攻守双方直接对抗的竞技项目。现代篮球运动发展的一个显著特点就是贴身攻防的对抗手段以及凶悍拼抢的顽强作风日益增强。一名运动员水平的高低,一支球队实力的强弱,很大程度上取决于高强度、高负荷的对抗能力的强弱。这种强对抗、高负荷的特点不仅是现代篮球运动的结晶,更是竞技篮球比赛当代化的要求和特征。

篮球运动的对抗主要表现在篮板球争抢的有利位置和篮下强攻等方面。因此,除了技术运用要具有对抗性外,在战术打法上也要适应激烈的对抗。总之,当前篮球运动对抗性的主要特征是提高防守的攻击性,加强技战术的组合,加快攻防节奏。

二、篮球运动的基本价值

(一)健身价值

篮球运动持续的时间可长可短,但需要参与者快速奔跑、突然与连续起跳、敏捷反应与力量抗衡。经常参加篮球运动,可使身体各部分的肌肉坚实、发展匀称、体格健壮。篮球运动可以促进力量、速度、耐力、弹跳、灵敏等运动素质的发展。篮球运动也是一项高强度的对抗性运动,要求机体代谢能力旺盛,体内能源物质快速转换,因而能使心血管、呼吸、能量代谢、内分泌、感觉系统以至全身各组织器官发生相应的机能适应性变化,并在神经系统的统一指挥下相互协调配合,促进人的低级功能对高级功能的纵向服从和横向协调,使人体产生良好的健康效应。经常参加篮球运动,在篮球运动过程中经常变换技术动作,对提高神经中枢的灵活性、提高神经中枢协调支配各器官的能力,具有很好的作用。

篮球运动属于非周期性运动项目,与周期性运动项目重复某一种动作相比,篮球运动的技术动作复杂,人们通过身体的不同部位(手、头、躯干)直接与球接触的方法进行运动。篮球运动的这种多变性能够全面发展人的走、跑、跳等基本能力,使人体的素质得以平衡发展。并且篮球运动的成绩不是测量、比较的结果,而只能是双方直接对抗的结果,这种对抗能够提高人体感受器官的功能,提高分配和集中注意力的能力、时间、空间的感受能力和定向能力,提高中枢神经的灵活性以及协调、支配各器官的能力。在当今社会生活中,诸如电脑操作、车辆驾驶等对人们技能的要求越来越高,因此,篮球运动对人体各种能力的发展日显重要。

从事篮球运动,还可以发展和改善人的生理机能,因为篮球运动创设了一种特殊的运动环境,体能的突破有别于厘米、千克、分秒的改变,而存在于每一次相互制约的攻守过程和结果之中。篮球这项对抗类运动,由于身体在高速度中相互频繁接触,身体对抗较为激烈,对增强肌肉力量、改善骨骼密度、增进骨骼生长、增强抗负荷的能力有显著作用。

(二)健心价值

篮球运动不仅是技术与身体的对抗,更是意志与智慧的较量。它能锻炼人的意志,增强心理坚定性,并具有减轻心理应激反应以及缓解紧张情绪的作用,同时还可增强人与人之间的接触,使社会交往增加,从而使身心愉悦,有助于消除孤独症和人际关系障碍症,并能从中获得社会需要和满足感。运动员的智慧、胆略、意志、活力与创造力决定着比赛结果和运动水平。篮球运动是一项把变换、结合、转移、持续融为一体的集体攻守对抗项目,要求运动员反应快速、判断正确、随机应变、有勇有谋、机智善断。篮球运动技战术的正确运用有利于在快速、复杂的情况下做出迅速、正确的判断,而且通过篮球比赛,个性、自信心、情绪控制、意志力、进取心、自我束缚能力都能得到很好的发展。

活跃的心理状态、积极乐观的生活信念、稳定的心理情绪是人们得以健康长寿的必要条件,也是社会文明、进步的基础,所以就人的心理而言,篮球运动具有对人的生物功能与社会功能调控的纽带作用,也是促进心理健康的重要手段之一。

1. 篮球运动健身的社会文化教育作用

体育的教育作用在于培养和造就德、智、体全面发展的高素质人才。现代篮球运动以一种社会文化形态而存在,它的价值在于它有特殊的文学性。篮球运动自身的特点和规律所揭示的文化意义在于使人们在运动中增长智慧。篮球运动作为一门特殊的文化艺术,它以独特的活动形式最为形象地展示人体的优美形态和心灵气质,和谐地反映人类对现代社会文明生活的创新、完善与追求。通过篮球运动,振奋民族精神、激发爱国热情、增强民族自豪感和凝聚力,在心理上、情感上迅速建立起一种与民族文化密不可分的联系。这个意义远远超出比赛本身,体现了一定的社会文化教育价值。

现代篮球运动的本质已远远超过了该项运动起源之初的游戏性，它以丰富多彩的实践内容融入全面综合的素质教育，开发人的智慧、陶冶人的情操、修身养性、提高素质、开拓人的思路，在特殊、复杂的环境下去掌握不同时间、空间条件下自身运动规律和支配规律的各种技能与能力。

2. 篮球运动健身对青少年具有社会行为与社会规范的启蒙教育作用

社会之所以可以维持，是因为有约束成员行为和指导成员工作的章程。社会通过各种媒介和动因，教导青少年遵守规范，目的在于促进个人对社会的义务感、责任感，培养个人具有将来的社会角色所需要的那些先决条件。篮球运动本身就是一个有章可循、既有统一规则又有一定约束的社会活动，同时又在一定的执法人——裁判员或者教练员的直接监督下有组织地进行，所以有利于培养年轻一代遵守社会秩序的良好习惯。篮球运动健身项目接近人们的社会生活，球场浓缩着多种重要的社会互动关系，体现着多种社会价值，如个人与团队、局部与整体、分工与合作、团结与竞争等。其间的行为关系复杂，情感活动变化多样，参与人员不时受到频繁而激烈的思想品德的严峻考验，在这种条件下所培养的道德观念和体育作风能够深入人心。因此，篮球运动健身具有将个体的社会行为进行规范化的启蒙教育之功能。参加篮球运动健身的每个人都要在比赛规则与社会规范的制约下进行活动，从而获得对社会生活方式的模拟与演练，在健康文明的运动中培养青少年健康文明的社会行为习惯。

3. 篮球运动健身的集体性特征有利于培养人们团结协作的精神

篮球运动健身的集体性特征充分体现在团队精神和协同作风上，也就是说，在球场上，一切个人行动都要基于全队整体的目的与任务，要依靠集体力量，倡导团队精神。篮球运动健身是一项有较强集体性的对抗项目，它要求每名练习者在参与中必须做到齐心协力、密切配合。只有把个人的技能融入集体，集体才能为个人做最佳保障，给个人技术发挥创造更多、更好的机会。篮球运动健身的集体性特征还体现在不仅要求运动员在比赛场上协同合作，而且要求充分发挥教练员的督战才华和场下替补人员的作用，将全队作为一个整体来设计战术、制定战略。篮球运动健身对于一个群体来说，首先要学会的就是合作，合作能提高群体的竞争能力，是在外部竞争中获胜的重要条件。对于一个现代人，必须学会在竞争中合作，因为在激烈竞争的现代社会，合作尤其重要。篮球运动健身是群体项目，所以要靠群体内各成员的协同与合作。篮球的传切、掩护、突分和策应战术是两三人在局部上的协同配合，具有良好的攻击效果；而综合多变的防守战术体系，更是要靠全队的密切合作、协同行动才能完成。群体内的合作依靠个体之间统一的目标、统一的思想和认识，以及相互沟通和理解的战术形式，形成一个有机的整体，展开与对手的竞争对抗。这种沟通、理解与合作具有普遍的社会意义，个体的合作是群体胜利的基础，个体行为上的合作直接影响着人的心灵及其情感上的沟通。合作可以互补，把松散的个体有机地组合成协同作战的团队，在整体对抗中克服困难、排除障碍，使团队力量得到最充分的发挥，用整体的效能去夺取胜利。

4. 篮球运动健身有利于促进人的现代化

我们现在生存的社会已经成为高度发展的现代社会（现代社会是指以工业发展为标志，经济、政治、科学技术、文化生活高度发展的社会），要适应现代社会，就要实现人的现代化,而且社会现代化很大程度上取决于人的现代化。需要指出的是,社会的现代化与人的现代化必须同时实现,否则这种现代化,就是脆弱的、不能持久的。现代社会要求人在行为上要重视技术技能、精于计算、惜时守时、讲求实效,办事有计划性,信息广而灵,有竞争意识;要求人在人际关系上要善于互相尊重,既多发表意见,又习惯听取他人意见,讲究分配的公正性,具有乐观的生活态度。

人们都说体育是社会的缩影,篮球运动也不例外。在篮球运动健身中所形成的价值观念,既反映了社会的现实生活,又反作用于现实生活。篮球运动健身能促使人成为现代人,适应现代社会的要求。

(三) 娱乐价值

通过参与篮球活动,球员之间可以学习和掌握道德文化、娱乐知识、技能和方法,同时也能够增进友谊、陶冶情操,得到精神享受。很多球员深深体会到,打篮球是一件快乐的事,是一种放松和调节生活、学习的科学方法,更是一种娱乐的自然过程。它能使球员成为主动的体育实践者,从而为终身体育生活打下坚实的基础,使社会上越来越多的人生活得更加文明、健康、幸福。

篮球运动是双方个体或整体对抗的过程,一方的运动行为受对方的制约,比赛中的情况是千变万化的,因此根本找不到完全相同的比赛过程。过程的不确定性直接决定了比赛结果的不确定性。这种不确定性可以使运动者全身心地投入到篮球运动之中。而且结果的不确定性允许了偶然性的存在,促进了竞争性的发展,使运动过程更具游戏性、趣味性。篮球运动也是一个不断变化和创新的过程,运动者在篮球运动中可以不断体验创新的乐趣。

1. 提高生命活力

篮球的健身娱乐性功能包括了所有运动的基本特点,那就是健身作用,如需要参与者快速奔跑、突然起动、敏捷反应与力量的抗衡。经常参与篮球运动,可使身体各部分肌肉坚实、发展匀称、体格健壮,并可促进心血管、呼吸消化器官功能的增强,促进机体各系统的工作能力提高。篮球运动不仅涵盖了篮球运动基本的跑、跳、投等多种身体运动形式,而且运动强度可以自我调整,因此它能全面、有效、综合地促进身体素质和人体机能的全面发展,提高和保持人的生命活力。

2. 满足精神享受

现代社会的高效率和快节奏限制了人们的相互交流与了解,只有在闲暇之中,人们才可以自由地安排生活,篮球运动就给人们提供了放松和交流的机会。篮球的这种健身娱乐性功能能有效缓解工作压力,而良好的竞争环境又能培养健康的心理适应力和承受力,调整及维护参与者的心理健康水平。同时,篮球作为集体项目的杰出代表,在增加交流和友谊的同时,能更有效地培养团结协作的集体主义精神等良好的体育道德,帮助参与者正确理解和处理个人与集体、竞争与合作的关系。另外,篮球运动富有极强的趣味性和观赏性。比赛时参与者娴熟的运球、巧妙的传球、准确的投篮、机智的抢断、卓越的扣篮、出奇的封盖和默契的配合,再加上攻守交错、对抗变换的激烈场面,可令观赛者赏心悦目,产生强烈的美感,在精神上得到满足。

3. 培养创新能力

篮球运动是一项创造性的活动,所有技战术既有原理和规格,又包含着个人的不同表现风格,没有固定的、僵死的模式,每个人、每支球队都可以用自己的方式来诠释其对篮球的理解。也正是由于它的复杂性和多变性,参与者必须根据当时的情况随机应变,及时、果断、快速地做出应答行动。通过观察分析判断并采取行之有效的应对措施,而所有这一切,都需要参与者用自己的智慧创造性地去应对场上出现的各种问题,从而有效地提高创新能力。

第三节　篮球运动的重要组织与重大赛事

一、篮球运动的重要组织

(一)国际篮球联合会

国际篮球联合会(简称"国际篮联",FIBA)于1932年6月18日在瑞士日内瓦成立。国际篮球联合会原名是国际业余篮球联合会,初期只有八个会员国,包括阿根廷、捷克斯洛伐克、希腊、意大利、拉脱维亚、葡萄牙、罗马尼亚和瑞士。国际篮球联合会是国际单项体育组织,总部设于意大利罗马(1932—1940年),1940年迁到瑞士伯尔尼,1956—2002年设在德国慕尼黑,2002年又迁回瑞士日内瓦,2009年迁至瑞士尼庸。国际篮球联合会的主要机构包括代表大会、中央局、执委会、秘书处与专门委员会。国际篮联下设技术委员会、国际竞赛委员会、法律事务与资格委员会、申诉委员会、财政委员会、医务委员会、残疾人篮球委员会与传播媒介委员会。国际篮联的主要任务包括:定期修改国际篮球规则;组织世界性的竞赛活动,如世界男篮、女篮锦标赛,世界青年男篮、女篮锦标赛;举办教练员与裁判员训练班;审批国际裁判员。

1977年7月,在西班牙加那利群岛的特纳里夫举行了第1届世界篮球教练员会议。会议由西班牙篮球协会组织,来自世界各地600多名篮球教练员出席。会议决定建立世界篮球教练员协会,选出了第1届协会负责人,总部设在西班牙马德里。会议还讨论了苏联和南斯拉夫的身体素质训练、捷克斯洛伐克独特的训练安排、美国篮球战术的演变等问题。1980年,在莫斯科举行国际篮球联合会代表大会,正式承认世界篮球教练员协会章程。1981年1月,世界篮球教练员协会总部迁至意大利罗马。从1989年开始,国际篮联分为五个地区委员会,专门负责处理该地区的篮球事务。这五个地区委员会包括非洲地区委员会、美洲地区委员会、亚洲地区委员会、欧洲地区委员会以及大洋洲地区委员会。各洲组织的任务在于发展本地区的篮球运动,举办洲际或地区性质的比赛,督促执行国际篮联的章程和规定,向国际篮联通报在该区举行的国际比赛的成绩,向中央局和代表大会报告工作等。世界篮球教练员协会在国际篮联的指导下开展活动,通过国际课程探讨篮球运动基本规律以及提高教练员的业务水平和工作能力。

(二)国际小篮球委员会

国际小篮球委员会是国际篮联下属的国际性组织,成立于1968年,其职责是与各国篮球协会以及有关洲组织配合，监督、管理世界小篮球运动事宜；与国际篮联各附属委员会建立紧密联系，尤其是与青少年委员会合作，处理小篮球与青少年篮球运动的相关事宜。

1970年，第1届世界小篮球委员会在西班牙马德里召开。1972年，第1届国际小篮球锦标赛在西班牙举行。欧、美两洲的小篮球运动开展得比较好，法国与瑞士经常举办8～10岁、11～12岁两个组的全国小篮球锦标赛。捷克斯洛伐克也有全国小篮球锦标赛。小篮球运动在南北美洲也广泛开展，在中美洲和加勒比地区都成立了小篮球委员会。1979年，非洲也出现了小篮球活动以及比赛。

(三)亚洲篮球联合会

亚洲篮球联合会(ABC)是亚洲单项体育组织，简称"亚洲篮联"，1964年国际篮联承认亚洲篮联为它的区域性组织。亚洲篮联的主要机构包括代表大会、执行局，下设国际比赛、技术、资格审查、女子、少年、小篮球、财务、仲裁等附属委员会。

亚洲篮球联合会主要举办亚洲男篮锦标赛、亚洲女篮锦标赛、亚洲青年男篮锦标赛、亚洲青年女篮锦标赛，这些赛事都是每两年举行一届。

(四)非洲篮球协会联合会

非洲篮球协会联合会(AFABA)是非洲单项体育组织，简称"非洲篮联"，于1960年成立，总部设在埃及开罗，主要机构包括代表大会、中央局。

非洲篮联主要负责举办非洲男篮锦标赛、非洲女篮锦标赛，前者于1962年开始举行，后者开始于1966年开始举行，两项赛事都是每两年举行一届。在国际篮联的赞助下，非洲篮联还举办国际篮球教练员、裁判员学习班，出版法文、阿拉伯文的公报，并在非洲发展小篮球运动。

(五)欧洲常设委员会

欧洲常设委员会是欧洲单项体育组织，成立于1957年，总部设在德国慕尼黑。欧洲常设委员会的主要机构包括代表大会、执委会，下设规则、技术、青少年、国际比赛日程、欧洲锦标赛组织、欧洲教练员培训、女子篮球、财务等附属委员会。

欧洲常设委员会主要举办欧洲男篮锦标赛、欧洲女篮锦标赛、欧洲青年男篮锦标赛、欧洲青年女篮锦标赛、欧洲少年男篮锦标赛、欧洲少年女篮锦标赛。这些赛事都是每两年举行一届。

(六)大洋洲篮球联合会

大洋洲篮球联合会是大洋洲单项体育组织，简称"大洋篮联"，成立于1966年，总部设在澳大利亚，其主要机构包括代表大会、执委会。

大洋洲篮球联合会主要举办大洋洲男篮锦标赛与大洋洲女篮锦标赛。

(七)泛美洲篮球联合会

泛美洲篮球联合会是泛美洲单项体育组织，总部设在秘鲁利马。泛美洲篮球联合会的主要机构包括代表大会、执行局。

泛美洲篮球联合会主要举办泛美洲男篮锦标赛与泛美洲女篮锦标赛，这两项赛事都是每四年举行一届。

(八) 中美洲区域委员会

中美洲区域委员会是美洲区域性单项组织,成立于1959年,总部设在秘鲁利马。中美洲区域委员会的主要机构包括代表大会、中央局。

中美洲区域委员会的主要活动是举办中美洲男篮锦标赛与中美洲女篮锦标赛。

(九) 南美洲篮球联合会

南美洲篮球联合会是美洲区域性单项组织,成立于1922年,总部设在秘鲁利马,主要机构包括代表大会、中央局。

南美洲篮球联合会的主要活动是举办南美洲男篮锦标赛、南美洲女篮锦标赛与南美青年锦标赛。

(十) 中国篮球协会

中国篮球协会(CBA)是中华全国体育总会的下属会员,是全国性群众体育组织。中国篮球协会不仅是国际业余篮球联合会会员,同时也是亚洲篮球联合会会员。

中国篮球协会的任务是:依据国家的体育方针、政策及相关法规,对全国篮球运动的开展进行统一组织与协调,推动群众普及活动以及运动水平的提高,促进亚洲以及世界篮球运动的发展与进步。

中国篮球协会的职责是:宣传并普及篮球运动,组织广大群众尤其是青少年积极参与篮球运动,从而增强体质并提高篮球运动的技术水平;按照国家体育行政机关和国际组织的相关规定,协助举办相关的国际性竞赛,同时向有关部门提出国际活动以及相关建议;协助组织全国性的各类型、各级别的篮球竞赛与训练工作;对本项目的运动竞赛制度、规则进行拟定,并报请体育行政主管部门批准并执行;协助组织进行教练员与裁判员的培训,对等级运动员、教练员以及裁判员制度资格提出审查与处理意见;根据国家体委与全国体育总局、国家奥委会的委托,选拔并推荐国家队教练员、运动员,协助并组织国家队的集训与参加国际篮球比赛;负责选拔教练员出国任教与运动员个人到境外进行训练或比赛的归口管理工作;协助并组织篮球运动相关的科研工作。

中国篮球协会设有主席、副主席、秘书长和副秘书长,下设男子教练、女子教练、青少年教练、竞赛裁判、科学研究五个委员会。

二、篮球运动的重大赛事

(一) 奥运会篮球比赛

奥运会篮球比赛是国际性的篮球比赛之一。1904年,刚开展不久的篮球运动在当年举行的第3届奥运会上进行了项目表演。1936年德国柏林举行的第11届奥运会上,男子篮球被正式列为奥运会的比赛竞技项目,而女子篮球在1976年加拿大蒙特利尔举行的第21届奥运会上被正式列为奥运会的比赛竞技项目。奥运会篮球比赛每四年举行一届,与此同时奥运会篮球比赛的参加办法也在不断改变。到1980年的第22届奥运会时,规定由12个国家参加,这12个参与国分别为上届奥运会的前三名,以及欧洲预选赛和美洲预选赛的前三名,以及亚洲、非洲和大洋洲各一名。这些参与国被分成两组进行两个阶段的比赛来决定最终的名次。

(二)世界男子、女子篮球锦标赛

国际篮球联合会举办的世界男子篮球锦标赛是声望最高的国际篮球赛事,本赛事将决出世界上国际篮球联合会所属的 212 个国家和地区篮球队伍中的冠军。首届世界男子篮球锦标赛于 1950 年在阿根廷的布宜诺斯艾利斯市举办,每四年举办一届。从 2006 年开始,参加世界锦标赛的球队由之前的 16 支增加到 24 支。国际篮球联合会扩充世界男子篮球锦标赛参赛队伍的目的在于提升世界篮球的整体水平,营造更好的国际篮球竞争氛围。2012 年 1 月 28 日,国际篮球联合会宣布将世界男篮、女篮锦标赛更名为篮球世界杯,首届男篮世界杯于 2014 年在西班牙举行。随着自身的不断发展,男篮世界杯在国际上的影响力越来越大,成为世界上最具吸引力的体育赛事之一。

世界女子篮球锦标赛也是由国际篮球联合会主办的国际性比赛。世界女子篮球锦标赛于 1957 年开始举办,每四年举行一届,参赛队伍为上届世界锦标赛的前三名、上届奥运会的前三名、主办国队、其他各洲(如亚洲、非洲、中美洲、南美洲、欧洲、大洋洲)的球队,以及主办国邀请的一个队。世界女子篮球锦标赛的比赛方法是:上届世界锦标赛的冠军队与主办国队直接进入决赛阶段;其他各支球队分为三个小组进行预赛,各组队伍的前两名进入决赛阶段并与上述两支球队进行 1 至 8 名的争夺;预赛中各个小组的第 3、4 名进行第 9~14 名的名次赛。第 10 届世界女子篮球锦标赛中,参加的 12 支球队被分为 A、B 两组进行预赛,之后进行半决赛和决赛。具体的比赛方法是:预赛中经过单循环赛确定小组各球队的名次,获得 A、B 两组前两名的队交叉进行半决赛,胜者进入决赛争夺冠亚军,负者进行季军和第 4 名的争夺;预赛中获小组第 3、第 4 名的球队同时进行交叉比赛,决出第 5 至第 8 名;预赛中获小组第 5、第 6 名的队也通过交叉赛排出第 9 到第 12 名。与世界男子篮球锦标赛相同,2012 年 1 月 28 日,国际篮球联合会宣布将世界女子篮球锦标赛更名为女子篮球世界杯。

(三)世界青年男子、女子篮球锦标赛

世界青年男子篮球锦标赛是由国际篮球联合会主办的国际性篮球比赛,于 1979 年开始举行,每四年举行一届,从 2007 年后变为每两年举行一届。比赛一般是 14 个队伍参加,比赛的具体办法为:分成三个小组进行预算,每个小组的前两名与上届的冠军以及主办国的球队进入决赛阶段,进行第 1~第 8 名的争夺;预赛各组的第 3~第 4 名进行第 9~第 14 名的名次争夺比赛。

世界青年女子篮球锦标同样是由国际篮球联合会主办的国际性的青年女子篮球比赛,每四年举行一届,从 2007 年后变为每两年举行一届。世界青年女子篮球锦标赛于 1985 年开始举办,参赛队伍为各大洲的青年女子冠军队与主办国东道主队及其特邀队。

(四)欧洲篮球冠军联赛

欧洲篮球冠军联赛由 24 支来自多个国家的球队组成,联赛中比较有名的代表球队有皇家马德里、莫斯科中央陆军。其他的欧洲比较知名联赛有西班牙 ACB 联赛、土耳其超

级篮球联赛、俄罗斯VTB联赛等。

(五)国际军事体育理事会男子篮球锦标赛

国际军事体育理事会男子篮球锦标赛是由国际军事体育理事会主办的军队体育组织之间的国际性篮球比赛,每四年举行一届。国际军事体育理事会男子篮球锦标赛的参赛队伍都是世界各国军事体育组织的男子篮球代表队。

(六)斯坦科维奇洲际篮球冠军杯比赛

斯坦科维奇洲际篮球冠军杯比赛是由国际篮球联合会主席程万琦博士发起的,于2005年在中国北京首次举办。斯坦科维奇洲际篮球冠军杯是为了表彰国际篮球联合会秘书长斯坦科维奇先生为国际篮球发展所做出的贡献,以其名字命名而举办的比赛。作为国际奥运会单项主席中唯一的一名华人,程万琦博士决定将该项赛事在中国举办以推动我国篮球事业的发展与进步。

斯坦科维奇洲际篮球冠军杯比赛是各个大洲冠军或者亚军之间的比赛,目的在于促进世界各国家之间篮球运动的交流。

(七)世界大学生夏季运动会篮球比赛

世界大学生夏季运动会篮球比赛是由国际大学生体育联合会主办的,该项目只限制学生参加,是国际性的大学生运动会比赛项目之一。世界大学生夏季运动会篮球比赛原则上是每两年举行一届,参赛队伍是世界部分国家的大学生篮球代表队。

(八)亚洲运动会篮球比赛

亚洲运动会篮球比赛是亚洲运动联合会举办的一项综合性运动会,于1951年开始举办,每四年举办一届。在1951年举行的第一届亚运会上,男篮比赛就已经成为亚洲运动会正式的比赛项目,而女子篮球于1974年举行的第七届亚运会上被列入正式比赛项目。

(九)亚洲男篮、女篮球锦标赛

亚洲男篮、女篮球锦标赛是亚洲篮球联合会举办的洲际篮球比赛。亚洲男子篮球锦标赛于1960年在菲律宾马尼拉第一次举行,而首届亚洲女子篮球锦标赛于1965年在韩国汉城(首尔)举办。

第四节 篮球运动的规律及发展趋势

一、篮球运动的基本规律

篮球运动的规律是篮球运动本身所固有的、本质的、必然的联系,反映篮球运动演进过程中具有普遍意义的某些特征与现象,它是推动篮球运动不断发展的法则。

(一)集体性规律

篮球运动是一项集体运动,这是篮球运动的本质特征,也是由其自身集体性规律所决定的。一支球队虽然由不同的人员组成,且各个队员有明确的位置分工,各司其职,但无论是进攻还是防守,作为整体球队都有着明确的目的,这就要求场上的每一名队员都要以球队获益为一切行动的前提,在比赛中秉持团队精神,齐心协力,密切配合,以实现球员个人技艺与球队整体战术的兼容。只有这样,个人的能力才能在比赛中为球队获胜带来帮助,同时球队的战术打法也才能得到有效的贯彻与执行。此外,篮球运动的集体性还充分体现在教练员的临场指挥调度、替补队员发挥的作用以及对球队的日常管理上,这些都是将球队中的各个因素作为一个整体纳入球队中去进行管理、训练以及战术打法的设计。

(二)对抗性规律

篮球比赛中,对阵双方都力求在规则允许的范围内,在地面与空间上制约对方,以获得比赛的胜利,无论进攻还是防守,都提倡最大限度的合理对抗,而且伴随着科学技术的发展以及在此基础上对篮球专项训练的渗透,运动员的身体素质得到空前提高,产生的直接结果就是现代篮球运动的对抗性越来越强,且体现得越来越明显。因此,在训练实践中应积极倡导对抗性精神,以占据空间优势,并使这种对抗性与个人技能及球队整体战术融为一体,从而在高强度对抗的现代篮球比赛中取胜。

(三)攻守依存规律

攻守依存规律是篮球运动的基本规律之一,也是其具体体现。进攻与防守作为篮球运动的基本矛盾,贯穿于篮球比赛的始终。在规定的时间里,对阵双方非攻即守,球权来回转换,被对阵双方交替拥有,对任何一方来说,一次进攻的结束必然伴随着一次防守的开始。由于进攻与防守是一种既对立又统一的关系,因此双方互为前提,相互补充,任何片面强调一方的行为都会导致比赛主动权的丧失。攻守平衡是普遍的、绝对的规律,只有符合这一点,才有可能获得比赛的最终胜利。

(四)动态性规律

篮球运动是一个动态变化的过程,其表现是运动员在比赛中不停移动。随着篮球运动的发展,运动员的身体素质发生了巨大的变化,这种变化使得运动员在比赛中的移动更加频繁、更加迅速,范围也越来越大,强调移动随之成为球队攻防的主题。在篮球比赛的过程中,无论进攻还是防守,都力图通过主动的、频繁的移动造成对手被动的跟随,以压制对手,从而实现获得比赛胜利的目的。

(五)统一性规律

篮球运动的统一性规律是时代赋予的,时代的发展与进步不仅充实了篮球运动的内涵,也丰富了人们对它的理解。当代篮球运动的多元性体现在两个层面:一是篮球运动的竞技性层面,即篮球比赛的对抗是多种因素结合在一起的综合较量,这些因素涵盖了身体、技术、战术、心理、文化传统等方面的内容,比赛的胜负是这些因素综合作用的结果;另一方面,伴随着社会文明的进步,篮球运动已超出竞技体育的范畴,经济、政治、文化等因素在篮球运动中得到体现,使得篮球运动可以通过自身的广泛影响力,增加地区间的各种交流,加深彼此了解,并成为推动国际社会融合的有力杠杆。

二、篮球运动的发展趋势

(一)比赛对抗性日趋激烈

发展到现在,篮球比赛的对抗性越来越激烈,攻防节奏日益加快,经常可见人仰马翻和犯规的情况,在这样的情况下,只有敢于和善于拼斗才能得分,进而取得比赛的胜利。篮球运动自建立规则以来,倡导勇敢进攻,强调大胆投篮,这是无可非议的。但随着进攻意识的普遍增强,在世界范围内不断围绕强化进攻创新发展了许多进攻理论、技术与战术,并由此不断改变组建球队的人员配置,形成现代篮球比赛智、高、快、准、全、狠、变的普遍特点。随着拼斗性进攻的这一发展走向,必然相辅相成地刺激各国教练员同时考虑到防守的技术、战术创新和提倡拼斗精神,普遍把运动员作风是否强悍反映在整体与个体防守拼斗能力的提高和控制篮板球拼斗能力的强弱上,并将其视为衡量整体实力强弱和能否获得全局优势的标志。与此同时,对应地变革和创新了种种拼斗性防守技术与战术,如提倡运用平步追防,身体主动用力挤位、堵截与积极错位抢断的个人防守技术,防守中不断采用综合防守战术制约对手,从而使现代篮球比赛类似于战争中的短兵格斗,增强了专项竞技魅力和观赏的文化、教育价值。拼斗性观念的确立促使国际篮坛呈现出呼唤"拼斗""防守""篮板球"的意识与行动。

现代篮球比赛防守过程的主动性、凶悍性、力量性和破坏性日趋激烈,防守的个人技战术与技能及整体配合的创新发展都在加速。第一是防守理论观点创新,意识加强,提出了"进攻好能得分赢球,防守好才能获冠军"的防守新观点。为此,以强壮的体魄、正确的动机、坚定的信念、坚韧的毅力、凶悍的作风为基础的个人防守技术与能力的训练更受到重视。第二是防守战术阵势综合多变,普遍以抢断球、封盖球和抢篮板球为重点组建杀伤力强的凶悍性防守战术配合,形成控内(控制篮下地面与空间)、堵外(以身体为墙扩大防区),促使无球队员不能随意向篮下和有球区穿插反跑或挡插,以求将其挤离有球区和篮筐,切断进攻点、面、线的联系,伺机抢断、追截,对有球队员全力凶悍追击,近身平步扩展地面防守位置区域,积极判断进攻意图,身体主动用力,凶狠封、逼、盖、追,终止对方投篮、传球、运球行动方位,破坏其设想中的攻击目的。第三是在重视个人防守能力提高的同时,普遍重视防守策略和防守整体协同配合。最大的变化是由攻转守速度加快,当前场抢篮板球失机后,对获球进攻者的行动限制意识与干扰行动加强,进入阵地防守时则全力追防对方的核心进攻组织者,并通过卡两侧、堵中路打乱其正常落位布阵,逼使其进攻速度减缓,进攻区域外移。一旦局部防守失利、失机,则整体或临近防守就会收缩,对此要及时调整或变化防守阵型予以补救,并且力求每一次防守协同行动都能做到机动性高、破坏性大、杀伤力强。总之,只有具备了出色的对抗能力,才能取得比赛的主动,进而取得比赛的胜利。

大量实践表明,现代篮球精神上的凶悍拼斗意识对于转变传统竞技比赛观念和扎实掌握实战本领尤为重要,以此为基础,只有强化训练具有现代篮球对抗意识和掌握拼斗的本领,才能适应现代篮球近身凶悍格斗的发展趋势。由于进攻拼斗能力提高,所带来的防守拼斗观念与技战术的变化使当代化的篮球竞技比赛对抗拼斗更为凶悍、激烈,从而形成优秀球员的职业修养+人格魅力+篮球理念+攻守意识+凶悍意志+体能力量+技能特艺+智慧谋略等多元化的成才体系。为此,如何提高拼斗意识和拼斗意志的教育与训练水平,创新攻守技术、战术手段,成为教练员思考的新课题。

(二)智谋化方向发展

篮球运动强调运动员的智谋,即要求运动员、教练员掌握科学文化,形成个性化的独特篮球智慧,这就是篮球运动的智能化发展。

篮球是体育科学中的一门重要学科。篮球运动的过程充满着哲理以及矛盾的相互转化。因此,认识与解决矛盾就要靠知识,靠智慧,有谋略,有方法,善于预测,善于应变。两强相遇,智勇结合者胜。这里的智是基础,勇是手段,也就是说,有谋有略、智勇双全才能化险为夷,克敌制胜。所以说篮球运动是一项智慧运动,善于打篮球,用头脑打球,用意识打球,用灵感打球,已成为世界优秀运动员的必由之路。只有用头脑、用意识打球才会使自己更充分显示出独特的运动才华,变得更聪明。世界优秀的运动员之所以能在不同时期将自己的技艺在激烈而复杂的球场上表现得淋漓尽致,不仅在于他们有出众的身体素质和技术,而且在于他们有文化、有智慧、有个人作战的谋略,使其在任何复杂情况下都能沉着、镇静,及时变化自己既定的设想和方法,并且善于将自己的谋略与高超的技艺结合起来调动队友,在任何困难的环境下最终达到预定的目的,使人感到他们在用智慧打球,打聪明球,显示出他们的人格魅力和技艺风格。目前,篮球运动的对抗越来越激烈,运动员在比赛中的对抗和碰撞越来越多,运动员只有有胆识、有智慧、有技艺、动脑子、善思考,才能不断超越自我、充实自我,才能提高自己的技能水平。总体来看,篮球运动的智能化发展是不可磨灭的。

(三)高度化方向发展

所谓运动员的高度化发展,即重视运动员自然高度和提高制空能力的发展,要求以身高、体重、壮悍、力量和技巧去制空,这是篮球运动竞赛形式本质特征所决定的——不高无优势是篮球比赛的客观事实。但高的内涵不仅停留在运动员身体形态的高度上,随着空间争夺的激烈冲撞,还要求运动员高中有壮(强悍、有体重、有力量),壮中有巧(灵活机敏、有智慧),将高、壮、快、巧、准结合为一体,这才是世界优秀高大运动员的特点。由此,高智慧、高形态、高速度、高体能、高强度、高空配合、高比分成为现代篮球竞技的基本表现形式。

现代篮球运动注重高度化发展,主要体现在以下几个方面。

第一,国内外强队普遍重视球队整体平均身高的增长。据统计,世界男子强队平均身高稳定在2.05米左右,中锋队员保持在2.10~2.20米,超高度的中锋队员达2.20~2.30米,全队2米以上的队员通常保持6~8名。而女子队员的平均身高稳定在1.90米左右,中锋队员的身高保持在1.90~2.00米,全队1.90米以上的队员通常保持在4~6名。实践证明,得高水平的高中锋即"得天下"。

第二，重视运动员制空能力的提高，强化力量和弹跳能力的增长，以使自己的攻守都处于制空的优势状态。因此，随着高大运动员的增多和制空能力的提高，空间拼斗更为激烈，防守时的空间封盖与拼抢、进攻时立体的空间配合和超高度的不同角度的技巧性扣篮，使现代篮球运动绚丽多彩，充实了现代篮球运动的技术和战术内容。

第三，普遍重视高大运动员综合性、多元化的特殊训练。一方面强化高、壮、快、巧体能素质训练，以适应高空拼斗，扩大立体性空间与地面拼斗的范围；另一方面重视高大运动员力量、弹跳、速度和个人技能与个性特点的培养，以提高他们在本队基本战术打法中的适应性和机动应变的需要。

现代篮球运动的攻防日趋激烈，要求运动员必须具备快速攻防转换的能力。因此，许多优秀教练员都强调既要重视高大运动员个体技艺特长训练，又要重视个体意识和体能全面训练，使他们内外结合，高矮相比无绝对差异，高个子能做小个子的动作，能里能外进行攻防，能快能缓适应战术调整。这一篮球训练思想和观念将在未来得到深入的贯彻与发展。

(四)投篮准确性逐步提高

投篮准确性的提高是取得比赛胜利的关键，在平时的训练中，篮球运动员必须要加强投篮的准确性练习。

投篮的准确性是取得比赛胜利的关键，众多国际大赛高比分的产生就在于投篮的准确性高。而且在篮球比赛中，往往一分之差就能对篮球比赛的胜负产生重大影响。一是表现为三分球投手多，命中率普遍提高，投距远，投点广；二是攻守转换快，特别是进攻速度加快，次数增多，投篮机会增多，远、中、近都配有强投攻击手；三是十分重视投篮基本功训练，既要求投篮技术方法不单一、能变化，更要求动作扎实、正确和规范，同时要求在训练中对抗条件下投篮的高数量和高质量(资料显示，世界强队每天要求运动员在对抗条件下进行投篮训练，一般在6.50米外区域的不同角度定时定量投进500~600个球，这意味着每名运动员一天要投1 000~1 500次，而在每次投进的500个球中，命中率要达到55%~70%，从而保障在正式比赛中全队整体投篮命中率为45%~50%，全队场次总得分不少于90分)。世界优秀篮球队都培育出了一批优秀的投篮手，他们掌握的投篮技术已达到艺术化的水平，普遍具有在对抗条件下投篮方式多、变化多、机会多、区点多、出手点高、心态稳、投速快、突然性强和命中率高的特点。通常情况下，一个篮球运动队拥有的明星球员越多，就标志着该队伍的整体实力越强。

另外，现代篮球运动投篮的"准"，还要求个体动作既规范又准确，扩大"准"的全面要求。例如，运用技术时机的准确性高，转换技术、战术判断时间的准确性高，特别是外围三分球投篮命中率提高。远、中、近多点、多面投篮相呼应，已成为战术变化的基础和转危为安、反败为胜的主要手段。

(五)技战术多样化发展

现代篮球运动还非常重视技战术的多样化发展，即要求战术阵势机动化、应变多样化、攻守配合实效化。在篮球比赛中，战术的选择与组织都强调针对性，力求扬长避短，与本队和对手实际以及世界篮球发展趋势和攻守过程中的时间观念、空间意识结合,普遍重视一个"快"字,突出一个"精"字,立足一个"变"字,达到一个"准"字。换句话说,就是在最短的时间、最快的速度下变化、组合最强的战斗力,取得最佳的效果。因此,世界高水平球队的比赛布阵落位迅速、阵势不一,都力求在对手防守阵势尚未成形之时展开全面攻击,并在攻击时随机应变。由此,攻守转换进一步加快,变化莫测,加之世界强队普遍重视对防守杀伤力的研究和技战术的创新发展,防守区域较前扩大,防守变化中的攻击性和破坏性普遍提高,促使世界强队革新过去传统的机械性战术分位组织的整体套路模式的打法,强调在运动中伺机变化,在局部区域采用以两三个人参与为主体的机动配合。如个人伺机突破、投篮,或两个人之间的掩护、策应投篮,以及三个人之间的挡插三角进攻配合;防守战术则向以人为主的集约性、综合性的凶悍且破坏力强的整体型方式发展。据世界大赛的统计,实力相当的男子篮球队在每场比赛中,各队进攻次数平均为120次,其中60%左右是个人变化攻击和两三个人变换配合结束攻击,得分占全队总得分的60%~65%,罚球得分占20%~25%,其他快攻和整体型的阵地配合得分占15%~20%。我国篮球职业联赛的现状与世界篮球运动现状发展的趋势相似。由于个人战术变化攻击能力提高,得分能力加强,两三个人之间的战术组织既机动又简便、快速,便于应变,因此攻击的威胁性强,成功率高。

总之,现代篮球技战术越来越趋于多样化发展,要将技战术配合与球队整体统一起来进行。在战术指导思想上,既不能忽视传统的整体行动,又要重视个体和两三人的作战组合,战术配合力求简练、快速、机动、多变、杀伤力强。传统固定套路和队员固定分位的战术配合也将相对模糊,对运动员的要求是技术更全面、战术意识更强。

(六)攻防转换节奏加快

发展到现在,篮球运动既强调提高整体攻守阶段的速度,又强调有节奏地加快攻守转换速度,从而使快攻反击次数增多,快攻得分率提高。也就是说,篮球比赛攻防转换的节奏正在逐步加快。在现代篮球运动中,尤其重视提高高大队员参与快攻的全面意识和速度,在高速度、高强度中对抗拼搏,在高速度下转换技术与战术,在高速度、高强度对抗中保持较高的投篮命中率,以速度争取主动,通过争取时间来控制空间,赢得胜利。这些是现代篮球比赛对抗的又一特点和趋势。

随着篮球规则对进攻时间提出限制要求,进攻时必须提高进攻与防守的速度,才有可能抢占先机,从而取得比赛的胜利。在这样的情况下,篮球运动必然会全方位地提高快的意识,革新在快速运动中运用新的技战术手段与行动要求。21世纪,这一趋势必将使得比赛规则对进攻时间的限制提出更高的要求,促使运动员更加增强快的意识,提高运用技术和转换技术的速率,强化攻守转换的整体速度,在此基础上,快攻将进一步发展,阵地进攻将进一步精炼而有实效,个人投篮强攻能力将进一步提高,比赛也将随之进一步紧张激烈。这一趋势不仅适用于制空有劣势的球队,而且制空有优势的球队也将更为重视提高速度,使高度与速度结合得更完美,促进当代篮球运动向更高层次攀登。

(七)运动员综合能力全面提升

篮球比赛中,一个队只允许5个人在场上,并且允许使用替补球员,因此技术全面的队员成为每个篮球队的追求。随着世界篮球运动对抗强度的进一步发展,各国普遍重视运动员个体与球队整体素质、素养和技能综合化、多样化的全面提高,具体表现在以下几个方面。

第一,球队成员整体的社会文化氛围浓厚。世界强队的球员都具有较全面的文化基础知识,他们对现代篮球运动有较正确而深刻的理性认识,科学知识的熏陶与渗透使他们的思维、想象、观察、判断、决策和对新事物的接受力、承受力大大加强,而且敬业、拼搏、奋进精神突出。

第二,重视体能素质水平的全面提高。特别重视每名运动员制空高度和意识的提高,同时又重视其他专项身体体能(如体重、力量、速度、灵活性、反应力、心理承受力等)方面的提高,尤其是拼抢力量和快速爆发力量的提高,认为这是衡量其体能训练水平与能力的标志,从而使许多特别高大的运动员达到既高又壮、又悍、又捷、又敏的要求。

第三,掌握与运用全面且具有杀伤力的攻守技术进行比赛对抗的意识增强。当今世界篮球运动的一个重要发展趋势是运动员重视对抗、敢于对抗、善于对抗,即主动争取对抗意识十分强烈,并且在普遍重视进攻对抗的同时,十分重视防守和抢篮板球时的对抗。一般来说,防守是基础,进攻是根本,所以要求全队攻守平衡,做到攻得准、守得牢,而且要求每名优秀运动员攻守技术全面,做到能攻善防。21世纪以来,为了适应规则的变化,国际篮球界不断呼唤防守、篮板球、抢断、封盖,甚至提出了"进攻能赢一场球,而防守能获冠军"的理念。

第四,全面扎实掌握手、脚、腰、眼的基本功。这是全面型运动员在对抗中灵活运用组合战术的基础,促使自己不断在实战中提炼创新、变异发展,从而形成技术特长绝招、技术风格及特殊的技艺,是培养自己成为突出球星的保障。

综上所述,全面素质、全面技术的提高和拥有球星数量的多少及其质量层次的高低是球队实力强弱的标志,而培养全面的球星和具有特殊技艺的球星成为现代篮球运动制胜的必需。

(八)重视教练员的培养和发展

在当代篮球比赛中,篮球教练员的作用越来越大,各个篮球运动队都非常重视篮球教练员的引进和培养。每个篮球队都希望聘用能把握篮球运动发展规律、有个性篮球理念和高水平管理方法、训练风格有特点的智谋型教练员做统帅。

篮球比赛的结果是球队综合实力的反映,既反映运动员的智能结构、技能、体能条件与水平,又反映教练员的智慧、谋略、综合专业层次和才能水平。为此,世界各国篮球队都十分重视寻求和选聘具有篮球专项个性人格魅力、独特的现代篮球理论造诣和具有组织训练、管理与指挥才华的教练员。然而,"千军易得,名帅难求",这不仅反映在我国当今高水平篮球队伍的实践中,也反映在世界篮球强国行列的球队中,他们都深感理想的教练员匮乏,特别是缺乏具有篮球职业个性气质、风度、修养,有智慧、谋略,能形成自己独特篮球理念、哲理和理论体系的执教之道,有实战指挥的才华乃至特殊魅力的教练员。高智慧、高修养、高素质、高水平的教练员不仅直接影响球队的组建和凝聚、战术风格的形成和发展,而且在比赛攻坚战的危急时刻,统帅者大智大勇、胸有成竹、镇静自若的风度和威慑神态能够产生鼓舞士气、调整全队心态的效应,尤其是比赛中及时地运用计谋、变换阵法、调整阵容,更能起到化险为夷、转败为胜、力挽狂澜的作用。这既反映了教练员智勇双全的专业才干,又充分显示出其自身良好的人格修养。

  纵观现今整个篮球运动,教练员越来越受到重视。优秀球员非常之多,然而优秀教练员却很难得,尤其是拥有一批聪慧、好学、善思、正身、敬业、自强、无畏,具有人格魅力、良好修养和较高素质的教练员,成为一国一地篮球运动兴旺发达和在一场关键性比赛中取胜的基本保障。强将手下无弱兵,这已是一种共识。

课后题

1. 请简述篮球运动的起源。
2. 请简述篮球运动的基本价值。

第二章 篮球运动技术训练

第一节 篮球初级技术

篮球初级技术教学针对的是篮球基础薄弱和刚接触篮球运动的学生。教师根据自身对运动技术掌握的规律,由浅入深地教授学生基本的篮球技术动作。

一、移动技术

移动技术是球员在比赛中为了改变速度、方向、位置和高度所采用的各种脚步动作方法的总称。移动技术与掌握、运用进攻和防守技术有着密切的关系,它是篮球技术的基础。因此,在篮球技术教学与训练中,首先要重视移动技术的教学。

移动技术是篮球技术中攻防技术运用的基础。在篮球比赛中,各种攻防技术动作的完成与运用都需要脚下动作的配合。所以,球员在比赛中应快速移动,合理运用各种脚下动作,充分占据有限的空间,争取掌握攻防的主动权。

(一)移动技术的分类

移动技术作为攻防技术的基础,在篮球比赛中运用广泛,且实用性很强。移动技术的分类如图 2-1 所示。

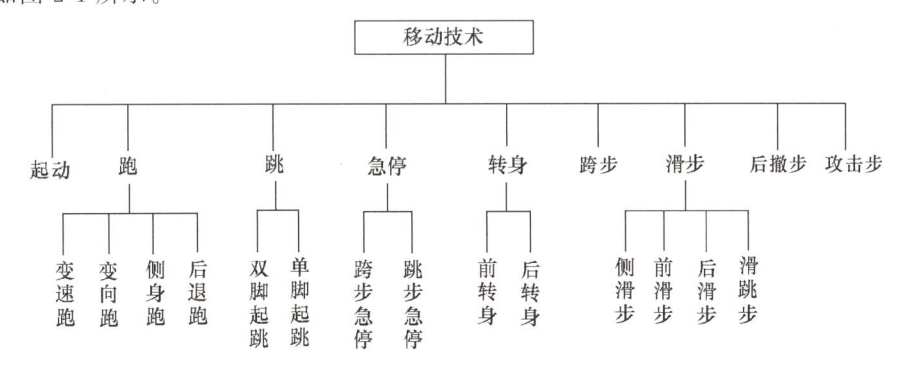

图 2-1 移动技术的分类

(二)移动技术的动作

1. 起动

起动是球员在球场上由静止状态变为运动状态的一种动作,是获得位移初速度的方法。在进攻中利用起动动作可以摆脱对手和防住对手,保持或抢占有利位置。

从基本站立姿势开始,起动时,身体重心向跑动方向移动,以后脚(向前起动)或异侧脚(向侧面起动)的前脚掌内侧突然用力蹬地,同时上体迅速前倾或侧转,手臂协调地摆动,充分利用蹬地的反作用力,迅速向跑动方向迈步(图2-2、图2-3)。起动后的两三步要短促而迅速地连续蹬地并快速摆臂配合,以便在最短的时间内把速度提上去。

动作要点:身体重心迅速前移,快速蹬地摆臂,步幅小而快。

图2-2 起动　　　　　图2-3 向侧面起动

2. 跑

跑是球员在球场上改变位置的重要方法,也是比赛中运用最多的一种移动技术。大学生在篮球场上的跑具有快速、多变的特点。在大学生篮球比赛中,经常运用的跑有以下几种:

(1)变速跑

变速跑是球员在跑动中利用速度的变换来争取主动的一种方法。加速跑时,利用两脚突然短促而有力地连续蹬地,加快跑的频率,同时上体稍向前倾,手臂相应摆动加以配合;减速跑时,利用前脚掌用力抵地来减缓快跑的前冲力,同时上体直起,保证身体重心后移,从而降低跑速。

动作要点:掌握节奏快慢,速度变化明显。

(2)变向跑

变向跑是球员在跑动中突然改变方向来摆脱防守或堵截的一种方法。变向跑时(以从右向左变方向为例),最后一步右脚着地,脚尖稍向内扣,用前脚掌内侧用力蹬地,屈膝,腰部随之左转,快速移动重心,左脚向左前方跨出,这一步要快,右脚迅速随之跨出,继续加速跑动前进(图2-4)。

图2-4 变向跑

动作要点:前脚掌内侧用力蹬地,重心转移快,右脚上步快。

(3)侧身跑

侧身跑是球员向前跑动时为了观察球场上的情况,侧转上体,进行攻守行动的一种跑动方法。其动作方法是在跑动中头部与上体侧转,朝向球的方向,而脚尖朝着前进方向,既要保持跑步的速度或加速,又要完成攻守的动作。

动作要点:上体前倾并自然侧转,脚尖朝前。

(4)后退跑

后退跑是球员在球场上背对前进方向的一种跑动方法,以便观察球场上的攻守情况。后退跑时,两脚提踵,用前脚掌交替蹬地提膝向后跑动,上体放松直起,两臂屈肘相应摆动,保持身体平衡,两眼平视,注意球场上的情况。

动作要点:脚跟提起,前脚掌用力蹬地。

3. 跳

跳是球员在球场上争取高度及远度的一种动作方法。在篮球比赛中,很多技术动作需要球员在空中完成,因此,学生要会单、双脚起跳,尤其是能在原地、跑动中和对抗条件下向不同方向跳,还要跳得快、跳得高,滞空时间长,以便更好地在空中完成各种攻守动作。

(1)双脚起跳

起跳时,两脚开立,屈膝快速下蹲,两臂相应后摆,上体前倾,然后两脚用力蹬地,伸膝、提腰,两臂迅速向前上摆,使身体向上腾起。上体在空中自然伸展,收腰,下肢放松。落地时,前脚掌先着地,屈膝缓冲身体下落的重力,保持身体平衡,以便衔接下一个动作。双脚起跳多在原地运用,也可以在上步、并步、跳步和助跑的情况下运用。

动作要点:两膝弯曲降低重心,用力蹬地,向上摆臂,充分伸展上体,落地时屈膝,保持身体平衡。

(2)单脚起跳

起跳时,起跳腿微屈前送,脚跟先着地,并迅速屈膝过渡到前脚掌用力蹬地,同时提腰摆臂;另一条腿提膝上抬,借以帮助重心上移。当身体上升到最高点时,摆动腿收膝向下与起跳腿自然合并,使腾空动作协调。落地时,双脚要分开,注意屈膝缓冲,以便迅速完成其他动作。单脚起跳多在有助跑的情况下运用。

动作要点:踏跳脚用力蹬地,摆动腿上摆,身体充分向前上方伸展,控制身体平衡。

4. 急停

急停是球员在跑动中突然制动的一种动作方法。比赛时,急停多与其他技术结合在一起运用。急停的动作有两种:

(1)跨步急停(两步急停)

在快速跑动时急停,首先向前跨出一大步,从脚跟先着地过渡到全脚抵住地面,并迅速屈膝,同时身体微向后仰,重心后移。然后跨出第二步,脚着地时,脚尖稍向内转,用前脚掌内侧蹬地,两膝弯曲,身体稍向侧转,微向前倾,重心移至两脚之间,两臂屈肘并自然张开,帮助控制身体平衡(图2-5)。

动作要点:第一步要用脚外侧着地,第二步落地时用前脚掌内侧蹬地,并控制身体重心。

图 2-5 跨步急停

(2)跳步急停(一步急停)

在中慢速移动时,用单脚或双脚起跳(一般离地面不高),上体稍后仰,两脚同时平行落地。落地时,前脚掌着地,用前脚掌内侧蹬住地面,两膝弯曲,两臂屈肘微张,以保持身体平衡(图 2-6)。

图 2-6 跳步急停

动作要点:落地时,前脚掌蹬地,屈膝降重心,重心控制在两腿之间。

5. 转身

转身是球员以一脚蹬地向前或向后跨出的同时,另一脚做中枢脚进行旋转而改变身体方向的一种动作方法。转身在比赛中比较常见,且经常与其他技术动作组合运用。

转身时,重心移向中枢脚,另一只脚的前脚掌蹬地,同时中枢脚以前脚掌为轴用力碾地,上体随着移动脚转动,以肩带动向前、向后改变身体方向。在身体移动过程中,要保持身体重心平稳,不要起伏。转身后,重心应转移到两脚之间。转身可分为前转身和后转身。

(1)前转身

移动脚蹬地,在中枢脚前方(身前)进行弧形移动的叫前转身(图 2-7)。

动作要点:转体蹬地有力,重心迅速转移,前脚掌碾地。

图 2-7 前转身

(2)后转身

移动脚蹬地,在中枢脚后方(身后)进行弧形移动的叫后转身(图 2-8)。

行进间运用后转身,是在靠近对手时以前脚为中枢脚旋转,后脚蹬地完成该动作。由于跑动中惯性的关系,后转身时要适当减速,加大中枢脚碾地的力量,从而加快旋转的速度,还要注意控制重心,保持身体平衡。

图 2-8 后转身

动作要点:腰胯带动躯干旋转,蹬跨有力,保持身体平衡,重心不要起伏。

6. 跨步

跨步是一种起步的动作方法。跨步的动作方法是以一脚为中枢脚,另一脚向前或向侧方跨出,以便衔接其他动作。

动作要点:跨步时保持低重心,膝关节弯曲,中枢脚蹬地用力。

7. 滑步

滑步是防守移动的一种主要方法。它易于保持身体平衡,可向任何方向移动。滑步可向侧、向前和向后进行滑动来阻截对方的移动。

(1) 侧滑步

两脚平行站立,两膝较大弯曲,上体微向前倾,两臂侧伸。向左侧滑步时,右脚前脚掌内侧蹬地,左脚向左(移动方向)跨出,在落地的同时,右脚紧随滑动,向左脚靠近,两脚保持一定距离,左脚继续跨出(图 2-9)。

动作要点:在滑步时,要保持屈膝、低重心的姿势,身体不要上下起伏,重心保持在两脚之间,而且眼要一直注视对手。向右侧滑步时脚步动作相反。

图 2-9 侧滑步

(2) 前滑步

两脚前后站立。向前滑步时,后脚的前脚掌内侧蹬地,前脚向前跨出一小步,着地后,后脚紧随着向前滑动,保持前后开立姿势(图 2-10)。

图 2-10　前滑步

动作点：前滑步时保持低重心，后脚跟滑动要快速。

（3）后滑步

后滑步动作方法与前滑步相同，只是向后方移动。

动作要点：后滑步时保持低重心，滑动过程中要保持两脚间的距离。

（4）滑跳步（碎步）

滑跳步多用于外线防守。动作方法是两脚平行开立，稍比肩宽，两膝保持弯曲。移动时，前脚掌不停顿地蹬地，用小而快的步法向左、右、前、后移动。

动作要点：移动时注意步幅要小（小半步），保持平步防守姿势，上体不要起伏。

8. 后撤步

后撤步是变前脚为后脚的一种起步方法。为了占据有利位置，特别是当进攻球员向自己前脚外侧持球突破时，可采用后撤步移动堵截，并与滑步、跑等动作结合运用。

撤步时，前脚掌内侧蹬地，腰部用力向后转体，前脚后撤，同时后脚的前脚掌碾地，当前脚后撤着地后，紧接滑步，保持身体平衡与防守姿势（图 2-11）。

图 2-11　后撤步

动作要点：前脚蹬地后撤要快，后脚碾地扭腰转髋要快，后撤角度不宜过大，身体不要起伏。

9. 攻击步

攻击步是防守球员突然向前跨出的一种动作。这种步法是利用后脚蹬地，前脚迅速向前跨出,逼近对手。运用攻击步时,伸出与前脚同侧的手去抢球、打球或干扰对手的进攻动作。

动作要点:向前抢、打球或干扰对手的进攻时要注意控制重心过度前移,避免干扰不成反被对手过掉。

10.绕步

绕步分为绕前步和绕后步两种。做绕前步时(以从右侧绕前防守为例),右脚向右前方斜跨出半步,左脚迅速蹬地绕过对手,向右侧跨出或跃出。腰、胯要用力,手臂根据防守的需要做出相应的阻挠、伸展、挥摆动作。绕后步的动作与绕前步相同,只是向后方跨步绕过。

动作要点:做绕步时要突然,脚掌蹬地有力,同时保持低重心。

在篮球比赛中,影响移动动作效果的因素有:

(1)准备姿势

在球场上球员需要有一个既稳定又易动的准备姿势,以便迅速、协调地进行移动,从而完成各种攻守行动。准备姿势指的是站立姿势。正确的站立姿势是两脚前后(或左右)开立,与肩同宽,脚掌着地,两膝弯曲(大、小腿之间的角度在135°左右),身体重心的投影点落在两脚之间,上体微向前倾,两臂屈肘,自然下垂置于体侧(准备接球或持球),两眼注视场上的情况。

(2)身体平衡

身体平衡是成功完成篮球技术的必要条件。平衡与身体重心离地面的距离有关,即便是在场上奔跑,也要降低身体重心。稳定角也是平衡的要素之一,稳定角越大,越稳定。控制身体平衡还需要中枢神经系统的作用,它能使运动员感受身体在空间的位置,更好地支配肌肉,改变身体姿势,通过协调身体各关节来维持身体平衡。

(3)蹬地用力

任何一种移动都需要人体对地面施加力的作用,并利用地面的支撑反作用力,也就是通过脚蹬地、碾地、抵地的力量来实现。这些力量的大小和方向决定着人体所得到的加速、减速、旋转、制动、滑动、腾空等位移的变化。

(4)协调配合

移动时,如果没有身体各部位的协调配合,是难以适应比赛变化要求的。协调配合不仅需要髋、膝、踝关节的配合,还需要头、上肢、躯干和下肢各部位的动作相互配合,协调用力,使人体内力和外力很好地结合,控制用力方向和角度,充分利用反作用力和惯性来克服阻力,这样才能正确、迅速地完成不同的移动技术。

(三)移动技术的训练方法

1.起动和跑的练习

(1)呈基本站立姿势(面向、背向、侧向),收到信号即做起动跑的练习。

(2)在各种情况和状态下(蹲着,坐地,原地各种跑动中,原地向上、向侧跳起时,滑步中,急停以后),收到信号即向不同方向做起动跑的练习。

(3)自己或同伴抛球,球离手后起动快跑接球,不让球落地。

(4)原地运球,收到信号即做起动快速运球的练习。

(5)利用篮球场的圈、线做侧身跑和对角折线跑。

(6)两人一组做侧身跑。

(7)两人行进间传球,练习侧身跑。

2.急停练习

(1)保持基本站立姿势,慢跑两三步后做跨步急停和跳步急停。

(2)以稍快节奏跑三五步后做跨步急停和跳步急停。

(3)快跑中收到信号即做跨步急停。

(4)跑动中做接球急停,然后传球。

(5)运球结束时做急停,接着传球或投篮。

3.转身练习

(1)呈基本站立姿势,分别以左、右脚为轴,做前、后转身90°、180°、270°练习。

(2)慢跑中急停,做前、后转身90°、180°起动快跑练习。

(3)原地持球,分别以左、右脚为轴,做前、后转身练习。

(4)跳起接球后,做前、后转身传球、运球或投篮练习。

(5)在一对一攻守中,做前、后转身护球练习。

4.跳的练习

(1)原地听信号,向上或跨步向前或向侧方、后上方做双脚起跳练习。

(2)助跑两三步后做单脚或双脚起跳练习。

(3)结合跨步、转身、急停等动作练习起跳动作。

(4)助跑单脚起跳做手摸篮板、篮筐练习。

(5)单、双脚起跳后做接球、传球或断球等动作练习。

5.防守步法练习

(1)收到信号即做向左或向右、向前、向后滑步练习。

(2)做向前滑步变后撤步接侧滑步练习。

(3)做向前或向后滑步,接攻击步,变后撤步接侧滑步练习。

(4)按规定路线或标志物做"之"字形、三角形、小"8"字形滑步和"T"字形碎步练习。

(5)在一对一攻守中,迎上做碎步堵截对手移动练习。

(6)做攻击步抢球、打球练习。

6.移动技术综合练习

(1)进攻跑动及换位综合性移动练习(图2-12)。

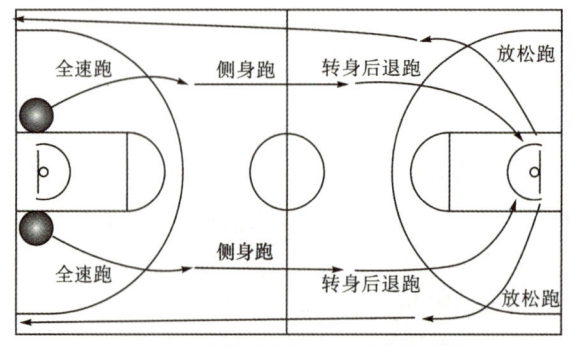

图2-12 进攻跑动及换位综合性移动练习

底线出发,全速加速跑,过三分线侧身跑,过中场后转身后退跑至篮下,最后沿边线放松跑返回。

(2)半场摆脱与防摆脱练习(图2-13)。

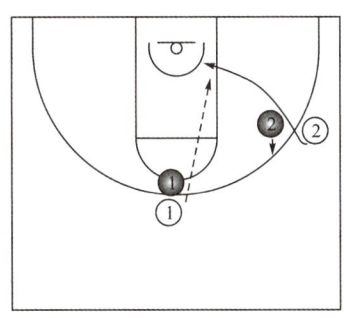

图 2-13　半场摆脱与防摆脱练习

①持球,②向三分线外移动做假动作,摆脱防守❷后往篮下跑动,然后①传球给②。

二、传接球技术

传接球技术是大学生篮球运动中的主要技术之一,也是篮球比赛中进攻队员之间有目的地支配球、转移球的方法。传接球是进攻队员在场上相互联系和组织进攻战术的纽带,也是实现战术配合的具体手段。传接球技术直接影响战术的执行以及实施攻击的成功率,甚至可以左右比赛的结果。现代篮球运动要求运动员在比赛中运用传接球技术时做到隐蔽、及时、多变、准确,巧妙地利用球的转移,打乱对方的防守部署,创造良好的进攻机会,提高攻击效率。

(一)传接球技术的分类

为了便于学生全面了解和掌握传接球技术,有必要对传接球技术进行分类。传接球技术由传球技术和接球技术组成,传球技术和接球技术匀分为双手和单手,常用的传接球方式如图2-14所示。

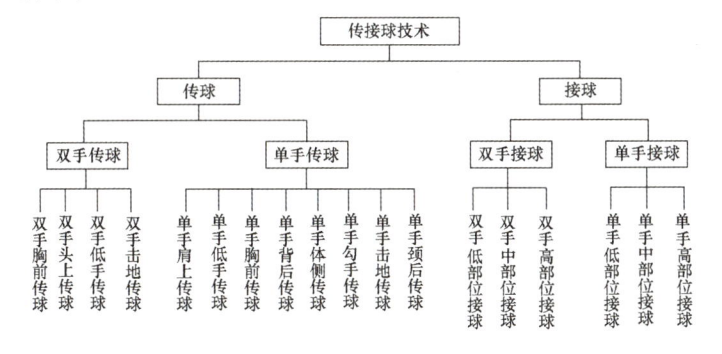

图 2-14　传接球技术的分类

(二)传接球技术动作

1.传球

传球动作包括双手传球和单手传球,双手传球以双手胸前传球为基本动作,单手传球以单手肩上传球为基本动作。

(1)双手胸前传球

双手胸前传球是比赛中最基本、最常用的传球方法,用这种方法传出的球快速有力,可用于不同方向、不同距离传球,而且便于和投篮、突破等动作结合运用。

双手持球的方法是两手手指自然分开,拇指相对呈"八"字形,用指根以上部位持球,手心空出(图2-15)。两肘自然弯曲于体侧,将球置于胸腹之间的部位,身体呈基本站立姿势。传球时,后脚蹬地,身体重心前移且前臂迅速向传球方向伸出,拇指用力下压,手腕前屈,食指和中指用力拨球将其传出(图2-16)。球出手后,身体迅速调整成为基本站立姿势。传球距离近,则前臂前伸的幅度小。若远距离传球,则需加大蹬地、伸臂和腰腹的协调用力。传球距离越远,蹬地、伸臂的动作幅度越大。

图2-15 双手持球

图2-16 双手胸前传球

双手胸前传球可在原地和跑动中进行。跑动中,双手胸前接球和传球是一个连贯动作,要求手和脚动作协调。接球时,一般是左(右)脚上步接球后,右(左)脚上步,左(右)脚再次抬起并在落地前出球。传球的动作过程是双手接球后迅速收臂后引,接着迅速伸前臂,手腕前屈,手指拨球,将球传出。

动作要点:双手手腕前屈,食指和中指用力拨球和抖腕。

(2)单手肩上传球

单手肩上传球是单手传球中一种最基本的方法。这种传球力量大、速度快,常用于中、远距离传球。

传球时(以右手传球为例,图2-17),左脚向传球方向迈出半步,右手托球,同时将球引到右肩上方,肘部外展,上臂与地面近似平行,手腕后仰。左肩对着传球方向,重心落在右脚上,右脚蹬地,转体,右前臂迅速向前挥摆,手腕前屈,通过食指、中指拨球并将球传出。球出手后,右脚随着身体重心前移而向前迈出半步,保持基本站立姿势。

图2-17 单手肩上传球

传球动作的方法有很多,除双手胸前传球和单手肩上传球两种基本方法外,还有双手低手传球、双手头上传球、双手击地传球、单手低手传球、单手胸前传球、单手背后传球、单手体侧传球、单手勾手传球、单手击地传球、单手颈后传球等。

传球是将球从自己手中抛向同伴的位移运动,不论是双手传球还是单手传球,给予球的作用力和时间决定了球的飞行速度和距离。传球的方向取决于手对球作用力的作用点和腕、指动作(一般在球体后方,与传球方向相反)。出手角度应略高于水平方向,以克服飞行过程中重力对球的影响。传球应优先使用屈腕弹指和伸肘的力量,它们是能最快速发力的动作。长传球时,可协同躯干和腿部肌肉参与,作用时间也较长。传球的屈腕弹指动作会使球在飞行中产生一定的旋转。传球出手高度是由传球者的身体特征和传球方式所决定的。在传球动作中,前臂有伸、摆、绕等不同的用力方法,运用这些方法可以增加出球点,扩大出球面。传球目标的距离和方向不同,传球时力量的大小和用力的方向不同。传球目标距离远,则力量大;目标距离近,则力量小。向平直方向传球时应向正前方用力,传高球时应向前上方用力,传低球时应向前下方用力。由于传球用力的方向不同,球会在空中呈直线、弧线或折线飞行。传球时,应根据接球队员的位置和移动速度,决定传球的力量大小和用力方向。一般将球传到接球队员的胸部位置,如将球传给移动中的队员,则应判断队员的移动速度,做到人到球到,人球相遇。

动作要点:传球时,注意肩和腰协调用力。

2. 接球

接球作为篮球运动中的主要技术之一,既是获得球的动作,也是抢篮板球和抢断球的基础。在激烈对抗的比赛中,能否采用正确的动作稳稳地接球,对减少传球失误、弥补传球不足,及截获对方的传球等都具有非常重要的作用。接球有双手接球和单手接球两种。

(1)双手接球

双手接球是最基本的接球方法,也是在比赛中运用最多的动作之一。其优点是握球稳,易于转换其他动作。双手接球时,两眼注视来球,两臂伸出迎球,手指自然分开,两拇指呈"八"字形,手指向前上方,两手呈一个半圆形。当手指触球后,两臂随球后引缓冲来球的力量,两手握球于胸腹之间,并保持身体平衡,做好传球、投篮或突破的准备。来球的高度不同时,两臂伸出迎球的高度也有所不同(图2-18、图2-19)。

图2-18 双手接中部位的球

图2-19 双手接高部位的球

动作要点：伸臂迎球，在手接触球时，收臂后引缓冲，握球于胸腹之间。

(2)单手接球

单手接球控制的范围大，能接不同方向的来球，但是单手接球不如双手接球稳。因此，一般情况下应尽量用双手接球。若用右手接球，则右脚向来球方向迈出，两眼注视着来球。接球时，手掌呈勺状，手指自然分开，右臂向来球的方向伸出。当手指触球时，手臂顺势将球向前下方引，左手立即握球，双手将球握于胸腹之间，保持基本持球姿势(图 2-20)。

图 2-20 单手接球

接球是终止球在空中运行的方法。不论是双手接球还是单手接球，都必须沿着球飞行的相反方向对球施加相应的阻力，使来球的速度减弱直至为零。球作用在手上的力与手的缓冲距离有一定的关系，接球时减小这个力就要增大对这个力的作用距离。伸臂屈肘迎球和顺势向后引球，进一步屈肘缓冲，正是减弱来球力量至零的过程。如果来球力量较大，速度较快，则要加大迎球幅度，以便有更长的距离来缓冲。

动作要点：手指自然分开，伸臂迎球，触球后引要快，另一手及时扶球。

(三)传接球技术的训练方法

1.熟悉球性的练习方法

(1)用双手手指、手腕连续拨翻球(手指弹拨、手腕转翻)。两手持球，手臂向前伸直，用手腕、手指连续拨翻球，使球在两手之间快速移动。两手之间要保持一定的距离，练习时节奏可由慢至快或由快至慢，并不停改变球和两臂的高度(上至头、下至脚)，反复练习。

(2)双手在胸前抛接球。两腿左右开立，双手持球向空中抛球，并在胸前或身后把球接住。熟练后可以跳起接球或接不同方向的地面反弹球。

(3)球绕身体交换球。两脚开立，两手持球于腹前。两手交替使球绕腰、绕头，然后绕腰、绕腿、绕踝，反复练习。

(4)单、双手体后抛球接球。两脚左右开立，左手持球于身后，然后抛球过异侧手臂前方，右手迎上接球后用同样的方法从背后抛球至异侧肩前方，左手迎上接球。也可以双手背后抛球过头顶，双手胸前接球。

(5)环绕双腿交接球。两脚开立，约与肩同宽，体前屈，用右手将球从两腿中间交给左腿后面的左手，左手持球绕过左腿外侧至左腿前，继续用左手将球从两腿中间交给右腿后面的右手，右手接球后经过右腿外侧还原成开始姿势，反复练习。

(6)行进间胯下交叉接球。两脚左右开立，略宽于肩，持球于膝前。练习时，向前迈出右腿,同时左手持球在两腿中间将球交给右手,左脚继续向前行进,右手持球经右腿外侧在两腿间将球交给左手,依此方法前进做胯下"8"字交叉接球。行进的速度与方向可不断变换。

2. 原地传球的练习方法

(1)两人一组,面对面站立,做各种传球练习,也可对着墙进行练习,并用各种方法接反弹回来的球。间隔距离根据需要由近至远。

(2)原地跨步,跳起接不同方向的球。

3. 移动传球的练习方法

(1)两人一组一球,相距4米面对面站立,一人原地传球,另一人向左右、前后移动接球,传接球一定次数后,互相交换练习。

(2)迎面上步传接球练习。练习者排成纵队,①持球距纵队5～7米。②上步接①传来的球并回传给①,然后跑回队尾。接着,③④⑤依次反复练习(图2-21)。此练习还可要求练习者跑动接球、急停、上步传球、跑动,以加大虚线练习的难度。

图2-21 迎面上步传接球练习

(3)横向移动换位传接球。四人一组两球,呈"口"字形相距3～5米站位,①②各持一球,同时分别传直线球给③④,然后两人立即横向移动换位接③④回传球,③与④传球后同样横向移动换位接球(图2-22)。依此方法反复练习。此练习也可固定一组只传球,另一组移动接传球。

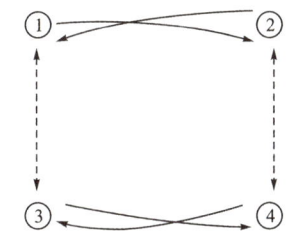

(4)三角形移动传接球。站位成三组,①传球给②后迅速跑至②的队尾;②立即将球传给③后迅速跑至③的队尾;③接球后迅速传给①组的第二名队员(图2-23)。依此方法反复练习。

图2-22 横向移动换位传接球

(5)四角弧线跑动传接球。站位成四组,①传球给②后,切入接②的回传球再传给③,然后跑到③的队尾;当①传球给③时,②紧跟着起动切入接③的传球并传给④,并跑至④的队尾。依此方法反复练习(图2-24)。

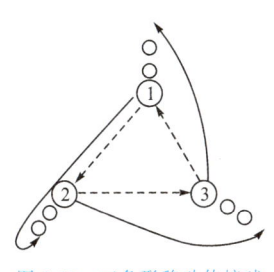

图2-23 三角形移动传接球

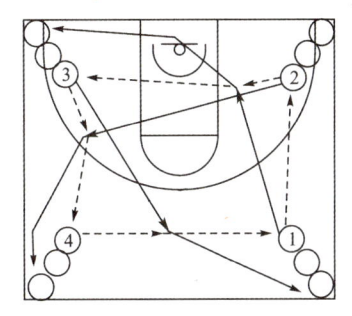

图2-24 四角弧线跑动传接球弧线实线

(6)全场弧线侧身跑动传接球。①分别传球给②③④,并沿弧线实线做侧身跑动传接球,最后投篮(图2-25)。练习一定次数后可换另一侧进行。

(7)二人全场行进间传接球。二人一组一球,①传球给②后立即起动向前跑动去接②的回传球,②传球后向前跑动去接①的回传球(图 2-26)。如此反复传球至前场篮下投篮,并再传球返回。人多时,可在场地另一侧增加一组,两组同时进行练习。

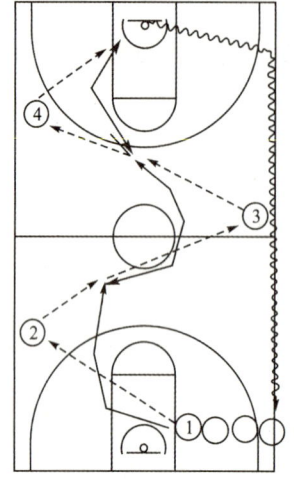

图 2-25 全场弧线侧身跑动传接球 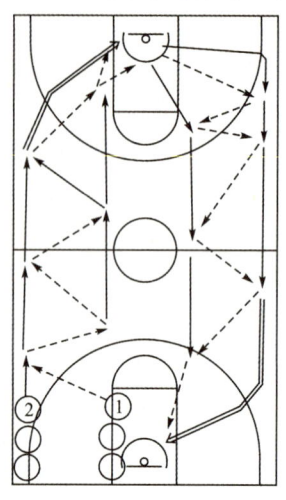　　图 2-26 二人全场行进间传接球

(8)三人直线跑动传接球。三人一组一球,开始由中间的①持球,传球给向前跑动的②,②接球后立即回传给向前跑动的①,①接球后传给另一侧向前跑动的③,③再回传给向前跑动的①,依次推进至篮下投篮,并用同样的方法传接球返回(图 2-27)。

(9)四角移动传接球。①传球给插中接球的②后快速跑至②组的队尾,②接球后将球快速传给③并跑至③组的队尾,③接球后传给④并跑至④组的队尾(图 2-28)。依此方法反复练习。

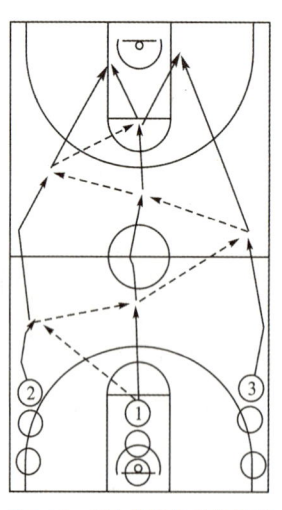

图 2-27 三人直线跑动传接球 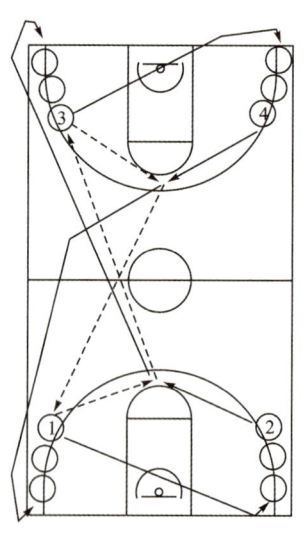　　图 2-28 四角移动传接球

4.传接球技术综合练习

(1)多球练习法

四角弧线跑动传接球,方法同"移动传球的练习方法(5)"。当熟练以后,可同时传

2个球或3个球,依此方法反复练习。

(2)有防守的练习方法

练习一:二人传球,一人防守(图2-29)。篮球半场,①和②相距5米互相传球,❶在二人中间防守,开始可消极防守,协助传球队员练习,逐渐转为积极防守。如果①或②传出的球被❶触到或抢获,则与传球人交换位置。

练习二:三传二守(图2-30)。篮球半场,五人一组,三人①②③站成三角形相互传球,❶❷居中防守,积极抢球、断球,触到球的防守者即与传球者互换防守。

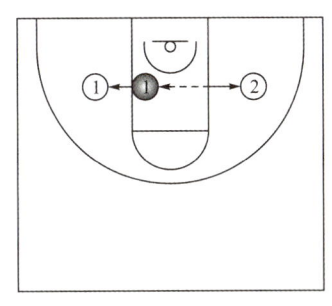

图2-29 二人传球,一人防守

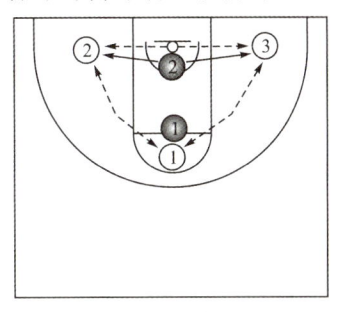

图2-30 三传二守

练习三:行进间越过防守的传球(图2-31)。⑤⑥⑦防守、封堵、抢球、断球,①②要设法避开防守者的封堵与阻拦,选好传接时机,运用合理巧妙的传球方法。

练习四:交叉点拨传球(图2-32)。交叉后空切者②伸手要球,运球队员①及时点拨传球到位。②接球后迅速斜线运球,并用眼睛余光进行观察。①传球后快速起动做弧线空切,跑到适当位置后再伸手要球。

练习五:接应交叉跟进传接球(图2-33)。①传球给②后斜插接应②的球,②传球后跟进交叉,①做向后反弹传球后加速快下,再接②的球后并回传,然后跑到④组的队尾。②传球给③后跑到③组的队尾。③和④以相同的形式传球。依此方法反复练习。

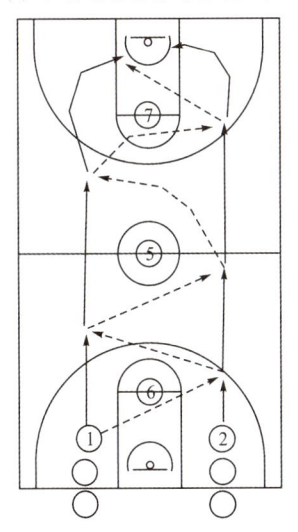

图2-31 行进间越过防守的传球

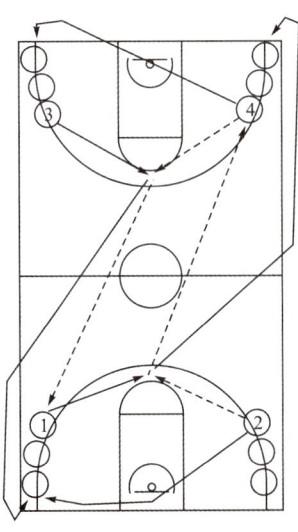

图2-32 交叉点拨传球

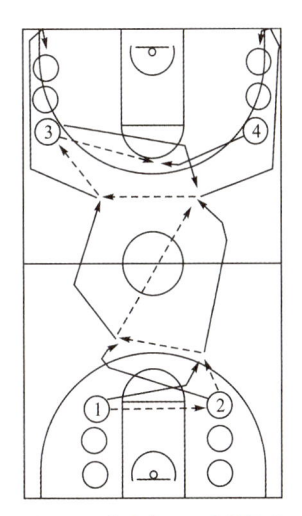

图2-33 接应交叉跟进传接球

三、原地和行进间投篮技术

投篮是进攻队员为了将球投入对方球篮而采用的各种专门动作的总称。

投篮是篮球比赛中唯一的得分手段,是一切进攻技战术的最终目的和全部攻守矛盾的焦点。投篮得分的多少是决定比赛胜负的关键,因此,加强投篮技术的教学与训练、掌握和运用,以及不断提高投篮命中率十分重要。

(一)投篮技术分类

投篮技术动作有很多,可分为原地投篮、行进间投篮、跳起投篮、扣篮和补篮等,大都可用单手或双手进行(图2-34)。

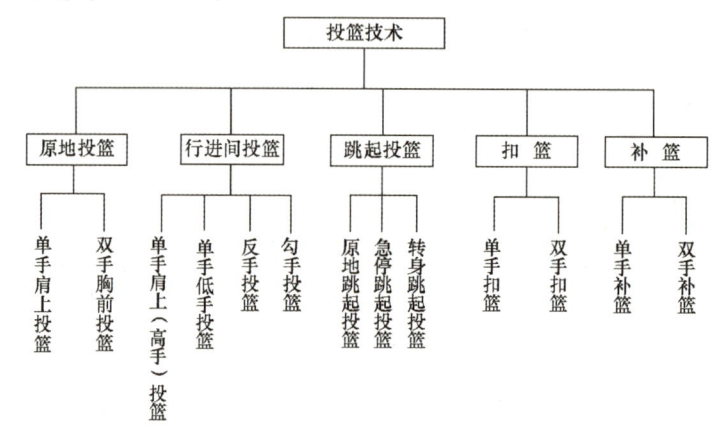

图2-34 投篮技术

(二)基本投篮动作

1.原地单手投篮

原地单手投篮是最基本的单手投篮方法,其他各种单手投篮方法大都由此演变而来。以右手投篮为例,投篮时双脚原地开立,身体重心落在两脚中间,屈肘,右手手腕后引,掌心向上,五指自然张开,持球于右眼前上方,左手扶球侧,两膝微屈,上体放松并稍后倾,目视框篮;投篮时下肢蹬伸,同时依势伸腰展腹,抬肘上伸前臂,右手手腕前屈,带动手指弹拨球,最后通过食指、中指协调用力将球投出(图2-35)。需要注意的是球离手后,右臂应有自然跟进动作。

动作要点:四肢协调用力,蹬伸,展腰,屈腕,手指柔和地拨球。

图2-35 原地单手投篮

2. 行进间单手投篮

行进间单手投篮是比赛中广泛运用的一种投篮方法。一般多在快攻或切入篮下时运用,俗称跑动中投篮。最基本的动作是单手肩上投篮,以右手投篮为例,当球在空中运行时,右脚向来球方向或向投篮方向跨出一大步,同时接球,左脚向前跨出一步,脚跟先着地,上体稍后仰,然后迅速过渡到前脚掌着地,并用力蹬地起跳,右腿屈膝上提,左脚蹬离地面。同时,双手向前上方举球,腾空后,右臂向前上方伸展,腕、指的动作同原地单手投篮。投球后,两脚同时落地,两腿弯曲,以缓冲落地的力量(图2-36)。

动作要点:随跑随投,动作快速突然,蹬地上跳,举球伸臂。

图 2-36　行进间单手投篮

(三) 投篮技术的训练方法

1. 模拟投篮

(1) 徒手练习。做原地投篮动作,重点体会投篮的手法和用力过程。

(2) 持球练习。两人一组一球,互相对投,体会原地投篮和跳起投篮的手法及身体各部位的协调配合(图2-37)。

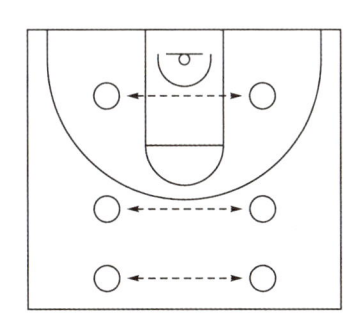

图 2-37　持球练习

2. 原地投篮练习

(1) 正面定点投篮。每人一球,自投自抢,依次反复练习(图2-38)。

(2) 不同角度投篮。列队站于投篮点,每人一球,排头自投自抢,并按顺时针方向换位至下一队队尾,依次连续练习(图2-39)。

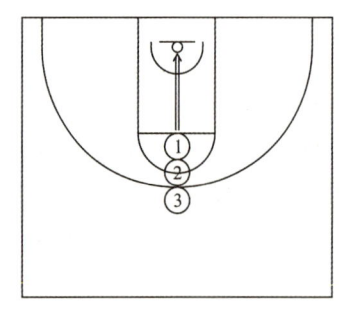

图 2-38　正面定点投篮

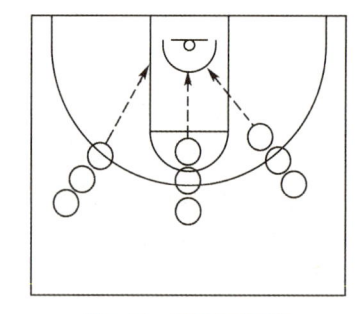

图 2-39　不同角度投篮

3. 投篮技术综合练习

(1) 连续投抢。三人一组用两球,①持球投篮后自抢篮板球,与此同时②移动接③的传球投篮,③传球给②后向②的位置移动并接①的传球投篮。每个人移动接球投篮后,立即去抢篮板球并传给手中无球的队员。保持练习的连续性,依次进行(图 2-40)。

(2) 五点移动接球综合投篮。三人一组用两球,③在篮下接篮板球并传给②,②负责传球,①按规定连续投篮。开始时,①持球在圈顶外做定位远投,然后移动到右侧底角接②的传球跳投,再从底线插上接②的传球急停做撤步转身勾手投篮,接着从篮下绕出到罚球线接②的传球做转身跳投,最后到罚球线左侧接球急停做前转身跳投(图 2-41)。如此,一人按规定投篮动作连续移动到五个点接球投篮,两组共 10 次后轮换。

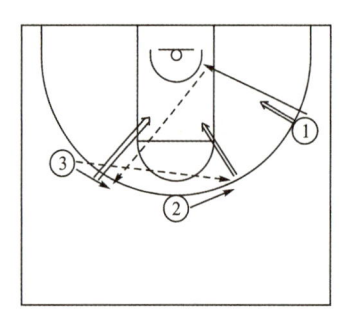

图 2-40　连续投抢

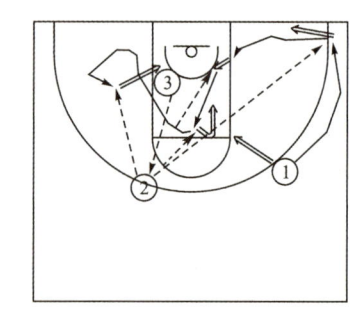

图 2-41　五点移动接球综合投篮

四、运球技术

运球是持球队员在原地或行进中单手连续按拍由地面反弹起来的球的一种动作,是篮球比赛中个人进攻的重要技术。运球不仅是个人摆脱对手、突破防守的手段,也是组织全队战术配合的桥梁,并且对发动快攻、突破紧逼防守都起着极大的作用。通过不断练习,促进学生熟识球性,增强对球的控制、支配能力。

(一) 运球技术分类

运球技术动作较多,可以分为原地运球和行进间运球两类(图 2-42)。

(二) 运球技术动作

运球一般是在移动中进行的,既要使移动速度与球的运行速度一致,又要保持合理的动作节奏,并注意对身体重心的控制。动作协调一致的关键在于按拍球的部位、选择的落

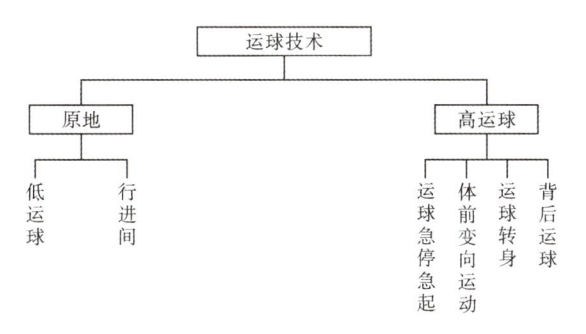

图 2-42　运球技术

点和按拍球的力量。手臂动作的变化要与脚步动作、身体姿势的改变同步进行,以使整个运球动作协调完成。

当前,运球动作由以肘为轴变为以肩为轴,迎送球的动作幅度加大,球附着于手上的时间延长,有利于球员对球的控制。球的落点在身体的侧后方,远离对手,利于保护球。根据球场上的情况和本队战术的需要,适时而恰当地运用运球技术,对全队进攻能起到较大的促进作用。

1. 高运球

进攻队员在没有防守干扰的情况下,为了加快向前场推进的速度和在进攻中调整进攻速度及进攻队员处于攻击位置时而采用的一种运球方法。其特点是按拍球的力量大,球反弹高度高,便于控制,行进速度快。

动作方法:运球时两腿微屈,上体稍向前倾,双目平视,以肘关节为轴,前臂自然伸屈,用手腕、手指柔和而有力地按拍球的后上方,将球的落点控制在运球手臂的同侧脚的外侧前方,球的反弹高度在腰、胸之间(图 2-43)。

动作要点:手按拍球的部位要合理,手脚配合协调。

图 2-43　高运球

2. 低运球

进攻队员在受到对手紧逼或抢阻时,常采用低运球以保护球或摆脱防守。

动作方法:两腿迅速弯曲,重心下降,上身前倾,球的落点在体侧,用上身和腿保护球。同时,用手腕和手指短促地按拍球的后上方,把球控制在膝关节的高度,两腿用力后蹬,继续快速前进(图 2-44)。行进间,低运球的拍球部位在球的后上方或后侧方。

动作要点:重心降低,上身前倾,按拍球时短促有力。

3. 运球急停、急起

在运球推进时,急停、急起是进攻队员利用速度变化摆脱防守的一种运球方法。

图 2-44　低运球

动作方法:在快速运球过程中突然急停时,采用两步急停,使重心降低,手按拍球的前上方,使球停止向前运行。运球急起时,两脚用力后蹬,上身急剧前倾,迅速启动,同时按拍球的后上方,人、球同步快速前进(图 2-45)。

图 2-45　运球急停急起

动作要点:重心转移要快,脚蹬、抵地时要用力,按拍球的部位要正确,手、脚、躯干协调一致。

4.体前变速变向运球

在快速行进运球过程中,当对手堵截运球前进的路线时,突然向左或向右改变运球方向,借以摆脱防守。

动作方法:以右手运球为例,运球队员从防守队员左侧变向突破时,先向其右侧做变向运球假动作,当对手移动堵截运球时,突然用右手按拍球的右侧后上方,使球经自己体前向左侧前方反弹,同时左脚迅速随球向左侧前方跨步,上体同时向左扭转,身体重心要降低,侧肩贴近防守者,将球压低。当球反弹至腹部高度时,右脚蹬地迅速向前迈,左手拍球的后侧上方,超越防守(图 2-46)。

图 2-46　体前变速变向运球

动作要点:体前变速变向运球时,身体随球同时变向,变向后注意降低重心,侧身压肩。

5.背后运球

当对手堵截运球一侧,而且双方距离较近,不便运用体前变向运球时,运球球员可采用背后运球,改变方向,突破防守。

动作方法:以右手运球,从背后换左手时,右脚前跨,右手将球拉到右侧身后,迅速转腕并按拍球的右后方,使球从背后反弹至左侧前方,左脚同时向左前方跨步,换左手运球加速前进(图 2-47)。

图 2-47 背后运球

动作要点:拍球的方法要正确,变化迅速,跨步及时,重心跟上。

6.运球转身

当对手逼近,不能用直线运球或体前变向运球突破时,可用此方法摆脱防守。

动作方法:以右手运球为例,变向时,左脚在前为轴,向左后转身的同时,右手将球拉至身体的后侧方,并按拍球使其落在身体的外侧方,然后换左手运球,加速前进(图 2-48)。

图 2-48 运球转身

动作要点:最后一次运球时要用力,转身迅速,重心不要起伏,按拍球的部位正确,转、蹬、转拍等动作协调连贯。

(三)运球技术的训练方法

1.原地运球

(1)原地做高运球和低运球,体会基本动作。
(2)左右手交替做横运球,体会换手时拍球的部位和拉球、推球的动作。
(3)做体侧前(拉)后(推)运球,体会向前、向后运球的触球部位。
(4)原地做前、后、左、右运球的练习,增强手对球的控制能力。
(5)原地做两手同时运球(运两个球)的练习,提高手对球的控制能力。

2.行进间运球

(1)直线运球

方法:将学生分成四组,从底线出发,各组第一人运球至端线,返回时换另一手运球,然后交给下一个队员,轮流进行练习。

要求:拍球动作与步法要协调配合。拍球落地的位置和用力大小要适当。

(2)换手变向运球

方法:学生从底线篮下出发,运球绕场三圈时要换手,始终用外侧手运球。

(3)运球急停、急起(或变速运球)

方法:将学生分成四组,面对面站立,各组第一人从底线运球出发到对面,根据教师的信号练习运球急停、急起或变速运球。和对面的人交接球并交换位置,以同样的方法运球返回。

要求:运球急停、急起时,要停得稳,起动快。变速运球时要掌握好高、低运球的节奏,注意加速。

3.结合传球、投篮的运球

(1)多种运球方法结合投篮

方法:两人分别从底线出发,沿边线运球,到弧顶平行时,做提前变向换手运球、运球后转身、胯下运球、背后运球等动作上篮。每种动作练习2～3次,依次进行。

要求:左侧左手运球上篮,右侧右手运球上篮。

(2)运球推进中结合传球上篮

方法:两人一组,一人持球站在篮下篮板后面的位置,另一人站在右(左)侧底线的位置。听见哨音后,两人同时出发,持球人直线运球至中线处,传给右(左)侧边线的队友上篮,然后两人交换位置,依次进行练习。

4.对抗练习

(1)两人全场攻守练习。全场一攻一守,一人持球,另一人防守。持球人采用变向运球方法运球突破,然后两人交换角色,依次进行练习。

(2)在半场或全场二对二、三对三、四对四、五对五的比赛中练习,使动作技术得到进一步提高。

第二节 篮球中级技术

篮球中级技术训练是在初级技术训练后,目的是让学生进一步掌握有一定难度的技术动作,提高他们在实战中进攻与防守的水平。

一、跳起投篮技术

这里所说的投篮是在积极防守情况下的投篮。投篮是篮球比赛中唯一的得分手段,是一切进攻技术、战术的最终目标。在现代篮球比赛中,各种行进间投篮和跳投技术的运用非常普遍,特别是符合实战需要的,由跳投派生出来的后仰、转身、换手的跳起投篮技术运用更为广泛。在比赛中,投篮必须寻找最佳投篮时机,从而保证投篮入筐。大量研究表明,在正确、全面、熟练掌握投篮技术的基础上,学生只有明确投篮技术在比赛运用时具有时间、空间和稳定性这三个条件,才能获得投篮机会和提高投篮命中率。时间条件是投篮出手的时机,即在防守干扰之前或干扰较小的时间内进行投篮,可以通过以下两种方法实现:一是加快动作速度,减少准备动作过程;二是利用时间差进行投篮,如利用假动作或突然动作错开防守封盖时间,以减少对手的干扰。空间条件是指投篮球员利用动作抢占一定的空间位置,使对手无法干扰而进行投篮,如采用跳起高手投篮争取高空位置,利用快速移动超越或摆脱对手获得地面位置,以身体隔开对手并运用勾手投篮等。此外,还可通过集体配合为投篮球员创造良好的空间位置,如利用掩护、突破分球、空切为同伴或自己创造无防守干扰或干扰较小的投篮机会等。稳定性条件主要是指投篮球员在对抗中始终保持正确、稳定的投篮动作,特别是保持正确的持球方法和腕指协调、柔和地发力拨球动作。直接影响投篮命中率的是腕、指动作。研究表明,防守者的刺激和干扰会造成投篮者腕、指用力感觉失调,乃至出手动作僵硬、变形,这是影响投篮命中率的重要原因。

在激烈对抗的比赛中,影响投篮命中率的因素是多方面的,但把握好时间、空间和稳定性是正确运用投篮技术并保持较高命中率的三个基本条件。要获取这些条件,应从以下四个方面努力:

第一,必须熟练掌握全面的投篮技术,包括扎实的投篮基本功,投篮方法的多样化,在各种位置投篮的能力,投篮动作同各种相关技术动作的组合与衔接运用能力,以及提高运动员的观察、判断、反应能力等。

第二,必须具备全面、良好的身体素质。良好的速度、力量、弹跳、灵活性和协调能力等身体素质是在激烈对抗中争取时空优势的保证。

第三,必须具备良好的心理素质,包括顽强的斗志、坚定的自信心和较强的心理承受能力等。对自己的投篮准确性抱有强烈自信是所有神投手的共同特征。

第四,必须积累相应的实战经验。丰富的实战经验有助于运动员在激烈对抗中保持清醒的头脑和适宜的心境,这对及时、正确地判断防守情况并适时采取相应投篮动作是十分必要的。

(一)跳起投篮

跳起投篮简称跳投,它具有突然性强、出球点高和不易防守的优点,可与传球、运球突破等动作结合,在原地、行进间急停或背对球篮接球后转身等情况下运用。跳投已成为现代篮球运动普遍运用的投篮方式。跳起投篮可在原地(图 2-49)、行进间(接球或运球)急停时跳起完成投篮动作(图 2-50)。

图 2-49 原地跳起投篮

图 2-50　行进间急停跳起投篮

1. 原地跳起投篮

跳投主要指跳起单手投篮,是目前普遍采用的主要得分手段。它可以在不同距离、从各种角度运用,且方法多样,如高跳高出手、快跳快出手、转身远离对手、后仰、换手、躲闪等,具有很高的实用价值。跳投时要善于结合移动和假动作;掌握好投篮时机;动作衔接要快而突然,协调连贯;注意身体的稳定性,保证出手时腕、指柔和且准确地提腕拨腕用力。距离不同,跳投的要点有所不同:篮下跳投应尽量跳至最高点,使球轻碰篮板投篮;近距离跳投要特别注意缩短投篮准备时间;中、远距离跳投要做到接球与起跳紧密衔接,双肩正对球篮,注意两脚距离和屈膝,掌握好起跳时机。

原地跳起单手肩上投篮是在原地单手肩上投篮基础上的一种投篮方式,也是现代篮球运动普遍运用的投篮方式之一。其动作方法与原地单手肩上投篮相同,只是跳起在空中完成投篮动作。

动作方法:以右手投篮为例,双手持球于胸、腹之间,两脚左右(前后)开立,两膝微屈,身体重心落在两脚之间,上身放松,眼睛注视篮筐。起跳时,两膝适当弯曲(两脚前后开立时也可上一步再做此动作),脚掌蹬地发力,提腹伸腰,向上迅速摆臂举球并起跳,双手举球于肩上或头上,左手扶球左侧。当身体升至最高点或接近最高点时,左手离球,右臂向前上方伸直,同时用突发性力量屈腕、压指,使球通过指端投出。球离手后,身体自然落地,屈膝缓冲,准备冲抢篮板球或回防。

动作要点:腰腹部收紧,保持身体、投篮动作稳定。

2. 急停跳起投篮

急停跳投是进攻球员在行进间利用急停和快速起跳两个连续动作,以时间差摆脱防守者而达到投篮目的的一种跳投方法。此方法较好地利用了篮球运动的攻守规律,能充分体现球员快速、灵活的特点。急停跳投可分为接球急停跳投和运球急停跳投两种基本方法。

(1)接球急停跳投

在快速移动过程中用大跨步或跳步接球急停,急停时要屈膝、降低重心,并突然发力向上起跳,同时举球投篮。举球投篮动作与原地单手跳投动作相同。

(2)运球急停跳投

运球急停跳投一般可与运球突破结合运用,既可在连续运球时进行,也可在持球突破推放球(一次运球)时进行。在形似无变化的运球过程中或开始突破运球时,运用跨步或跳步突然持球急停、起跳并举球,当身体腾空、稳定后及时出手投篮。举球投篮动作与原地单手跳投动作相同。

动作要点：这两种跳投方法的关键在于"突然"，要使对手猝不及防。与此同时，在接球或运球时要保持低重心，急停与起跳动作要协调一致，紧密结合，做到快起跳、快出手。

（二）行进间投篮

各种行进间投篮的共同特点是在快速移动过程中完成投篮动作，投篮前无停顿，在中、近距离或突破至篮下时均可运用。篮下投篮方法较多，有高手、低手、反手、勾手等不同的出手方式。投篮球员要充分利用速度与弹跳能力，身体充分伸展，敢于挤靠，有很好的滞空能力，采用不同的出手方式，闪开或隔开对手的干扰和封盖，争取空间高度和空隙位置，保持相对平衡，并通过腕、指对篮球控制支配的技巧，将球投进篮筐。

1. 行进间单脚起跳单手低手投篮

这种投篮动作多在快速移动过程中超越对手并接近篮下时运用。

动作方法：以右手投篮为例，行进间，右脚跨出一步接球，并用身体保护球，接着，左脚迈出一小步制动并用力起跳，身体随之充分伸展，右臂伸直向篮筐方向举球（手心向上），当举球手接近篮筐时，用向上挑腕和以中间三指为主的拨球动作使球通过指端投出（图2-51）。投碰板球时，要注意控制球的旋转。

动作要点：脚步动作连贯、全身收紧做好与防守对抗的准备。

图2-51 行进间单脚起跳单手低手投篮

2. 行进间勾手投篮

这是持球突破至篮下或空切至近篮区背向或侧向篮筐接球后常采用的一种篮下投篮方法，具有虽未摆脱对手却能远距离投篮的特点，既适合中锋球员运用，也是在近篮区以小制大的有效进攻手段，既可投空心篮，也可碰板投篮。

动作方法：以右手投篮为例，接球或停止运球后，以左脚向便于投篮的方位跨出一步并起跳，将左肩靠近防守球员，右腿顺势自然上提，同时注视篮筐，右手持球向右肩侧上方伸出，当举球至头的侧上方时挥前臂，以屈腕、压指动作通过食指、中指拨球将球投出（图2-52）。如在篮侧投碰板球，则要利用手指不同的拨球动作，使球向相应方向旋转碰板入篮。

动作要点：动作的关键在于，一是跨步蹬地、起跳和举球动作要协调一致，二是腕、指动作和力量对球的旋转方向、弧线及落点的良好控制。

（三）其他投篮形式介绍

1. 扣篮

扣篮是投篮技术发展的又一重要标志，它改变了投篮的一般规律。由于扣篮时的出

图 2-52　行进间勾手投篮

手点接近并高于球篮,有最佳的入射角,所以无须考虑抛物线这一因素。在比赛中,扣篮得分所占的比例越来越高。扣篮的方式、方法随着实践发展而变得多样化,有原地扣、行进间扣、单手扣、双手扣、正手扣、反手扣、抢臂扣、高举扣、凌空接扣等。扣篮是直接将球由上向下灌入篮内,有出手点高、球速快、攻击性强、很难被封盖、准确性高等特点,但是难度也较大,要求运动员必须有很好的身体素质,特别是弹跳力和控球能力。以下是三种扣篮的基本方法:

(1)行进间单脚起跳单手扣篮(以右手为例)

动作方法:行进间,右脚跨出的同时接球,左脚紧接着迈出一小步制动,并用力蹬地向上跳起,上体充分伸展,高举手臂将球举至最高点,超过篮筐的高度并有适宜的入射角时,立即用突发性向下屈腕和压指的动作,将球自上而下地扣入篮筐之中(图2-53)。

动作要点:球离手后,特别要注意身体的控制和落地屈膝缓冲。

图 2-53　行进间单脚起跳单手扣篮

(2)行进间单脚起跳双手扣篮

动作方法:行进间,一脚跨出一大步的同时接球,接着,另一脚向篮筐方向跨出一小步并蹬地尽力高跳,上身随之在空中充分伸展,双手举球至最高点,当球举过篮筐高度时,立即用突发性动作挥动前臂并屈腕、压指,将球自上而下扣入篮筐。

动作要点:球离手后要控制好身体平衡,落地时屈膝缓冲,要尽力高跳并充分伸展上身,是否加挥臂动作要视球体超过篮筐的高度而定,主要靠腕、指动作完成扣篮。

(3)原地双脚起跳双手扣篮

动作方法:双手持球,双脚用力蹬地向上跳起,同时将球上举,充分伸展身体,将球举过头顶至最高点并与篮筐构成最佳入射角时,双臂用力前屈,用突发性屈腕、压指的动作将球扣入篮筐内(图2-54)。球离手后注意控制身体,落地屈膝缓冲。

动作要点：扣篮动作的关键在于，要掌握好起跳的时机，身体协调一致并充分伸展，屈腕、压指要有突发性和力度。

图 2-54　原地双脚起跳双手扣篮

2. 补篮

补篮是指投篮未中，球刚从篮筐或篮板弹出时，在空中运用单手或双手将球托入、拨入或扣入篮筐的投篮，这是一种无明显持球动作，直接用力投篮的方式。补篮时，球员应根据腾空后人、球、篮的相对位置、高度、角度以及防守情况，灵活地选择补篮方法。以下是两种基本补篮方法：

（1）单手补篮（以右手为例）

动作方法：及时起跳，在空中占据一定的优势，尽量伸展身体和手臂，准确判断球反弹的方向和高度，尽快用右手腕、指部位的力量触球，并用托球、点拨球、扣篮的方法将球投向篮筐。

动作要点：控制补篮力量。

（2）双手补篮

动作方法：起跳后，球反弹的方向在头的正上方时多采用双手补篮。双手触球后可用扣篮或拨球的方式将球投向篮筐，其他动作与单手补篮动作基本相同。

动作要点：掌握好起跳补篮的时机。

3. 贴身投篮

贴身投篮是随着现代篮球比赛攻守对抗日趋激烈的形势而出现的一种进攻手段和投篮方式。攻击性防守紧逼、推靠、阻挡进攻球员的行动，特别是进攻球员处于持球状态时，防守球员会更加积极对他干扰或与之争抢。因此，投篮时必须使恰当的身体接触与某些投篮方法融为一体，在挤靠的同时保持自身的平衡去完成投篮动作，从而使投篮在规则允许的范围内更具有攻击性和对抗性。贴身起跳和贴身投篮是将躯干、肩、臂等部位贴靠的力量与有力的起跳相结合，使对手难以做出相应的防守动作。这不同于过去的"挤投"，不是挤开或冲撞对手，而是以身体贴着对手，用身体隔开对手防止对方干扰和破坏去完成投篮的动作。

动作方法：以接球急停跳投为例，用大跨步或跳步接球急停，持球于体侧，当接近防守者时，立即贴身起跳或向着防守者头部上方起跳，同时举球投篮。腾空后，上身应适度向防守者头部上空前倾，甚至稍有贴靠，举球位置应在防守者的前额至头部上方，使身体在空中对防守者形成压盖之势，迫使对手难以跳起封盖。无论是贴身起跳还是跳起后贴身,都要注意控制身体平衡,使起跳、腾空和下落时只有适度的身体接触,避免主动冲撞动作。

动作要点:身体对抗中掌握好身体平衡,控制好投篮力量。

4.时间差投篮

时间差投篮不是一种固定的动作方法,它是通过提前或延缓投篮时间,造成与防守者的时空差以避开防守封盖而达到投篮目的的一种进攻手段。时间差可以在地面形成,主要通过假动作或快出手来创造;也可以在空中形成,通过控制身体在空中的动作和平衡来创造。抢前投篮和延缓出手统称为时间差投篮,这种进攻手段可以在各个位置运用。

(1)原地跳起时间差投篮

跨步或跳步接球,落地后深屈膝,佯做起跳投篮姿势,待对手上提身体重心或跳起封盖并开始下落时,利用对手无法控制身体重心下落的瞬间起跳投篮。此方法在篮下运用较多。

(2)抢进攻篮板球后的时间差投篮

在与防守者同时起跳争夺篮板球时,如攻方球员抢获篮板球,则在与守方球员同时落地之际用刚接触地面的双脚前脚掌用力蹬地,再次迅速起跳举球(亦可在抢获篮板球后即举球于头上)投篮。此方法主要利用与对手落地、屈膝、再起跳的时间差抢先起跳投篮。

动作要点:观察好防守动作,判断好投篮时机。

(四)投篮技术的训练方法

1.移动中投篮训练

(1)移动接球后投篮。可分为斜线移动接球后投篮、直线移动接球后投篮、弧线移动接球后投篮、折线移动接球后投篮。

(2)半场传球、接球上篮。两人半场传球投篮,互换位置,依次训练。

(3)全场运球投篮。投篮后自抢篮板球并运球至另一组的队尾。

(4)全场运球、传球、接球投篮。学生分两组在两端线落位,④和⑧为固定传球队员,训练开始后,①和⑤同时运球,分别传给③和④后继续向前切入篮下接球并投篮。接着自抢篮板球,分别传给⑥和②,然后至另一队的队尾,依次训练(图2-55)。

2.配合中训练投篮

目的:在战术配合的主要攻击点上训练投篮,提高命中率。

(1)①②传接球后从底线突破,根据情况分球给③或自己投篮。当①突破时,③及时从防守者的任一侧突然移动接球跳投。③要注意起动时机,不能过早或过晚,最好是在①起动时突然起动(图2-56)。

图2-55 全场运球、传球、接球投篮

(2)限制区两侧各站一人,轮流迎上去做策应。外线两人一组用一球。③传球给迎上策应的①,然后③和④交叉切入,①根据情况传球给切入的③或④投篮,或者自己投篮。(图 2-57)。

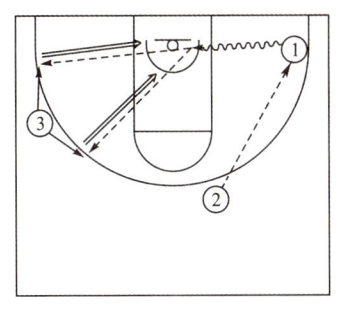

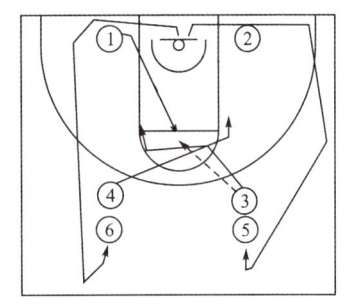

图 2-56 配合中投篮训练(1)　　图 2-57 配合中投篮训练(2)

3. 对抗中投篮训练

目的:训练中投篮与突破,结合脚步动作,掌握突破时机,提高在对抗条件下的投篮命中率。

(1)一攻一守,并在图示区域内进行训练。外围三人传球,①根据球的位置,摆脱❶接球跳投或突破上篮,若没有投篮机会,就把球传给外线的任何一人,然后再组织进攻。①投进 5~10 球后,防守交换,外线的传球人则适当轮换(图 2-58)。

(2)①摆脱❶接球后,根据❷的防守情况投篮或突破,或将球传给摆脱防守的②;②接到球后,根据❷的防守情况投篮或突破,或再传给①(图 2-59)。如果①和②都没有投篮机会,就把球回传给教师重新进攻。进攻组投进 5~10 球后,攻守交换。

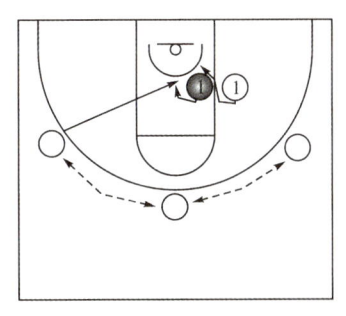

图 2-58 对抗中投篮训练(1)　　图 2-59 对抗中投篮训练(2)

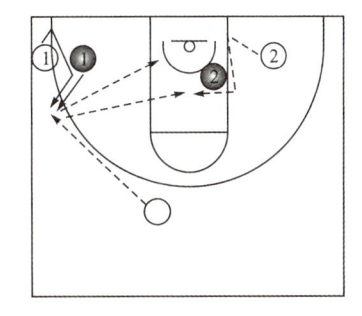

(3)三对三、四对四分组比赛。球员分为攻守两组,训练利用各种机会和简单配合进行投篮,投中的组继续进攻。可规定投中若干次为一局。要求必须在规定的时间内(如 10 秒或 15 秒)投篮,否则算违例。

二、持球突破技术

篮球运动持球突破技术是持球球员运用脚步动作和运球技术快速超越对手直接切入篮下得分的一项攻击性很强的进攻技术,也是现代篮球进攻技战术发展的一个重要标志。持球突破技术是个人进攻技术的重要组成部分,在比赛中巧妙地运用这项技术,及时把握突破时机,合理运用突破技术,不仅能打乱对方防守布局,还能创造良好的个人和全队进攻的机会。在实践中与其他技术、战术,如投篮、传球、假动作结合起来,能使突破技术更加灵活多变,为突破创造良好的机会,取得较佳的效果,从而更好地发挥突破技术的攻击力。

(一)持球突破技术动作

持球突破技术动作主要由准备姿势与起动、突破中的身体姿势及脚步动作组成。

1. 准备姿势与起动

运动员持球突破前要做到判断准确,持球时应抬头观察防守者的位置、距离、防守步伐、重心和整个防守布局以及同伴位置的分布,根据实际情况选择突破口。另外,持球突破前的站立姿势也就是准备姿势,要求有很好的易动性,才能快速地向不同方向运动。

起动是由相对静止状态变为运动状态的方法,主要是克服人体重力获得位移和初速度。突然起动是持球突破技术的关键。球员在某一位置能否持球成功突破,很大程度上取决于突破时起动的快慢,而起动的快慢取决于两脚蹬地力量的大小。要做到起动迅速就必须尽量加大两脚蹬地的力量。因此,持球突破时的准备姿势必须是两膝弯曲,上身前倾,重心稍前移。突破时,以腰部和上身的力量为发力点,非中枢脚积极有力地向突破方向蹬跨。此外,做蹬跨动作的同时必须做转体、压肩动作,利用上身占据空间的有利位置来超越对手和保护球,为成功突破创造有利条件。

2. 突破中的身体姿势及脚步动作

(1)熟练地支配球,用假动作吸引对手

熟练地运好球、握好球、护好球,突破前合理地运用假动作,能诱骗对手失去防守位置,抓住时机及时进行突破。

(2)合理运用脚步动作

持球球员要从原地快速起动突破对手,主要是依靠两脚快速有力的蹬地和及时的跨步抢位。因此,持球球员首先要保持屈膝、降低重心,做稍前倾的"三威胁"姿势。突破时,中枢脚用力碾地发力,通过重心的快速前倾和积极有力的蹬地,获得超越对手的加速度,跨出的第一步应稍大,尽量使身体向前,争取有利空间,以便超越对手。

(3)转体探肩,推放球加速

随着脚的跨出,持球球员要转体探肩,紧贴对手的侧面,占据有利的空间位置,加速身体位移的速度。在突然蹬跨、转体探肩的同时,及时将球迅速向前下方推放。球的落点应在跨步脚外侧稍前方,并以上身护球。球离手后,后脚迅速蹬地发力加速超越对手。加速是突破技术的重要环节,对突破防守起着决定性作用。

(4)持球突破中的护球

持球突破与空切不同,必须连人带球一起超越防守者。因此,在持球突破时,保护好球是很重要的。起动时的运球高度不宜过高,应利用跨出的腿、非运球的手、转体和压肩等动作来护球,使球远离防守者。另外,要特别注意运球时的反弹位置应便于下一个动作的衔接。

(二)持球突破动作方法

动作方法:以左脚做中枢脚为例,突破前,两脚左右开立,稍宽于肩,两膝微屈,重心控制在两腿之间,持球于胸、腹前。突破时,右脚向右前方跨一大步,同时转体探肩,重心前移,右手放球于右脚侧前方,左脚迅速蹬地并向右前方跨出,加速运球超越对手(图2-60)。

图 2-60　同侧步持球突破

动作要点:第一步要小而快,转体探肩动作要突然。

(三)持球突破技术的训练方法

1. 原地各种步法的徒手训练

(1)全队站位如图2-61所示,跟着教师△的信号做各种跨步训练。开始做交叉步,然后做同侧步跨步训练。

要求:蹬地有力,摆动脚跨出呈弓步,然后快速收回,做转体探肩护球动作。

(2)如图2-62所示,两人一组,一攻一防,进攻者○做投篮或传球假动作,防守者●做出相应的反应,○根据●的动作立即突破,或●做诱导性动作,○根据●的诱导动作采用相应的突破方法过人。突破后,两人均向后转身,○传球给●,●用同样方法突破○的防守。依此方法重复训练。

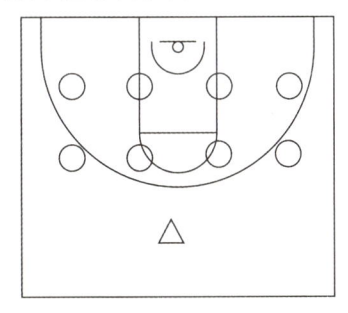

图 2-61　原地各种步法的徒手训练方法一 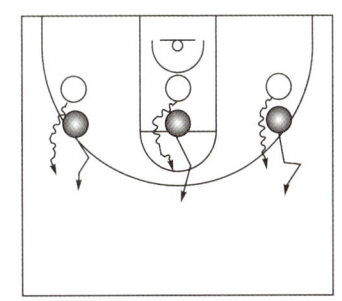　　图 2-62　原地各种步法的徒手训练方法二

要求:进攻者突破前做各种假动作,诱使防守者产生位置、重心和距离的变化,再根据其变化做相应的突破动作过人,突破动作要正确、快速、有力。

2. 完整动作的训练

如图2-63所示,进攻队员每人一球,④持球位于右侧,持球突破❶并运球上篮。投篮后,自抢篮板球并运球至队尾。依次进行。

要求:蹬、转、探、拍各环节的动作要连贯、协调,中枢脚不要移动。

3. 摆脱接球后的突破训练

如图2-64所示,队员依次做摆脱接球后突破上篮动作。

要求:接球后要控制好身体重心,突破前要做瞄篮、传球假动作。

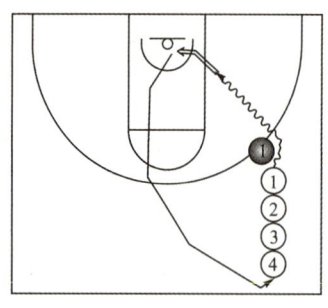

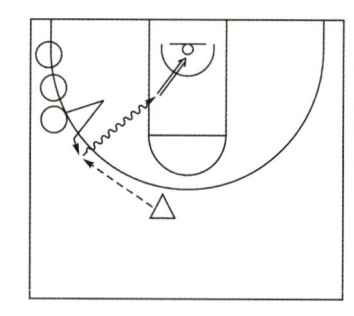

图 2-63　完整动作的训练　　　　图 2-64　摆脱接球后的突破训练

三、防守持球球员技术

防守技术是指防守球员合理地运用脚步移动和手臂动作积极地抢占有利位置，阻挠和破坏对手的进攻意图和行动，其目的是争夺控制球权。为了达到上述目的，要求防守球员以"积极防御"为指导思想，提倡勇猛顽强的防守风格和认真负责的态度，把防守姿势、位置站法、脚步移动、手臂动作结合起来，并加以合理运用。只有提高集体和个人的防守能力，才能更好地完成防守任务。

球是攻守双方争夺的焦点，持球队员可以直接投篮得分，也可以持球突破和传球，并直接威胁篮下，所以持球球员经常是最有威胁的球员。为了有效抑制对方进攻，一旦对手接到球，防守者要及时调整与对手的位置和距离，干扰和破坏对手投篮，堵截其运球突破，封锁对手助攻传球，并积极地抢球、打球，以争取控球权。

根据持球者所要进行的投篮、突破、运球、传球等不同的进攻动作，防守持球队员的技术可分为防投篮、防突破、防运球、防传球和抢打球（图 2-65）。

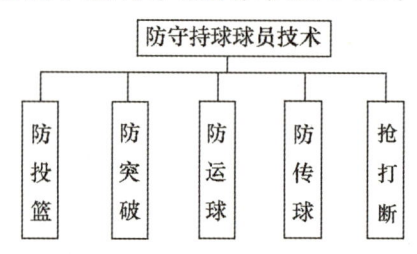

图 2-65　防守持球球员技术

（一）防守持球球员的动作

1. 防持球球员传球

防持球球员传球的重点应放在不让对手轻易把球传向篮下有攻击威胁的内线区域。当进攻员接球后，防守球员首先要正确选择位置，保持适当距离，调整好身体重心，眼不离球，并根据对手的位置、动作和视线判断其传球意图，挥动手臂进行干扰与封堵，特别要防范对手向内线渗透性传球，尽可能迫使其向外做转移性传球。如果进攻球员运球成"死球"时，防守球员应立即逼近，封堵其传球出手路线。当对手传球出手后，千万不要看球不看人，要防止其摆脱切入。

2. 防持球球员运球

防运球的主要任务是降低进攻球员的运球速度，改变其运球方向，并且不让他向篮下运球,防范他在运球中突破。一般情况下,防守球员要积极超前追防,并在移动中降低重心,侧对或面对运球者,保持身体平衡。防守球员不要用交叉步移动,而是用撤步与滑步,抢在运球者的前面半步到一步距离进行阻堵,迫使其向边线、场角或双方队员比较拥挤的地方运球。特别在新规则对防守球员由前场退防至自己后场有技术性要求后,防守球员要格外注意超前距离的追截堵位。在这个过程中,不要轻易去打球,以免失去平衡或犯规。当进攻球员企图利用变速变向、急起急停等方法来摆脱防守时,防守球员在进攻球员变换动作时要及时抢前向后移动,占据有利位置和控制好身体平衡,合理而迅速地变换步法继续进行阻截。在防运球过程中应遵循两条原则:一是堵中放边,控制进攻球员速度,终止其运球;二是堵强手,迫使其换弱手运球,变被动为主动。

3. 防持球球员突破

防突破主要指防守攻方球员的持球突破。当进攻球员获得球后,针对其面向球篮和背对球篮两种情况,要分别采取不同的防守方法。

(1)面向球篮突破的防守

进攻球员接球的瞬间往往是最具威胁的时机,特别是跳停接球时,他们常常利用错位进行突破。此时,防守球员的选位很重要,要根据进攻球员接球的位置、与球篮的距离和角度、来球的方向以及同伴防守位置的情况,堵强手,放弱手,放一边,保一边,迫使对方改变方向,变换突破步法,降低起动速度,以利于自己及时抢角度,利用撤步或滑步使对手无法超越。当进攻球员接球后采取"三威胁"姿势企图突破时,要根据对手的习惯和技术特点,判断其中枢脚和可能的突破方向,不要受其假动作的欺骗,要采取相应的对策。防突破的关键在于防好进攻球员突破的第一步,要抢前后撤跑至进攻球员的侧前方,动作要快而凶狠。当进攻球员跨出第二步时,要迅速用力蹬地,利用滑步紧贴进攻球员,使其不易加速,阻止其起跳并伺机打球。

(2)背对球篮突破的防守

背对球篮突破的防守一般是指在近篮区背向或侧向球篮接球时的防守,防守球员不宜紧靠对手,要留有适当的距离。进攻球员接球后呈两脚前后站立时,如果后脚可以做中枢脚转身突破,则必须对其转身一侧多加防范,与进攻球员同侧的脚向后撤半步,手臂侧伸,另一手臂封锁住对手一侧。当进攻球员转身变向突破时,防守球员随之后撤,进而前逼、侧跨步阻截。如果进攻球员接球时两脚平行站立,则要根据进攻球员接球位置距离篮网的远近进行防守,近以防投篮为主,远以防突破为重点,还要注意进攻球员的假动作和向两侧转身的突破。

防突破的关键是选好位(选择有利的位置与适当的距离)、堵强手(一般是堵右手运球突破)、放一边(即让进攻球员向外侧突破)、快移动(要及时果断地采用撤步或侧滑步等步法)、堵路线(堵截进攻球员突破的路线)。

4. 防持球球员投篮

防持球球员投篮的根本目的就是不让对方得分。因此,防守球员在进攻球员接球后首要的任务是要做到球到人到。一般采取斜步防守贴近进攻球员(一臂距离,能伸手打到球),并举臂挥动,干扰进攻球员投篮的意图,迫使其改变动作,同时用另一臂伸向侧方,以防进攻球员运球突破或传球。要准确判断进攻球员是否真的要投篮,识别其真假动作,及时起跳伸直手臂进行干扰,封堵其出手角度,改变篮球的飞行弧线,降低其投篮命中率。在进攻球员起跳前,不应抬高自己的身体重心。防投篮的关键在于,在进攻球员投球出手的瞬间,应及时干扰和封盖,反应要快。此外,手臂的伸展与角度要起到破坏进攻球员投篮飞行预定路线的作用。

防守时要有顽强的意志和主动攻击的精神;要掌握规律,了解进攻球员,有预见性;要有谋略,善于利用假动作迷惑进攻球员,变被动为主动;要防住重点,抓住进攻球员特点,避实就虚。

5. 抢球、打球、断球

抢球、打球、断球是具有攻击性能的防守动作,也是防守进攻球员时获得球的重要手段。比赛中抢球、打球、断球,不仅能破坏进攻球员的进攻,鼓舞本队士气,还能为由守转攻和发动快攻创造有利战机。

有效的抢球、打球、断球是建立在准确判断、迅速移动及正确的手部动作基础上的,也是同伴之间相互协作的结果。准确判断就是看准球所在的位置、球的移动路线、球的速度和球到的位置,了解进攻球员的意图及习惯动作,然后不失时机的准确出击;迅速移动就是移动的步频要快,起动要突然——不管抢球、打球还是断球,起动突然都很重要,只有突然跃出,接近进攻球员,才能使其猝不及防;正确的手部动作是获得球的重要因素,比赛中,一旦看准时机,手臂的伸、拉、挡、截,手腕和手指的拍击、点拨、扭转、封盖等动作要迅速、果断,但手臂动作幅度不要太大,身体用力不要过猛,控制好身体的平衡,以免犯规。抢球、打球、断球不成功时,要以最快的速度恢复正确的防守姿势并重新选位。

(1) 抢球

抢球是从进攻球员手中夺球。抢球时要先接近持球球员,看准持球的空隙部分,双手突然抓住球用猛拉或拽拖,将球抢过来。抢球时一定要抓住持球球员注意力分散、转身、由空中获球下落、运球停止等时机,两手抢球要准而快,用力要突然,要有迅雷不及掩耳之势(图2-66)。

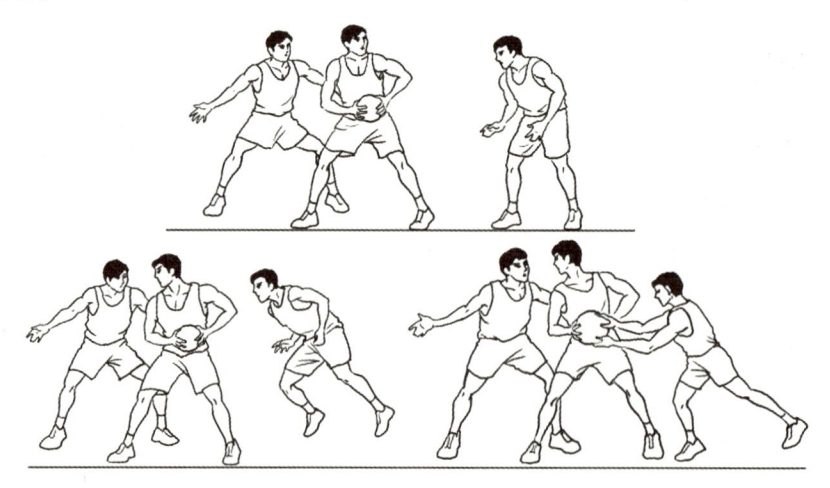

图 2-66 抢球

（2）打球

打球是打掉进攻球员手中的球。打球分为打掉原地持球球员手中的球（图 2-67）、打掉运球球员手中的球（图 2-68）和打掉上篮球员手中的球（图 2-69）。打球时，接近对手是前提，还要掌握好时机，根据对手持球部位的高度和走势、运球时球反弹的方向与速度、投篮举球到出手前的过程等，分别由下向上、由上向下或从侧面快速伸出前臂用腕、指的力量拍击球，动作要快而短促。

图 2-67 打掉原地持球球员手中的球

图 2-68 打掉运球球员手中的球

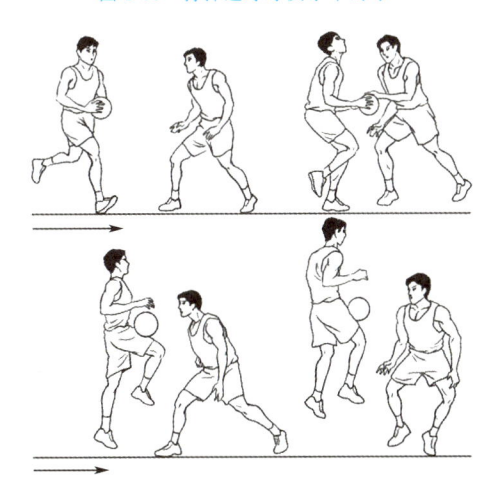

图 2-69 打掉上篮球员手中的球

盖帽是防守球员在对手投球出手后的打球技术,即球投出正处于上升阶段时,防守球员将球拍打掉的动作技术。当前,盖帽技术有很大的发展,随着运动员身高的增长和弹跳素质、判断能力的提高,这一技术已成为防投篮最具威胁的手段。在不同情况下可以采用按压式、上挑式、侧击式、封盖式等方式进行拍打球。盖帽的基本要领是降低身体重心,快速移动,选择有利方位,判断对手起跳和投球出手时间,及时起跳。手臂和身体充分伸展,用前臂、手腕、手指动作打球,动作要短促有力(图2-70)。

图2-70　盖帽

(3)断球

断球是抢获对方传球过程中飞行的球的方法。根据防守球员与对手之间的位置关系,断球分为横断球、纵断球和封断球。不论是从接球对手的侧面或后面进行断球,还是封堵传球球员的传球,都要利用积极的移动步法来配合,跃出获球或接近封堵要准确判断传球球员传球出手的瞬间。横断球(图2-71)和纵断球(图2-72)要注意跃出的步法,蹬地要快而有力,用身体将接球对手挡在后面。封断球则要求手臂拦截动作快速。截获球后要注意身体平衡,迅速转入下一个动作,反守为攻。

图2-71　横断球

图 2-72　纵断球

(二)防守持球队员技术的科学训练

练习一:一攻一守脚步移动训练。两人一组,一攻一守,相距 2~3 米,进攻球员抛接球,防守球员迅速逼近进攻球员,进攻球员向左右运球突破,防守球员做横滑步堵截;防守球员可以逐步接近进攻球员,进攻球员开始做投篮假动作,然后突然突破,防守球员做撤步、滑步堵截。

要求:防守球员要做到判断准确、反应敏捷、移动快速。

练习二:全场一攻一守训练。两人一组,一攻一守,进攻球员运球突破,防守球员运用各种防守步法积极移动,保持有利防守位置并伺机抢球、打球。一旦被进攻球员突破时,防守球员应迅速运用撤步、交叉步追防,力争尽快重新占据合理防守位置。

要求:防守球员应始终与进攻球员保持一臂距离,遵循堵中路、防强侧手的原则。

练习三:防中投训练。两人一组用一球。进攻球员离篮圈 5 米站立,防守球员将球传给进攻球员后,立即进行防守,进攻球员可做投突结合动作,或原地跳起投篮,或向左(右)拍一次球后急停跳投。训练一定次数后,攻守互换。

要求:防守球员占据合适位置,判断进攻球员起跳投球出手的时机,迅速打盖。

练习四:综合训练。学生成一路纵队站在罚球线延长线外,❹持球用地滚球或反弹球给①后,立即迎前进行防守。①接球后做投、切假动作,然后根据情况从左(右)突破投篮或突破急停跳投。防守球员全力防突破、防中投。①投篮后抢篮板球,将球传给下一名学生后立即防守,防守球员❹至队尾。依次交换训练(图 2-73)。

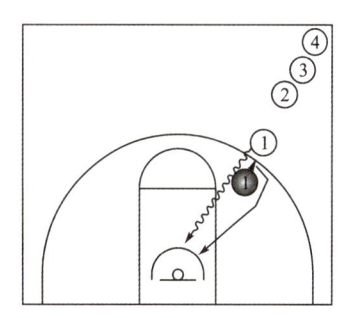

图 2-73　防守持球队员技术综合训练

要求:防守、突破和投篮时,要尽快摸清进攻球员的习惯动作,制约进攻球员特长的发挥。

练习五:原地抢球、打球训练。两人一组,持球球员在原地做投切结合的脚步动作,防守球员体会抢球、打球动作要领。训练数次后,攻守互换。

要求：进行抢球、打球时，要保持正确的防守位置，控制身体平衡，抢球、打球的动作要果断。

练习六：围抢、打中锋球员手中球的训练。三人一组，两组进行三攻三守训练。①与②相互传球，随时准备将球传给中锋③，③接球后做转身跨步动作；防守球员❶❷❸在③接球时，迅速夹击围守中锋，并伺机抢、打球（图2-74）。连续训练数次后，交换位置，攻守互换。

要求：防守者要随球转移，及时调整防守位置，当中锋得球时，立即回缩夹击围守中锋，抢球、打球动作要迅速、准确。

练习七：打运球起步上篮的球。学生分为两排站在罚球线外，❷持球传给①后变为防守球员，①接球后沿边线运球上篮，❷迅速追防，当①起步刚要起跳上篮时，❷用右手将球打落（图2-75）。攻守交换位置，依次轮流训练。

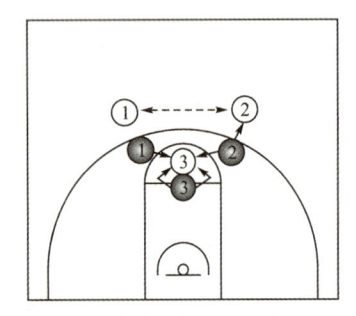

图2-74 围抢、打中锋球员手中球的训练 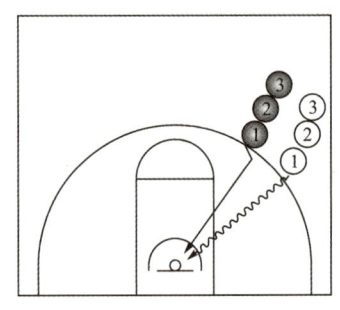　　图2-75 打运球起步上篮的球

要求：进攻球员只准沿边线运球上篮，防守者要看准时机，当运球者跨出第二步，将球由体侧移到体前刚要向上举球时，防守球员即用右手斜着击打球。

四、抢防守篮板球技术

在篮球比赛中，球员争抢投篮未中并从篮板或篮筐反弹回的球，统称为抢篮板球。防守球员争抢对方未投中的球称为抢防守篮板球。争夺篮板球是获得控球权的重要方式之一。在篮球比赛中，抢得篮板球是攻守矛盾转化和比赛结果的关键，也是衡量球员个人和全队整体实力的标志。激烈的争抢和控制篮板球是现代篮球运动当代化的重要特征。

（一）抢防守篮板球动作方法

抢防守篮板球是防守中极其重要的环节，是夺回控球权的重要途径，也是由守转攻的起点。如果每次投篮不中都能成功地控制篮板球，就必然能够更好地控制整场比赛。防守球员处于对手与球篮之间有利的位置，容易观察进攻球员的行动，但在投篮出手后球飞向篮筐时，不易观察球从篮筐或篮板反弹的情况。因此，抢防守篮板球要做好以下几点：

1. 观察

抢防守篮板球前，防守者应与对手保持适当距离，以便人球兼顾。在进攻球员将球出手的刹那，防守球员应首先盯住进攻球员，判断其行动，以便采取相应的行动，切忌只看球不看人，给对手造成冲抢之机。

2. 预堵

进攻球员投篮出手后，各防守球员都应采用平步（或侧步）防守步法，同时屈膝并张开双臂,堵截对手向篮下冲抢;也可主动上步贴近对手,使其无法起动或拖延其起动冲抢时间。这时要特别注意提防进攻球员"动先示静"等假动作的诱惑,不宜过早地向篮下撤步,要力争不给进攻球员强行挤抢的机会。

3. 转身

当判定进攻球员确系向某一方向移动起步冲抢时,防守球员应同时以距进攻球员移动方向最近的一脚为轴向后转身,转身角度应以使自己背部接触对手身体产生阻挡效果为宜。

4. 挡靠

挡靠是移步转身的结束动作和目的。防守者在转身面向篮筐落位以后,身体重心应稍向后靠,同时用背部迎接对手,以便在完成转身、挡靠等动作时,既收到实效又恰到好处。对于因挡人而发生的身体接触,要在竞赛规则允许的前提下用力顶住,不可有拉手、顶肘、拱腰等犯规的动作。转身、挡人后,防守者还要靠余光和背部的感觉继续对对手进行监控。

5. 起跳与抢球

根据球的反弹方向和落点,防守球员迅速调整位置,及时起跳,可用原地上步、跨步或撤步双脚起跳的方法。不论用哪种动作,防守者都要身体伸展,腾空方向尽量接近球的落点,同时注意在激烈对抗中保持身体的平衡。在起跳前顺势高举手臂,用挤、靠对手的身体和高举、张扬的手臂迫使对手难以同自己争夺高度和有利空间。手指触球后,应有自上而下且短促有力的扣腕、屈肘引球等动作,并尽可能用双手抢获球,要注意保护球,以防对方抢打,落地时屈膝缓冲,两脚最好对着边线方向,以便观察全场情况(图 2-76)。防守球员抢获篮板球后应力争在空中将球传给接应队员发动快攻,如不能传球,则落地后应注意稳定重心,用身体护球,并根据情况及时传球、运球。

图 2-76 起跳与抢球

(二)抢篮板球技术的科学训练

1. 徒手模仿训练

方法:学生成两列横队站立,根据教师口令做徒手原地双脚起跳,模仿单、双手抢篮板球动作进行训练。

要求:起跳有力,身体充分伸展,抢球动作迅速有力,获球后落地要稳。

2. 前后转身的抢位训练

方法:如图 2-77 所示,两人一组,面对面站立。训练开始时,进攻球员○和防守球员●相距 1 米,●做前转身挡人抢位训练。1 分钟后,改为●贴身防守○,●做后转身挡人抢位训练。1 分钟后,攻守交换训练。

要求:进攻球员○先原地站立,再消极移动;防守球员●要及时转身挡住进攻球员,眼睛应立即转向球篮。

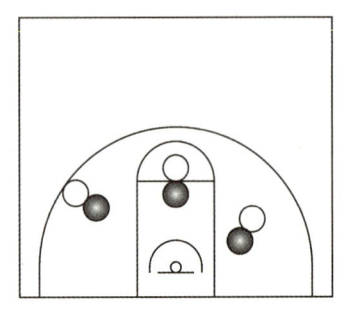

图 2-77 前后转身的抢位训练

3. 投封闭球篮的抢篮板球训练

方法:如图 2-78 所示,三人一组,在限制区内站成三角形,教师协助投篮。球篮用网子封闭或套一小篮筐。开始时,学生背向球篮做前、后转身抢后场篮板球。做 10 次以后,改为面向球篮做绕前步或后转身抢前场篮板球。做 10 次后,换下一组训练。

要求:各技术动作(包括抢位、起跳、抢球和落地)都要符合规范要求;各技术动作衔接连贯、协调。

4. 抢后场篮板球训练

方法:如图 2-79 所示,学生两人一组,教师投篮。开始时,教师做瞄篮和突破假动作,第一组学生在限制区内做相应的滑步防守动作。当教师投篮后,第一组学生立即转身抢篮板球,抢到球的一方传球给教师,然后两人跑到对面组的队尾,下一组继续训练。

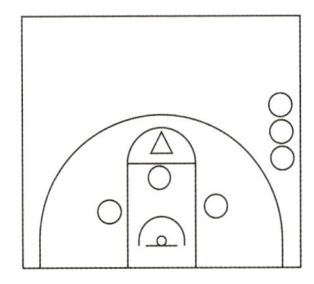

图 2-78 投封闭球篮的抢篮板球训练

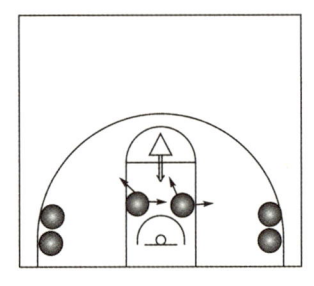

图 2-79 抢后场篮板球训练

第三节 篮球高级技术

一、交叉步持球突破技术

从目前重大的国内和国际比赛可以看出,大多数运动水平较高的篮球队,他们的队员大都具有极强的个人突破能力。许多球队就是因为球员完善的突破技术才取得了比赛的胜利,因而个人突破技术在比赛中越来越显示出重要作用,在整个队伍的战术中占有极其重要的地位。在比赛中,如果运动员有针对性地将连续运球突破技术与投篮、传球、假动作等技术结合起来合理运用,就会取得很好的效果。

(一)交叉步持球突破技术动作

动作方法:以左脚做中枢脚为例,两脚左右开立,与肩同宽,两膝微屈,重心控制在两腿之间,持球于胸、腹之间。突破时,右脚前脚掌内侧用力蹬地,同时上身向左转探肩,贴近对手,球移至左手,右脚交叉步前跨抢位,同时向左脚左斜前方推放球,加速超越对手(图2-80)。

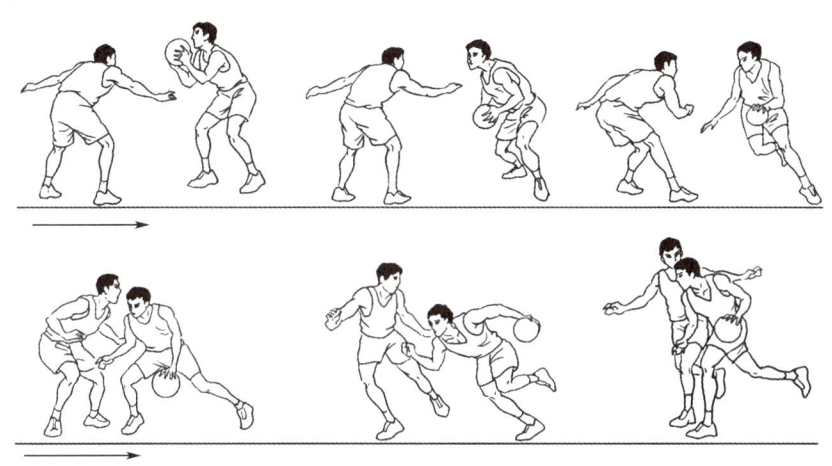

图2-80 交叉步持球突破技术动作方法

动作要点:蹬地跨步有力,起动突然,四个环节协调、连贯。

(二)持球突破技术的科学训练

1. 各种位置上的一对一训练

方法:在前锋、后卫和中锋位置上的一对一突破训练。

要求:进攻球员从摆脱防守球员接球开始,接球后根据防守球员的情况实施突破;投篮后双方积极拼抢篮板球;攻守转换要快,进攻球员抢到篮板球后发动二次进攻,防守球员抢到篮板球后快速传球给教师。

2. 二对二攻守训练

方法:如图2-81所示,两人一组,场上的两组同时进行训练,其他组在中线附近站好。训练开始,❶和❷分别积极防守①和②,②传球给摆脱防守的①后同❷一道退下,站到中线队伍的队尾。①和❶进行一对一训练。①用合理的动作突破❶投篮,投篮后双方积极拼抢篮板球,①抢到篮板球后做二次进攻,❶抢到篮板球(包括①投中的球)后立即运球到②原来的位置上,①投篮后站到❷原来的位置变成防守球员,积极封堵❶传给❸的球,❶和③站到❷和①原来的位置上,③积极摆脱❸的防守去接❶的传球。重复进行训练。

要求:攻守积极,①用各种方法突破❶的防守投篮;双方积极拼抢篮板球;攻守转换要快,传球要隐蔽、及时、快速、到位。

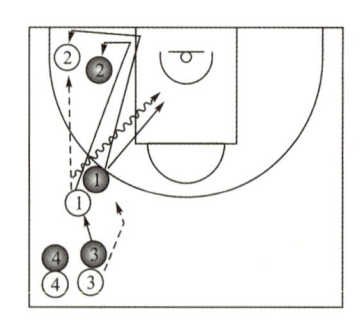

图 2-81　二对二攻守训练

3. 半场三对三的训练

方法：规定进攻方不允许做掩护，只能突破和突破分球，防守方只能做人盯人防守，不允许交换防守，看哪个队先得 10 分。

要求：突破要勇猛，时机要掌握好；突破和传球、投篮动作衔接良好，运用合理；投篮后积极拼抢篮板球；攻守转换要快。

二、防守无球球员技术

防守无球球员是指进攻球员处于无球状态时，防守球员灵活地利用多种移动动作和手部动作的有效组合，最大限度地防止和破坏进攻球员的行动。在现代篮球比赛中，无球进攻球员的行动越来越体现出速度快、具有攻击性的特点，力求移动到有效投篮点或攻击区域内去接球，或是力图与防守球员形成位置差、时间差去接球，从而达到接球后开展有效攻击的目的，这就对防守无球球员提出了更高的要求。防守无球球员是一个连续的移动和争夺球的过程，必须具备多种防守移动步法，并能根据需要娴熟、合理地组合在一起加以运用，要求在移动过程中始终保持较低的身体重心，以便随时快速改变方向和步法。

（一）防守无球球员的动作

1. 防接球

防接球是防守无球球员的首要任务，必须在对手接球前就开始防守，行动要有预见性并积极采取行动去阻碍对手接球，特别是阻碍其在有效攻击区内接球。即便在被动的情况下，防守球员也要积极跟防、追堵，阻碍对手顺利地接球，使其不能立即采取攻击行动，以便自己调整位置。要始终保持对手和球在自己的视线范围之内，做到人球兼顾，保持良好的防守姿势，屈膝并降低身体重心，以便及时应变起动，同时特别注意起动与移动步法的衔接和对身体平衡的控制。防守球员要在动态中使自己处于"球—我—他"的有利位置上，同时伸出一只手臂挡在对手的来球路线上，另一只手臂伸向对手可能切入的方向。即便在常规情况下，防守球员仍要形成"球—我—他"钝角三角形，防接球时，丝毫不能放松对进攻球员摆脱或切入的警惕。

2. 防摆脱

防摆脱是指对无球进攻球员摆脱的限制和封堵。一般来讲，进攻球员在后场的摆脱主要是快下接球攻击，防守球员必须积极追防，并注意传向进攻球员的球，抢在近球侧的路线上准备堵截。在比赛中，要想完全控制进攻球员无球时的行动是很困难的，重要的一点是不能失去防守球员有利的位置。如阵地进攻时,防守球员采取先下后上、先左后右的摆脱,即便进攻球员接到球,也可以继续进行防守;内线球员向外移动,可以采取错位防守或利用绕步、攻击步抢前防守,用近球一侧手臂干扰阻止进攻球员接球,另一手臂则应伸出防其转身、背切等,关键在于不让进攻球员抢占有利位置,尽可能封堵接球路线,不让进攻球员轻易接到球。

3.防切入

防切入是指对进攻球员企图切入或已摆脱切入的防守。防切入最忌讳的是看球不看人,一定要坚持人球兼顾、防人为主的原则,一旦进攻球员有所行动,必须采取平步堵截、凶狠顶挤、抢前等防守方法,使其不能及时起动或降低其速度。如果进攻球员迎球方向切入,防守球员则主动堵前防守,反之,则防其后,目的都是切断进攻球员接球路线。进攻球员切入后,只要没有获球,其威胁就会大大降低。对于溜底线的切入,有两种跟防方法:一是背向球、面向进攻球员,观其眼神,封阻其接球;另一种是用后转身、面向球、背靠防守,紧贴其身并跟随进攻球员移动。防反切时,以后脚为轴,快速向内侧转身,快速堵逼,抢占近球内侧位置,不让对手接球,并准备断球和打球。

对无球球员,必须把防接球、防摆脱、防切入三项任务联系在一起积极进行防守。

(二)防守无球球员的方法

1.防摆脱接球

防摆脱接球一般指进攻球员在半场范围内,通过摆脱进入具有攻击威胁的区域,准备接同伴传的球时,防守球员正确组合运用几种移动步法,有效地阻止、延误和破坏其顺利接球。这种方法同样适用于全场范围内的防摆脱接球。

(1)防守外线进攻球员摆脱接球

第一种情况:球在圈顶一带时,防守前锋球员向下摆脱后向上线移动要位接球。第二种情况:球在左(右)两侧45°时,防守后卫球员向另一侧摆脱后接回传球。防守技术的运用关键是始终保持紧逼错位的防守位置,堵卡的动作要快而狠。

(2)防守内线进攻球员摆脱接球

第一种情况:球在一侧45°时,防守中锋在罚球线附近向另一侧摆脱后朝篮下移动接球。第二种情况:球在圈顶时,防守中锋向下摆脱后上提罚球线一带接球。防守技术运用的关键是攻击步抢前时要快而果断,手臂和下肢协调配合,用上身力量,不给对手留有余地。

2.防守进攻球员从自己身前向有球一侧和篮下切入

防守进攻球员从自己身前切入包括防纵切和防横切。此时进攻球员切入的目的是直接接球并向篮下攻击得分,因而具有很大的威胁性,防守球员应及时判断进攻球员的意图,利用合理的防守移动技术,阻断进攻球员,迫使其改变移动方向。第一种情况:在强侧时,防守圈顶位置上的纵切。第二种情况:球在另一侧时,防守弱侧45°位置上的横切。技术运用的关键是攻击步卡堵对手时要快而有力,坚决切断其切入路线,迫使其远离球;进攻球员由弱侧移至强侧时,防守球员应及时调整速度、动作方向、步法和距离继续跟防。

3.防进攻球员从身后切入

防守进攻球员从身后切入又叫防背切,一般包括防反跑和防溜底。防守进攻球员背切时,应把灵活调整步法和防守位置放在首位,始终做到人球兼顾,并将进攻球员置于自己的控制之中,目的是让进攻球员失掉背切后接球的机会。第一种情况:防守进攻球员在45°或圈顶做接球假动作后,突然起动,从身后切向篮下接球并进行攻击(图2-82)。第二种情况:防守进攻球员从45°底线一带做假的接球动作后,从身后沿底线溜至另一侧底线进行攻击(图2-83)。技术运用的关键是快速滑步,不让进攻球员加速超越自己;进攻球员即将超越自己时要贴近他,用身体和手臂的瞬时感觉来判断进攻球员的位置;在看不到球的一刹那,快速转头换方向跟防,并扬起两手臂一上一下地轮换,以干扰对手传球。

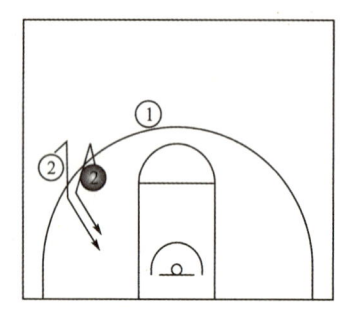

图2-82　防背切(反跑)　　　　图2-83　防背切(溜底)

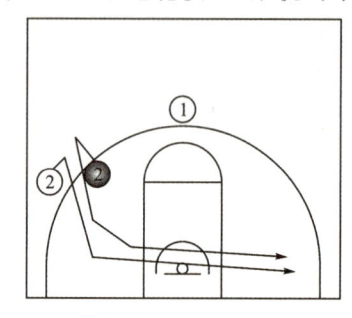

(三)防守无球球员技术的训练方法

练习一:移动选位训练。如图2-84所示,后卫队员①和②传球,接球后都要做瞄篮和持球跨步突破的假动作,而后将球传出。防守球员要针对进攻球员有球和无球的情况,及时移动选位,做出相应的防守动作。连续数次后,互换攻守。

要求:训练时注意力集中,当进攻球员接到球后,防守球员要及时到位,当球传出后,应立即向球和球篮方向移动,做到人球兼顾。

练习二:强侧、弱侧防守训练。如图2-85所示,进攻球员在外围传球,可做摆脱接球动作,但不能穿插、掩护。防守球员根据球的位置做相应选位,积极防守摆脱接球。反复训练数次后,攻守互换。

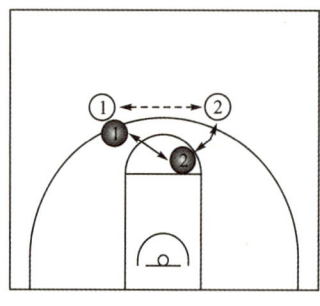

图2-84　移动选位　　　　图2-85　强侧、弱侧防守

要求:根据球的情况随时调整防守位置,始终做到人球兼顾,保持正确的防守姿势。

练习三:防纵切训练。如图2-86所示,教师持球,❶防①。当①向球纵切时,❶抢先移动至对手与球之间,堵截①的接球路线,阻止其接球。①进攻后变为防守,❶防守后到队尾。

要求:防守球员站在进攻球员与球之间,人球兼顾,进攻球员向有球区切入时抢位在前,当进攻球员背向球越过篮下时跟防在后,始终保持"球—我—他"的位置关系。

练习四：防横切训练。如图2-87所示，教师在圈顶外持球，❷为传接球队员，❹防①。当教师传球给⑤时，❹及时调整防守位置，当①下压横切要球时，❹抢先堵截其接球路线，阻止其接球，如①溜底线接球，❹面向球贴近对手，防❷传球给①。①进攻之后担任防守，防守球员则替换①传球，❷将球回传给教师后到队尾。然后，进行下一组训练。

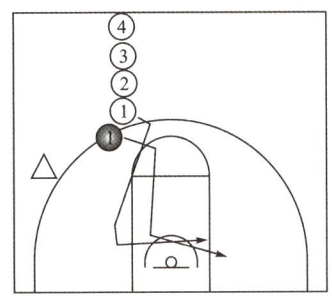

图2-86　防纵切训练

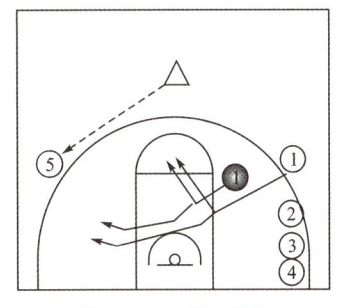

图2-87　防横切训练

要求：防守球员随球转移并及时到位，人球兼顾，防进攻球员横切时抢先堵截其接球路线，进攻球员溜底线时撤步后转身面向球跟防。

练习五：体会断球动作。两人传球，另两人在侧面或后面训练断球，体会横断球和纵断球的步法和手臂动作。攻守互换训练。

要求：开始训练时，传球距离远些，速度慢些，防守球员距进攻球员近些，然后逐步加大难度。

练习六：往返断球反击训练。如图2-88所示，①和②行进间传接球，❶和❷防守，❶断球后与❷快速传球推进，站在对面的❸与❹看准时机并及时起动断①与②的传球后进行反击。如此反复进行。

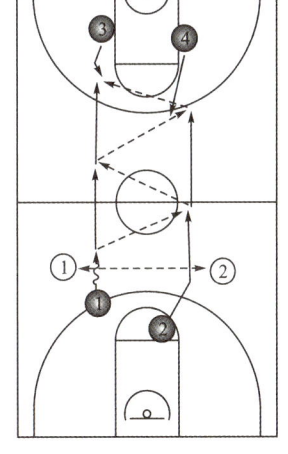

要求：断球获球后，要求两人用双手胸前传球的方法推进。

图2-88　往返断球反击训练

三、抢进攻篮板球技术

在比赛中，双方争抢投篮未中的球称为抢篮板球。当进攻队投篮未中时，双方争抢篮板球，称为抢进攻篮板球或前场篮板球。

在篮球比赛中，防守队抢到防守篮板球，可以摆脱进攻队在篮下连续攻击的威胁，迅速转守为攻，组织反击，同时还能加重外线进攻球员投篮的顾虑，降低其投篮命中率。进攻队如能抢到进攻篮板球，不仅能在对方篮下展开连续攻击，增加进攻次数和得分机会，而且还可以增强进攻球员投篮的信心，提高士气和命中率。

随着篮球技术的不断发展与提高，抢篮板球的意识和技巧更富有计谋和技艺，无论抢进攻篮板球还是抢防守篮板球，其技术都具有很强的进攻性和实用性。因此，在学习抢篮板球技术时,应该注意技术动作的连贯和技巧,并将抢篮板球技术融合到战术训练中去。

(一)抢篮板球动作方法

1.冲抢

抢进攻篮板球的队员可利用假动作摆脱对手,冲到篮下,达到抢占有利位置的目的。

2.起跳

(1)原地双脚起跳

起跳前,两腿稍屈,重心落在两脚之间,上体稍向前倾,两臂屈肘,置于体侧,抬头观察球所在的方向,同时注意周围球员的动向。起跳时,两脚用力蹬地,两臂上摆,伸向球反弹的方向,同时腰、腹协调用力。

(2)助跑单脚起跳

冲抢篮板球时,准备起跳的最后一步步幅要小,起跳脚用力蹬地,两臂迅速上摆,伸向球反弹的方向,同时腰、腹协调用力。

3.抢球

(1)双手抢篮板球

起跳后,身体应充分伸展,两臂尽量伸直,当身体和手臂达到最高时,双手用力将球抓住,同时腰、腹用力收缩,两臂迅速收回,将球拉下置于身前,以便于护球。如果是高大球员抢到球,也可以将球举在头上,防止身材矮小球员围抢。

双手抢篮板球动作的优点是握球牢固,便于与其他动作结合;缺点是抢球的制高点和控制的范围比单手抢篮板球差。

(2)单手抢篮板球

起跳后,身体应充分伸展,手臂伸直,当身体和手臂达到最高点,指端触球时,迅速屈指、屈腕,同时腰、腹用力收缩,手臂迅速收回,将球拉下;另一手协助抢球,将球置于胸前,便于护球。同样,当高大球员抢到球,也可以将球举在头上,防止身材矮小球员围抢。

单手抢篮板球的优点是触球点高,控制的范围较大;缺点是抢球后不如双手握球牢固。

(3)点拨球

球员抢篮板球时遇到身材比自己高大的对手,或篮板球的落点离自己较远时,可采用点拨球的办法,把球点拨给自己的同伴,或把球点拨到自己便于接到球的位置上。

点拨球的动作要领与单手抢篮板球相似,要用指端点拨球的侧方或侧下方,使球落向自己的同伴,或便于自己再次抢到球的位置。

4.落地

空中抢到篮板球后,两脚分开,落地时前脚掌着地,两膝稍屈,上身稍向前倾,两肘自然外张护球,同时注意观察同伴和对手的位置,准备进攻。

(二)抢篮板球的训练方法

(1)起跳训练

原地双脚起跳,模仿抢篮板球的动作,每人做20~30次。

(2)结合上步、撤步、滑步、转身进行起跳训练

在该训练的基础上,结合上步、撤步、滑步、前后转身再起跳摸篮板或篮网,每人做

15~20次。

(3)抛球跳起抢球训练

自己向上抛球,然后起跳,先用双手后用单手做抢篮板球训练,每人做10~20次。

(4)两人一组,抛球起跳抢球训练

两人一组,一组一球,一人抛球,另一人抢球训练,10~20次后交换进行训练。

(5)向篮板抛球后起跳抢球训练

两人一组,一组一球,一人防守持球球员,待持球球员将球抛向篮板时,防守球员及时转身跳起抢从篮板反弹回来的球,每人做10~20次后交换进行训练。

(6)抢占位置训练

两人一组,相距1米,面对面站立,进攻球员利用假动作设法摆脱防守,冲向篮下抢占有利位置,防守球员利用各种脚步移动技术,结合前、后转身,设法挡住进攻球员冲跑的路线,并起跳做模仿抢篮板的动作。

(7)两人一组,抢篮板球训练

两人一组,一攻一防,教师在罚球线外投篮,攻守双方抢篮板球。训练时,可以近距离训练在篮下抢篮板球,也可以在较远距离训练外围抢篮板球。

(8)在半场二对二或三对三中抢篮板球训练

投篮后,进攻球员冲抢篮板球,防守球员则积极阻挡对方抢篮板球,攻方或守方连续抢到规定次数后,互换训练。

(9)半场三对三抢篮板球补篮训练

进攻球员抢到篮板球后力争空中补篮,不能补篮或直接投篮时,要马上将球传出,再组织进攻,连续进攻10次后,攻防互换。

(10)通过比赛检查抢篮板球训练

组织比赛,重点检查球员抢篮板球的能力与配合,可制定特殊规则,如抢到一次篮板球加一分,突出对抢篮板球的鼓励。

课后题

1.请设计一套全场行进间的传球练习。

2.请设计一套配合中的投篮训练,要求有三个投篮点。

3.请简述交叉步持球突破的技术动作的难点。

第三章 篮球运动战术训练

第一节 篮球初级战术

篮球战术教学是整个篮球教学整体内容中的一个重要组成部分,是为比赛进行的战术准备过程。篮球战术教学的主要目的是在比赛中能有效地、有组织地进行攻守对抗,争取比赛的胜利。

篮球初级实用性战术教学是指教师将篮球战术中容易掌握的基础战术以及在实战中容易运用的战术教授给学生。

一、战术基础配合

篮球战术基础配合是指在篮球比赛中,两三人之间有目的、有组织、协调行动的简单攻守配合方法。它是全队战术配合的基础,任何一种整体战术配合都离不开基础配合。战术基础配合包括进攻战术基础配合和防守战术基础配合两个部分。因此,熟练掌握战术基础配合数量的多少与运用能力的好坏,直接决定着全队战斗力的强弱。

(一)进攻战术基础配合

进攻战术基础配合是在篮球比赛中,进攻球员两三人之间有目的、有组织、相互协同行动的配合方法。进攻战术基础配合包括传切、突分、掩护、策应配合。

1. 传切配合

传切配合是指球员之间利用传球和切入技术形成的简单配合,包括一传一切和空切两种。传切配合是一种最基本的、简单易行的进攻方法,一般在对方采用扩大人盯人防守战术或区域联防时运用。

传切配合方法分为以下两种:

(1)一传一切配合

这是指持球球员传球后,利用起动速度或假动作摆脱防守,向篮下切入接回传球投篮的配合。

如图 3-1 所示,①传球给②后,立刻摆脱对手❶向篮下切入,接队员②的回传球投篮。

(2)空切配合

这是指无球球员掌握时机摆脱对手,切向防守空隙区域接球投篮或做其他进攻配合。

如图 3-2 所示,①传球给②时,③利用❸未及时调整位置的机会,突然横切或沿底线切向篮下,接②的传球投篮。

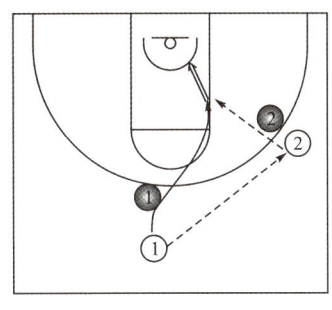

图 3-1　一传一切配合　　　　图 3-2　空切配合

传切配合的运用提示:

(1)必须有一定的配合空间及合理的切入路线。

(2)切入球员抓住防守球员选位不及时或注意力分散的空隙,快速起动,或利用假动作摆脱对手。

(3)传球球员的动作要隐蔽、及时、准确。

传切配合的科学训练有以下几种方法:

练习一:练习者分成两组,①传球给④后向左侧做切入假动作,然后变向从右侧纵向切入,④接球后回传给②,并向底线做切入假动作,然后变向从左侧横切。④切入后到①的队尾,①切入后到④的队尾。依次进行练习(图 3-3)。

要求:假动作要逼真,变向切入时动作迅速,侧身看球。

练习二:①传球给④后向左侧做切入假动作,然后变向从右侧纵向切入接④的回传球投篮,④传球后跟进抢篮板球,然后①与④交换位置。依次进行练习(图 3-4)。

要求:切入动作快,传球及时到位,投篮准确。

练习三:②③两组每人一球,②传球给①后反方向切入,接③的传球投篮;③传球后快速横切,接①的传球投篮。①、③抢篮板球后按顺时针方向换位。依次进行练习(图 3-5)。

要求:切入动作规范,速度快,传、投准确,换位及时。

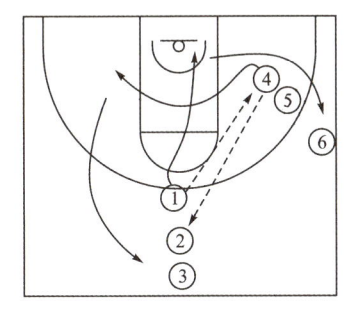

图 3-3　练习一:一传一切配合　　　图 3-4　练习二:一传一切配合　　　图 3-5　练习三:空切配合

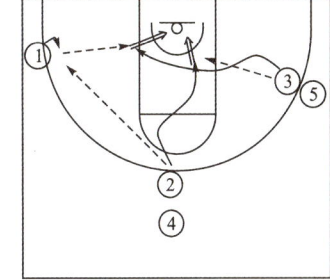

2.突分配合

突分配合是指持球球员突破对手后,遇到对方补防或协防时,及时将球传给进攻位置最佳的队员进行攻击的一种配合方法。

当对方采用人盯人防守或区域联防时运用突分配合,可打乱对方的整体防守部署,压缩防区,给队员创造最佳的外围投篮或篮下进攻机会。

突分配合有以下两种方法。

方法一:①持球从左侧底线突破❶后,遇到❷补防时,及时传球给横切的②投篮(图3-6)。

方法二:①持球纵向突破❶,当❷补防时,及时传球给②投篮(图3-7)。

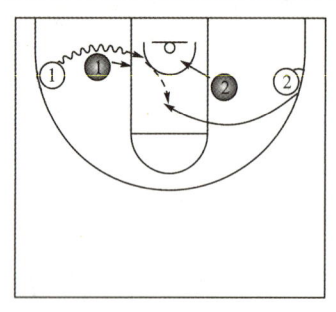

图3-6 突分配合(一)

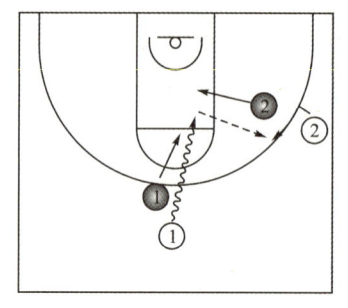

图3-7 突分配合(二)

突分配合的运用提示:

(1)球员在突破时动作要快速、突然,在准备投篮的同时,注意观察攻守球员的位置变化,及时、准确地将球传给进攻位置更好的队员。

(2)当持球球员突破后,其他进攻球员都要摆脱对手,离开原先的位置,切向窄隙区域,准备接球进攻或抢篮板球。

突分配合的科学训练有以下几种方法:

练习一:④接①的传球后,沿底线突破,当遇到固定防守球员❹阻截时,及时传球给切入的①投篮,④抢篮板球后与①交换位置。依次进行练习(图3-8)。

要求:徒手球员可向不同方向移动,持球球员传球动作要隐蔽、及时、准确。

练习二:①接③的传球后,中路突破,当❸补防时,将球传给③投篮,防守球员抢篮板球,①和③快速回原位防守②和④。依次进行练习(图3-9)。

要求:突破时用身体护球,无球球员不要过早移动,进攻结束后快速回原位防守,确保练习的连续性。

图3-8 练习一:突分配合

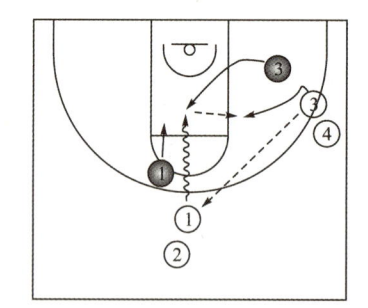

图3-9 练习二:突分配合

3. 掩护配合

掩护配合是指进攻球员选择正确的位置,用合理的技术动作挡住防守者的移动路线,使队员借以摆脱防守,获得接球投篮或其他进攻机会的一种配合方法。

掩护配合有许多形式和方法,根据掩护者和防守者的身体位置和方向的不同,分为前掩护、侧掩护、后掩护三种形式;根据掩护者的人数、移动路线、方法和变化,可分为定位掩护、行进间掩护、反掩护、假掩护、运球掩护、连续掩护、双人掩护等。

掩护配合的方法有以下几种:

以侧掩护为例。侧掩护是指掩护球员站在队员防守者的侧面进行配合掩护的方法。

(1)持球球员与无球球员之间的侧掩护配合:②传球给①后,移动❶身体左侧做侧掩护;①接球后瞄篮或做向左侧突破的动作。当②掩护到位时,①立即从右侧贴着②的身体运球突破上篮;②立即转身切向篮下抢篮板球或接球投篮。这种掩护也称挡拆配合(图3-10)。

(2)徒手球员之间的侧掩护配合:②传球给①后,向传球的反方向移动,给③做侧掩护,③先向篮下做压切动作靠近❸,然后突然贴近②的身体并横切接①传来的球投篮;②掩护后转身切入篮下,接①传的来球投篮或抢篮板球。这种掩护也称反掩护(图3-11)。

图3-10 侧掩护配合(一)　　　　图3-11 侧掩护配合(二)

掩护配合的运用提示:

(1)掩护者应选择正确的掩护位置和动作,掩护的一刹那,掩护球员的身体是静止的,并与对手保持适当的距离,两脚平行开立,两膝微屈,上身微向前倾,两臂屈肘放于体侧或交叉放于胸前,有利于自我保护和攻守对抗。

(2)被掩护球员应选择最佳的摆脱角度,以各种进攻动作吸引对方的注意力,隐蔽掩护意图。掩护时,被掩护球员的身体要靠近掩护者,以防对方挤过。当对方换防时,掩护者应立即转身护送,参与进攻。

(3)掩护时,队员之间应密切配合,根据防守变化,组织中投、突破或内线进攻。

掩护配合的科学训练以下几种方法。

练习一:练习者分成左、右两组,X表示固定防守球员。球员③给①做侧掩护,①贴近③的身体并从右侧切入,③随之后转身跟进,然后①、③交换位置。依次进行练习(图3-12)。

要求:保持正确的掩护动作,掩护者与被掩护者两肩并紧,不留空隙。练习数次后,改变掩护方向。

练习二:④将球传给①,①瞄篮或向左侧虚晃,当④掩护到位时,①突然向右运球突破投篮或传球给④,④后转身跟进,准备接回传球或抢篮板球,然后①、④交换位置。依次进行练习(图3-13)。

要求:突破时,被掩护者不要低头看球,把握好第一进攻机会,直接投篮或伺机传球给掩护者。

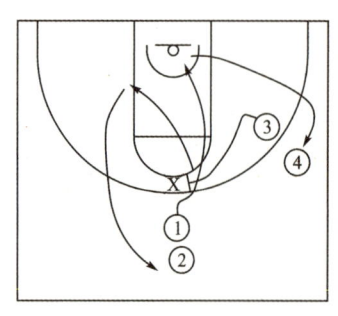

图 3-12　练习一:侧掩护配合　　　　图 3-13　练习二:侧掩护配合

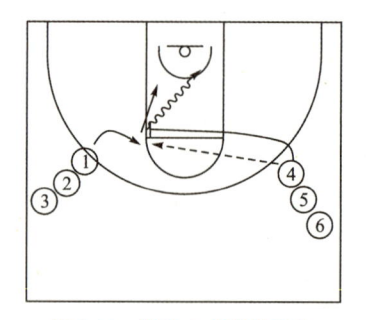

练习三:①传球给 X 后,反方向移动给②做掩护,②横切,①掩护后转身切入篮下,X 将球传给②或①投篮。抢篮板球后,①、②互换位置。依次进行练习(图 3-14)。

要求:掩护者不能过早转身,在掩护后与被掩护者左右拉开一定距离,不在一条线上。

4.策应配合

策应配合是指进攻球员背对或侧对球篮接球后,通过多种传球方式与外线球员的空切、绕切相结合,借以摆脱防守,创造各种里应外合进攻机会的配合方法。

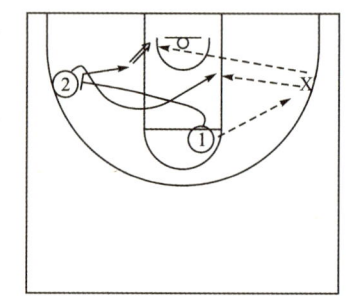

图 3-14　练习三:侧掩护配合

策应配合的应用范围较广泛,可以干扰防守绕切的球员选择正常的防守位置,在进攻半场人盯人防守或区域联防时经常采用。根据策应区域和位置的不同,策应配合通常可以分为内策应、外策应、高策应、低策应等,配合方法基本相似。

策应配合的方法有两种。

(1)中锋外策应配合方法:②传球给①后向左侧压切,然后以①为枢纽从右侧绕切,同时策应球员①先做传球给②的假动作,然后转身把❷挡在身后,将球传给绕切过来的②,②接球可以投篮、突破或传给策应后下切的①(图 3-15)。

(2)中锋内策应配合方法:②传球给③后向右移动,在策应球员③身前与①做交叉绕切,③可将球传给绕切的①或②,也可自己转身进攻(图 3-16)。

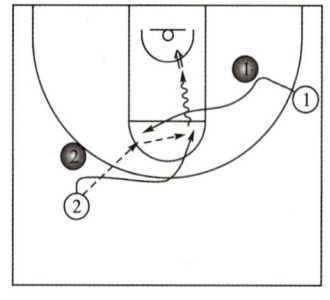

图 3-15　外策应配合　　　　图 3-16　内策应配合

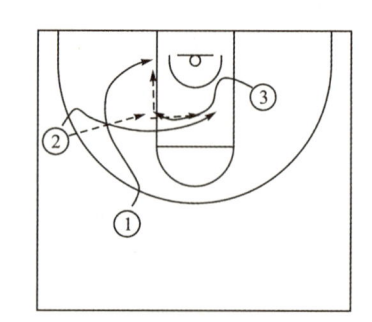

策应配合的运用提示：

(1)策应球员要突然起动摆脱对手，占据有利的策应位置，采用绕步抢前接球动作，接球时两脚开立，两膝弯曲，两肘外展，用身体护球。准确判断场上的攻守变化情况，及时将球传给进攻位置最好的队员或自己进攻。传球后要转身跟进或抢篮板球。

(2)外线的球员传球后，利用起动速度或假动作摆脱防守，接到策应球员的传球后迅速做出最佳选择——投篮、突破或传球。

策应配合的科学训练有以下几种方法：

练习一：练习者分成两组，④⑤⑥每人一球，当①上提至罚球线时，④传球给①，然后向左侧虚晃，再从右侧绕切接①的传球，①策应传球后转身下切，④可投篮、突破或传球给①。投篮后，①④交换位置。依次进行练习。熟练掌握之后再做攻守对抗练习(图3-17)。

要求：策应球员不要站在限制区内，传球要隐蔽、及时、准确。

练习二：练习者分成三组，②插上接①的球做策应，①③在②身前交叉绕切接②的球投篮或突破(图3-18)。⑤传球后纵切篮下抢篮板球，然后按顺时针方向换位。依次进行练习。熟练后可做攻守对抗练习。

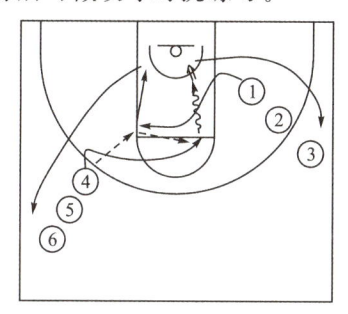

图3-17 练习一：策应配合　　　图3-18 练习二：策应配合

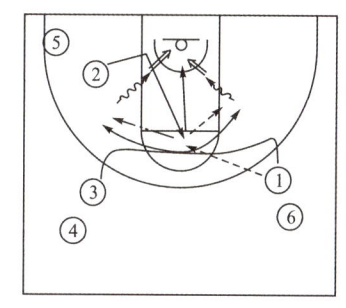

要求：策应球员插上要及时到位，采用绕步抢前接球动作，对抗练习时先做二防三，后做三防三，从消极防守到积极防守。

(二)防守战术基础配合

防守战术基础配合是在篮球比赛中，防守球员两三人之间为了破坏对方进攻配合所组成的简单配合。防守战术基础配合包括挤过、穿过、交换绕过、夹击、补防、"关门"和围守中锋配合等。

1.挤过配合

挤过配合是指对方进行掩护时，防守球员在掩护球员接近自己的一刹那，迅速抢前横跨一步贴近对手，并从两个进攻球员之间侧身挤过去，之后继续防守对手的配合方法。

当对方距离球篮较近，外围球员想利用掩护投篮或由于身高的差别而不宜交换防守的情况下，运用主动性很强的挤过配合，可以破坏对方的掩护配合。

挤过配合方法：

如图3-19所示，②给①做掩护，当②接近❶的一刹那，❶抢前横跨一步贴近①，并从①和②之间主动侧身挤过去继续防守①。

挤过配合的运用提示：

(1)不要过早暴露挤过配合意图,以防止对方反方向切入。

(2)在两个进攻球员靠近以前,果断抢步贴近对手,迅速侧身挤过。

(3)防守掩护者的球员应站在能够兼顾防守两个进攻球员的位置上,及时提醒队员注意对方的掩护意图,做好可能换防的准备。

挤过配合的科学训练有以下几种方法。

练习一:③给①做掩护,❶挤过防守后到右路排尾,❷到左路排尾,①③在掩护后,❶防④、③防②,④给②做掩护。依次进行练习(图3-20)。

要求:挤过时要积极主动,腰、髋和脚步动作应快速有力。练习数次后,改变掩护方向。

练习二:①传球给⑤,①移动至底线为②做掩护,❷挤过防守后,⑤将球传给①或②投篮。进攻结束后,❶❷抢篮板球,移至队尾,由①②防守③和④。依次进行练习(图3-21)。

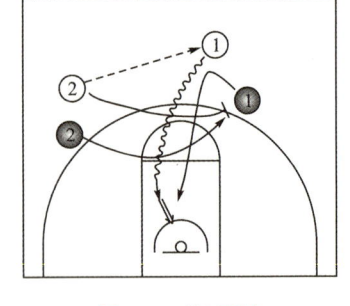

图3-19 挤过配合

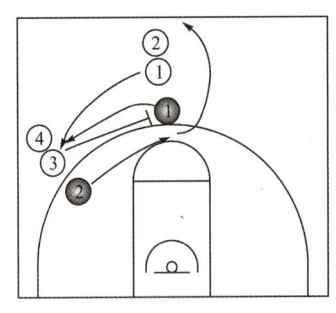

图3-20 练习一:挤过配合

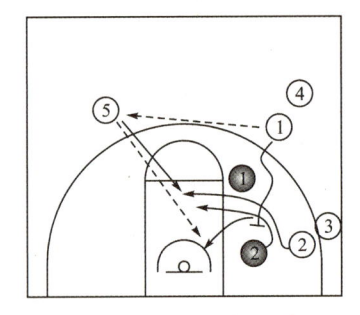

图3-21 练习二:挤过配合

要求:必须采用挤过防守,加快攻守转换速度。

2.穿过配合

穿过配合是指当对方进行掩护时,防守掩护者的球员及时提醒队员,并主动后撤一步,让队员及时从自己和掩护球员之间穿过去,之后继续防守对手的配合办法。

当对方掩护发生在弱侧区域,距离球篮较远、无投篮威胁、不宜换防的情况下,运用穿过配合可有效地破坏对方的掩护配合。

穿过配合方法:

如图3-22所示,①传球给②后反方向移动,给③做掩护的一刹那,❶主动后撤,让❸从①和❶中间穿过去,继续防守③。

穿过配合的运用提示:

(1)防守掩护者的球员要及时提醒队员,并主动后撤一步选好位置,留出让队员穿过的通路。

(2)当对方掩护时,防守被掩护者的球员要撤步侧身,避开掩护球员并及时穿过。

穿过配合的科学训练有以下几种方法:

练习一:同挤过配合练习一。

要求:防守球员之间配合默契,动作快速。

练习二:①传球给③,然后向左侧移动给④做掩护时,❶后撤并与❷做穿过配合,再继续防守对手。完成防守后,抢篮板球并移至队尾,进攻球员①和④快速回原位防守❷和❺。依次进行练习(图 3-23)。

要求:必须采用穿过防守,加快攻守转换的速度。

图 3-22　穿过配合　　　　图 3-23　穿过配合训练

3. 交换配合

交换配合是指进攻球员做掩护配合时,防守掩护者的球员与防守被掩护者的球员及时主动地交换自己所防对手的配合方法。

只要换防以后的新对手在身高和技术方面与之前的对手无明显差别,运用交换配合可有效遏制和破坏对方的掩护配合。交换配合通常在对方进行横向掩护时采用。

交换配合的方法:

如图 3-24 所示,②将球传给①,②给①做侧掩护,①运球突破。❷发出交换防守信号后立即防守①,❶随之后撤调整位置,堵住②的切入路线,并准备抢断①的传球。

交换配合的运用提示:

(1)防守掩护者的球员应及时发出信号提醒队员,相互换防以堵截进攻球员的攻击路线。

(2)防守被掩护者的球员应及时撤步,在掩护球员转身切入前抢占有利的防守位置。

交换配合的科学训练方法如下:

练习:③传球给⑤,然后移动到左边给①做横向的底线交叉掩护,此时❷发出信号与❶交换防守。⑤可将球传给①或③,进攻结束后,①和③立即回位防守❷和❹。依次进行练习(图 3-25)。

要求:防守掩护者的球员必须发出信号,通知队员进行交换配合,攻守转换速度要快。

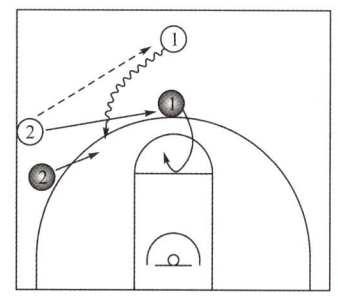

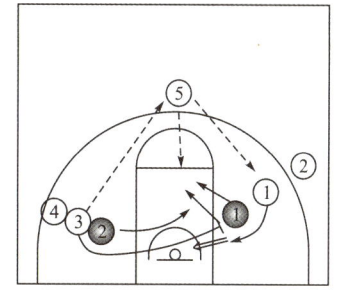

图 3-24　交换配合　　　　图 3-25　交换配合训练

4.夹击配合

夹击配合是指两个以上的防守球员,利用对手在场地边角运球或运球停止时,突然快速上前封堵和围夹持球球员的一种防守配合方法。

夹击配合是一种主动性、攻击性很强的防守配合方法,能有效地控制持球球员的活动,迫使其失误,创造断球反击的机会。夹击配合通常在紧逼人盯人防守、区域紧逼防守或带有夹击式的扩大联防战术中运用。

夹击配合的方法:

如图3-26所示,当⑤在底角运球停止时,❹与❺一起夹击,❶堵防强侧的回传球,❷与❸向有球方向移动并准备断球。

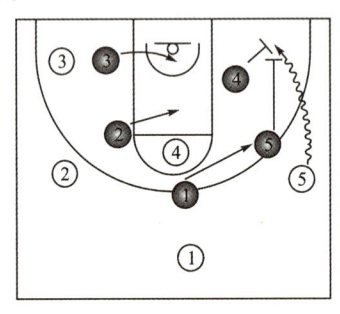

图3-26 夹击配合

夹击配合的运用提示:

(1)当对手沿边线埋头运球或在场角、中线附近和限制区内运球停止时,是夹击的最好时机。

(2)夹击时,两个防守球员的身体要靠紧,两臂垂直上举,随对方的球摆动,封堵其传球。

(3)夹击的目的不是从持球球员手中抢球,而是迫使持球球员传球失误,给队员创造抢断球的机会,因此,应避免夹击时的犯规。

(4)其他球员应积极配合夹击球员的行动,及时封堵近球球员,迫使持球球员传远高球。

夹击配合的科学训练方法如下:

练习:①传球给②,②再传球给③,③向底线运球停止后,❸与❷夹击③,❶及时防守近球球员②,③传球给①,防守回原位。依次进行练习(图3-27)。练习数次后,调整防守位置或攻守交换。

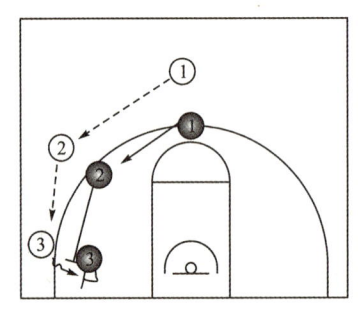

图3-27 夹击配合训练

要求:严格执行夹击配合的基本要求,快速移动紧逼近球球员。

5.补防配合

补防配合是指当防守球员被对手突破或出现漏防时,邻近的队员大胆地放弃自己的对手,及时快速地进行补漏防守的一种配合方法。

补防可以阻截对方直接投篮和减少对方最有进攻威胁的机会。

补防配合的方法:

如图 3-28 所示,当①突破❶的防守直接投篮时,❷大胆放弃自己的对手②,快速补防,阻止①的进攻,❶则向左侧移动防守②。

补防配合的运用提示:

(1)防守球员应全面观察和判断场上出现的漏防情况,补防时应果断、迅速地抢占有利位置,避免犯规。

(2)被对手突破的防守球员应快速向补防球员方向移动,并观察对方的传球意图,争取抢断球。

补防配合的科学训练方法如下。

练习:①从中路突破❶时,❷立即补防,❸向篮下移动补防②,❶补防③,完成防守后,❸抢篮板球。防守球员按顺时针方向换至队尾,进攻球员立即回原位防守。依次进行练习(图 3-29)。

要求:补防时移动迅速,减少犯规。

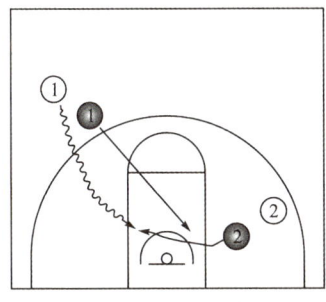

图 3-28 补防配合 图 3-29 补防配合训练

6."关门"配合

"关门"配合是指邻近的两名防守球员协同堵截进攻球员运球突破的一种防守配合方法,通常在区域联防和半场人盯人防守战术中运用。

"关门"配合的方法:

如图 3-30 所示,①持球突破时,❷抢先移动向❶靠拢并"关门",不给突破球员留有空隙,当突破球员分球时,❷快速回防自己的对手。

"关门"配合的运用提示:

(1)防突破的球员应及时向侧后方滑步卡位,堵住进攻球员的突破路线。

(2)邻近突破一侧的防守球员应快速向队员移动靠拢进行"关门"配合,同时根据持球球员的停球和传球,决定围堵和回防。

(3)"关门"配合时,防守球员两肩靠紧,微屈膝,含胸,两臂自然上举或侧举,发生身体接触时要用暗劲,避免受伤。

"关门"配合的科学训练方法如下:

练习:①持球突破,❷❶"关门",①传球给②,待❷防守回位时,②突破,❷❸"关门"。依次进行练习。练习数次后,攻守交换(图3-31)。

要求:防守球员积极移动,快速回位。"关门"时不留空隙。熟练掌握后,进攻球员可随意选择突破方向,增加难度,提高质量。

7. 围守中锋配合

围守中锋配合是指外围防守球员协同内线防守球员,共同围守对方中锋的一种配合方法。

若对方中锋的攻击力较强,为减小内线防守压力,削弱中锋的进攻威力,常采用该方法。

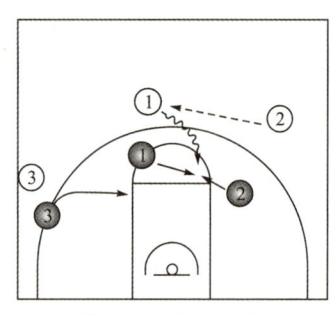

图 3-30 "关门"配合　　　　图 3-31 "关门"配合训练

围守中锋配合的方法:

如图3-32所示,③持球时,❺紧逼防守③,❶移动至①的外侧防守,❷后撤并与❶围守①;②持球时,❷紧逼防守②,❶移动至内侧防守①,❸后撤并与❶围守①;当②或③传给①时,❷❸迅速后撤围夹①。

围守中锋配合的运用提示:

(1)紧逼持球球员,切断内外联系,迫使其不能准确、及时地传球给中锋。防守中锋的球员根据球的转移,积极移动阻截对手接球。

(2)当对方中锋接球或转身向篮下运球进攻时,邻近中锋一侧的防守球员应迅速进行围夹,迫使中锋将球传到外围。

围守中锋配合的科学训练方法如下。

练习:❷紧逼防守持球球员②,❶内侧防守①,❸后撤固守①,❹移动至篮下附近,防守②的高吊球;当②传球给③时,❶外侧防守①,❷回撤围守①,❸紧逼③,❹防守④;④持球时,❹紧逼防守,❶❷❸向内收拢,并错位防守各自对手。练习数次后,攻守交换(图3-33)。

要求:防守球员选好位置后,进攻球员再传球。每人轮防若干次后,攻守交换位置。

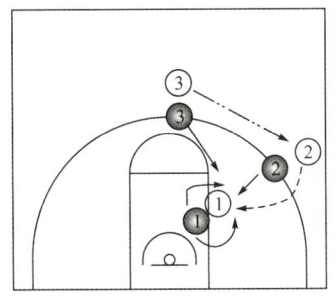

图 3-32　围守中锋配合　　　　图 3-33　围守中锋配合训练

二、半场人盯人防守战术

半场人盯人防守战术是指由攻转守时，全队有组织地迅速退回后场，在半场范围内，每个防守球员负责盯住一个进攻球员，控制其行动，并协助队员完成全队防守任务的整体防守战术。

这一防守战术的特点是分工明确、责任到位、针对性强、便于掌握。在对抗日趋激烈的现代篮球比赛中，运用半场人盯人防守战术能有效地破坏对方进攻时的习惯打法，充分发挥个人的防守能力，调动个人防守的积极性。它是防守战术体系中最常用的战术之一。

根据防守策略和防守范围，半场人盯人防守战术可分为半场缩小人盯人防守（距离球篮 6～7 米的范围）和半场扩大人盯人防守（距离球篮 8～10 米的范围）两种。

（一）半场人盯人防守方法

1. 半场缩小人盯人防守

半场缩小人盯人防守的作用及运用时机：

半场人盯人防守是以加强内线防守、保护篮下为主要目的的防守战术。这种防守战术多用于对方篮下攻击力较强，外围攻击力较弱的球队。它的防区较小，有利于协防、控制内线进攻、抢篮板球和组织快攻反击。

半场缩小人盯人防守方法：

（1）强侧、弱侧的防守方法：以球场纵轴线为标准，有球一侧为强侧，无球一侧为弱侧。强侧的防守是要对持球球员紧逼防守，限制其投篮、突破、传球。对于近球者，采用积极的错位防守，不让其接球。弱侧的防守要回撤篮下保护、协防，同时注意抢断高吊球，及时堵截对方背插和溜底线。

练习：如图 3-34 所示，③持球时，❸紧逼③，❹内侧侧前防守④，❶紧逼防守①，❺回缩篮下，防③打高吊球及⑤横切等，❷可适当向强侧靠拢；如果弱侧球员②接球（图 3-35），❷紧逼②，❹侧前或绕前防守④，❶错位防守①并做好协防准备，弱侧防守球员向中锋一侧靠拢，做好协防准备，❺防守⑤接球或空切篮下。

图 3-34　强侧防守　　　　　　　　图 3-35　弱侧防守

(2)防掩护进攻的配合方法:当对方进行掩护进攻时,运用挤过防守,尽量不要换防,尤其是中锋与外围球员之间的掩护更要如此。防止出现大防小、小防大的局面。如果外围无球球员在弱侧区域进行掩护,可采用交换和穿过配合。

练习:如图 3-36 所示,③持球,中锋球员①与②做掩护时,❶❷不要换防,❷绕过掩护球员①继续防守②,④⑤做掩护时,❹全力挤过或从内侧绕过。

(3)防中锋进攻的配合方法:防守中锋进攻的关键是阻止中锋接球。一旦中锋接到球,应及时围夹,迫使中锋将球传到外围。

练习:如图 3-37 所示,①持球时,❶紧逼①,❺绕前防守中锋⑤,❹回缩篮下防①打高吊球,如果②接到①的高吊球,❸必须与❷围夹②,迫使②将球传出,❺回缩篮下防守③空切,❹准备抢断②的传球。

图 3-36　防掩护进攻　　　　　　　图 3-37　防中锋进攻

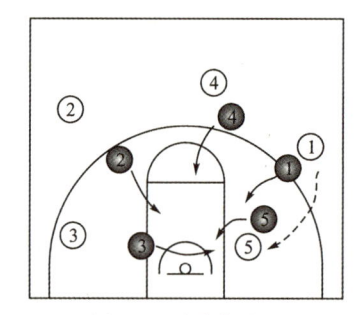

(4)防移动进攻的配合方法:移动进攻的特点是在球不断转移的过程中,无球球员利用连续掩护和个人技术摆脱防守,连续切入篮下接球进攻。因此,防守时要做到积极移动,选位及时、准确,控制进攻的传球速度,堵截进攻球员的移动路线,延缓其进攻速度,为防守选位争取时间。当进攻球员掩护时,酌情采用挤过、穿过、交换等方法,以破坏对方的进攻配合。

2.半场扩大人盯人防守

半场扩大人盯人防守的作用及运用时机:

当对方外围投篮准确但突破能力及全队的整体进攻配合质量较差时,采用半场扩大人盯人防守战术可有效地遏制对方。这种防守战术有时也用于加强外线防守、切断内外联系,使中锋没有获球机会,从而达到"制外防内"的防守效果。因此,这是一种防守目的明确、主动性、攻击性很强的防守方法。但由于扩大了防区,球员的体能消耗很大,不利于协防,容易出现漏人现象。

半场扩大人盯人防守的方法如下：

由攻转守时，防守球员应首先控制对方的反击速度，迅速退回后场。当持球球员进入前场时，防守球员应立即紧逼防守，减缓其进攻速度，阻止其运球突破。防无球球员应及时选位，以防止对手接球或切入。

练习一：如图 3-38 所示，①持球进入前场后，❶紧逼防守①，控制其进攻速度，严防其突破，❷❹紧逼和防止对手接球，并随时注意与①的掩护，❸侧前防守③，防止对方打高吊球，❺向篮下回撤，帮助❸协防，并注意对方横切。如①将球传给②，则按图示方向选位。

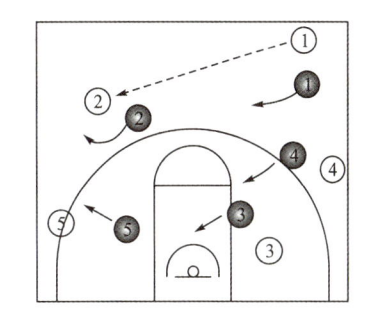

图 3-38　半场扩大人盯人防守练习（一）

练习二：如图 3-39 所示，当①在中线边角被迫停球时，❸果断放弃③，与❶协同夹击①，此时，❹积极向③移动补位，准备断球，❺向篮下回缩，准备抢断①的传球。

练习三：如图 3-40 所示，当④在底线场角被迫停止运球时，❶协同❹在底角夹击④，❺移动到强侧，紧逼防守①并准备断④的传球，❸向纵轴线附近移动，同时防守③和⑤向篮下切入，以及随时准备抢断④的传球，❷向篮下移动，防堵②横切。

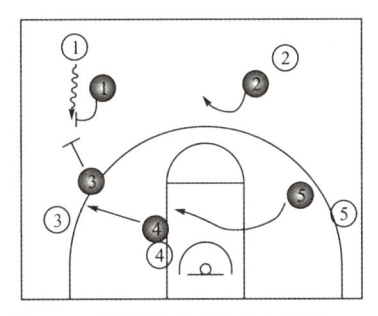

图 3-39　半场扩大人盯人防守练习（二）

图 3-40　半场扩大人盯人防守练习（三）

（二）半场人盯人防守的运用提示

（1）现代型防守要贯彻以人为主的防守原则，对持球球员必须采用平步贴身紧逼防守姿势，扩大防守面积，积极拼抢，不给对方轻易投篮、突破和传球的机会，一旦被对手突破，必须追防。

（2）对无球球员要错位防守，做到人、球、区兼顾，重在敢于对抗堵截其向球移动和空切篮下的路线。

（3）由于防区扩大，比赛的强度增加，要求球员有充沛的体力和坚强的意志。在比赛中要正确观察、判断场上的攻守情况，在防守选位时，要做到"人动我动，球动我动"，在严密控制对手的基础上随时准备协防、补防、夹击、断球以及防掩护等。这些充分体现了防守的主动性和攻击性。

（4）防守，通常以跳球时的站位分工，也可按照强对强、弱对弱、高对高和矮对矮的方法分工，无论怎样都要强调防守的整体性。

三、全场紧逼人盯人防守战术

全场紧逼人盯人防守是现代篮球防守战术中人盯人防守体系里最具攻击性和破坏性的战术，是由进攻转入防守时，就区、就地迅速寻找对手，立即展开全场范围内紧逼盯人的一种攻击性防守战术。在比赛中，要求防守球员具有很强的攻守转化意识，在全场始终贴身紧逼对手，积极阻挠对手的行动，切断无球球员的接球路线，开展短兵相接的抢位防守，并运用打球、抢球、断球技术，利用堵截、夹击、换防和补防等攻击性防守配合来破坏对方有组织的进攻，控制比赛的进程，制约进攻的节奏，力求迅速赢得控球权，争取比赛的主动权。

全场紧逼人盯人防守战术能充分调动球员的积极性，发挥球员速度快、灵活性好的特点，也是一种利用地面速度来制约对方高空优势的有效方法。同时，对培养球员顽强的拼搏精神、提高球员的身体素质和促进技术的全面发展都有着重要作用。全场紧逼人盯人防守战术要在全场展开激烈的争夺，因为防守面积大，防守球员分散，故容易产生漏洞，特别是漏人以后，难以组织集体协防的力量。所以，要增强球员个人防守的责任感和提高全队防守的能力，提高全队协同作战的意识。

（一）全场紧逼人盯人防守的方法

全场紧逼人盯人防守是在全场范围内与对手展开激烈的对抗与争夺。全场中不同场区的防守任务也有所不同。按场区来划分，全场分前场、中场、后场三个防区，如图3-41所示。

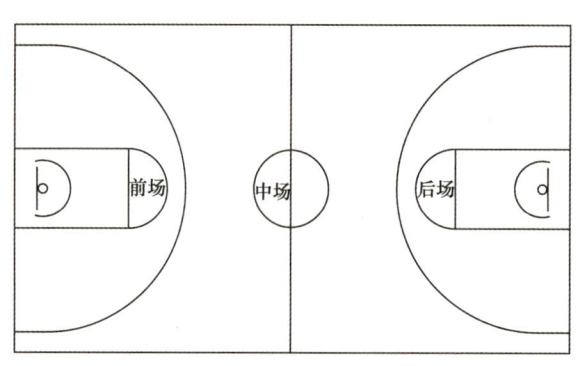

图3-41　全场紧逼人盯人防守区域

1.前场紧逼人盯人防守的方法

前场紧逼人盯人防守是全场紧逼人盯人防守的重要阶段，也是防守的第一道防线。在前场必须采取以夺球为目的的防守策略，要求球员由攻转守时，有目的地快速找到自己的防守对手，立即进行紧逼，迫使对方减慢推进速度，选择有利于断球和夹击的位置，并造成强大的声势，给对方施加压力，迫使对方失误和违例。

（1）对方掷端线界外球的防守方法

1）一对一的紧逼防守方法：如图3-42所示，①掷端线界外球，❶紧逼①，积极挥动双臂，封堵其传球角度，并争取截球。❷❸❹❺积极堵截各自防守的对手的接球路线，迫使①发球失误或5秒违例。

2)夹击接应球员的紧逼方法:这种方法主要用于防守对方技术全面、控球能力强、善于接球后组织进攻的球员。如图3-43所示,迫使①将球传给控球能力较差的球员,以便组织攻击。❶放弃对①的防守,去协助❷夹击技术全面的接应球员②。❶背对或侧对①,面向②正面接球。❷站在②前面或侧后方,防②摆脱快下接①的长传球快攻。❸❹❺除控制接球外,还要根据场上的变化,及时调整防守位置,注意补防或断球。

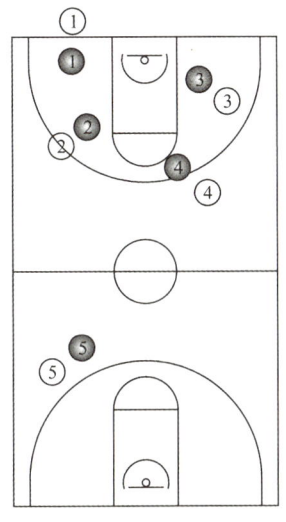

图3-42　掷端线界外球防守　　　　图3-43　夹击接应球员

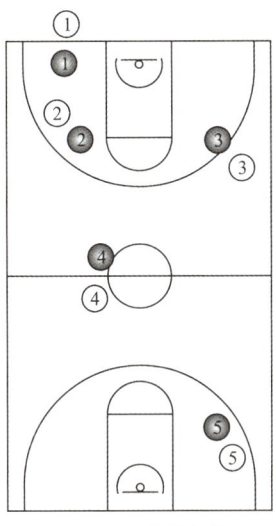

③机动夹击的紧逼方法:这种方法主要是诱使对方按照本队防守竭力做一传,以便进行抢断或夹击。如图3-44所示,当①掷界外球时,❶主动放弃,充当"游击球员",可站在两个接球球员的前面,也可站在后面。❶要判断①的传球方向,及时移动并进行断球,或与❷❸协同夹击接球的②或③。❹和❺应在④和⑤的侧方错位防守,随时准备断长传球和补防。如果对方已将球掷进场,而夹击、抢断又未成功,❶和其他球员应及时调整位置,进行紧逼人盯人防守。

(2)投篮未中,对方抢获篮板球时的防守方法

当本方投篮未中,被对方抢获篮板球时,应立即展开防守,一般由就近球员防守对手。如图3-45所示,本方投篮未中,对方抢获篮板球时,邻近的❹立即上去紧逼④,❸紧逼插中路的❷,❺防❺、①、②防守快下的③和④。

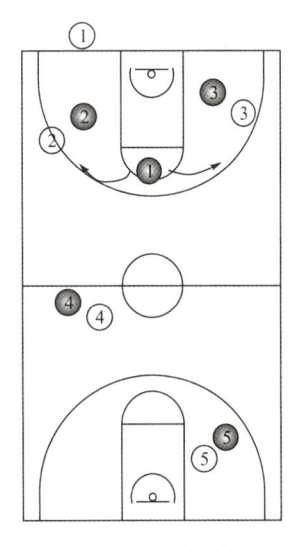

图3-44　机动夹击

(3)对方在后场边线掷界外球时的紧逼方法

当对方在后场边线掷界外球时,一般不去紧逼掷界外球者,而采用夹击接应球员的方法防守。如图3-46所示,当对方①掷界外球时,❶和❸夹击防守距球最近、最有可能接球的③,其他球员要及时抢占有利的防守位置,切断各自对手的接球路线,尽量延误对方的

发球时间,并随时准备抢断球,造成对方违例和失误。如果球已掷入界内,❹应及时调整位置,仍防守①。

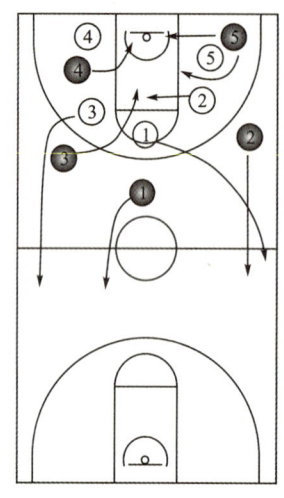

图 3-45　抢篮板球后的防守

图 3-46　后场掷界外球的紧逼

2. 中场紧逼人盯人防守方法

当前场一线的防守未达目的,立即展开中场争夺。中场争夺时要加强中路的防守,迫使对方沿边路运球或传球,制造夹击机会,破坏对方进攻。在中场争夺时,防守球员要默契配合,积极主动进行夹击、抢防、换防、补防等配合,以提高集体协防的质量,取得更好的效果。

(1)组织夹击与补防配合

如图 3-47 所示,②接球后突破,❷堵中放边,迫使②沿边线运球向前推进。此时,❹大胆放弃④并迎上堵截②,迫使②在中线边角停球,与❷夹击②。❺补防④,❸补防⑤,❶向③移动,并随时准备断②传出的球。

(2)防掩护配合

防有球球员的掩护时,力争抢过防守,不得已才交换防守;防无球球员的掩护时,可采用穿过防守,以破坏掩护进攻。

(3)防中线附近策应配合

中线附近的策应配合是破坏全场紧逼,把球推进前场的有效方法。因此,防守球员应及时识破对手的意图,抢前防守策应球员,断其策应路线,破坏其配合。如图 3-48 所示,①传球给②,当②中路运球遇阻时,⑤企图迎上策应,❺发现⑤的意图后立即抢前防⑤,断⑤的移动路线,截断②给⑤的传球。如果⑤接到球,❸❶❷则要迅速后撤,防止③、①、②空切。❷要迫使⑤向边线运球,❸看准时机协助❺夹击⑤,❹要切断插上做策应和空切篮下的接球移动路线。

图 3-47　夹击与补防　　　　　图 3-48　防中线策应

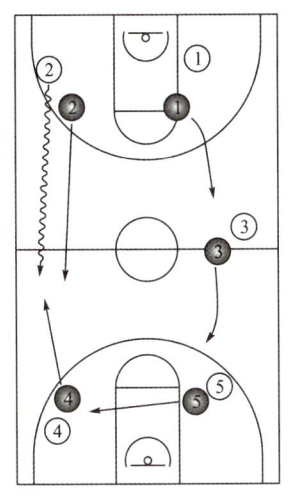

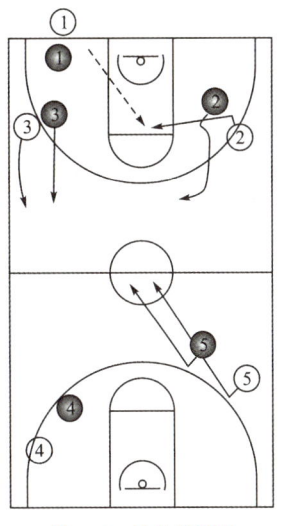

(二)全场紧逼人盯人防守战术的运用时机

一般常见的时机：突然改变战术，出其不意，攻其不备，以达到扩大战果或挽回败局时；身材矮小，但速度快、灵活性较好的队，与身材高大的队比赛，为摆脱篮下被动局面时；对方中投准，控制球能力和突破能力较差，不善于进攻时；对方体力较差，为消耗对方体力时。

(三)全场紧逼人盯人防守战术的运用提示

(1)统一思想，统一行动，积极主动，加强协作。

(2)由攻转守，要迅速就近找人，抢占有利的防守位置，紧逼自己的对手，同时注意场上的情况，及时协防。

(3)防守无球球员时，以控制对手接球为主，要及时抢占有利的防守位置，迫使对手向远离球的方向移动；当队员被突破时，要果断地进行堵截和补防。

(4)防守运球的球员时，首先不让对方突破，若被对方突破，也要尽量做到堵中放边，迫使对手沿边线运球并在边角停球，制造夹击机会。防掩护配合时，力争抢过和穿过防守，尽量减少交换防守。

(5)要设法诱使对手长传或打高吊球，制造抢断球的机会。

第二节　篮球中级战术

篮球中级实用战术训练主要是在学生掌握一定战术的前提下，进一步提高学生对篮球战术的掌握运用。

一、快攻战术

快攻是指防守转入进攻时，以最快的速度、最短的时间，在对方尚未部署好防守之前，创造人数上、位置上的优势，果断而合理地进行攻击的一种快速进攻战术。

快攻是在短暂时间(约5秒钟)内,趁对方防守立足未稳时连续进行攻击,是篮球进攻战术的重要组成部分。采用快攻战术能有效地削弱各种防守战术,在对方没有布置好防守时就发动或者结束攻击。快攻还能使每个球员都成为潜在的得分者,使参加快攻的球员更容易有机会投篮得分。另外,快攻能使对方产生心理压力,取得进攻主动权,达到较好的进攻效果。篮球运动的发展、比赛规则的变化,以及篮球运动本身的规律等,都决定了篮球运动向"快"的方向不断发展。

快攻最能体现篮球运动快速、灵活、全面、准确的特点,对培养学生积极主动、勇猛顽强的作风,及提高其身体素质等起着促进作用。

(一)快攻战术的特点和基本要求

1. 快攻战术的特点

(1)每名球员都有较强的快攻意识和熟练的快速进攻技术,参加的人数多,接应点多,一传距离远,快下的速度快,一对一的能力强。

(2)快攻结束时,常采用跳投、组织中远距离投篮及"一传一扣"的空中接球直接扣篮,行进间投篮已不再是唯一结束快攻的手段。

(3)快攻受阻时,审时度势,不失时机地掌握和运用攻击节奏,将快攻与衔接段进攻、阵地进攻有机地结合起来,充分体现进攻的攻击性和连续性。

2. 快攻战术的基本要求

(1)提高快攻战术意识,不放过任何一次快攻时机,积极主动地组织发动快速反击。

(2)由守转攻时,要起动快,及时分散,保持合理的位置和跑动路线,做到前后层次有序,左右相互照应。

(3)抢获球的球员要由远及近观察全场情况,及时将球传送到最佳快攻点上,减少传球和运球。

(4)快攻一旦受阻,其他球员要及时接应跟进,不要轻易降低进攻速度。

(5)当快攻无法实施时,要加强快攻与阵地进攻的衔接,迅速转入阵地进攻。

(二)快攻的组织形式与结构

快攻在组织形式上分为长传快攻、短传与运球结合的快攻、运球突破快攻三种。

若组织形式是长传快攻,快攻则由发动和结束两个阶段组成。其他两种形式的快攻分别由发动与接应、推进和结束三个阶段组成,这三个阶段的具体形式、位置、区域则因时机条件、运用的技术与配合而定。

1. 长传快攻

长传快攻也称为长传偷袭快攻,是指球员在后场获球后,用一次或两次传球,将球传给快速向对方篮下跑动的球员完成投篮的一种配合。其特点是突然性强、速度快、时间短、成功率高。

2. 短传与运球结合快攻

球员在后场获球后,利用快速的短距离传球、运球推进到前场进行攻击的一种配合方法。其特点是灵活多变、层次清楚、成功率高。

3.运球突破快攻

防守球员获球后,利用运球技术超越防守,自己投篮得分或传给比自己投篮机会更好的球员进行攻击的方法。结束段主要是个人攻击或传球给跟进者投篮。

(三)运用快攻战术的时机

快攻战术通常在抢得后场篮板球、掷界外球、抢断到球、跳球获得球时运用。

(四)快攻战术方法

1.长传快攻

长传快攻是球员在后场获球后,通过一次或两次传球,把球传给快下的球员进行攻击的一种方法。这种快攻只有发动和结束两个阶段,特点是时间短、速度快、战术组织简单。但要求快下球员意识强、速度快,发动球员传球要及时、准确、视野开阔。长传快攻的组织结构主要有以下几种:

(1)抢篮板球后长传快攻

如图 3-49 所示,②抢到篮板球后,迅速观察场上情况,寻找长传快攻机会。⑤和④判断②可能抢到篮板球时,立即快下,超越防守球员,接②的长传球投篮。

抢得篮板球后也可通过接应发动长传快攻。如图 3-50 所示,当②抢到篮板球后,④和⑤已经快下,但由于受到❷的严密防守,②不能及时长传,此时可立即将球传给③,③接应后再迅速长传给快下球员投篮。

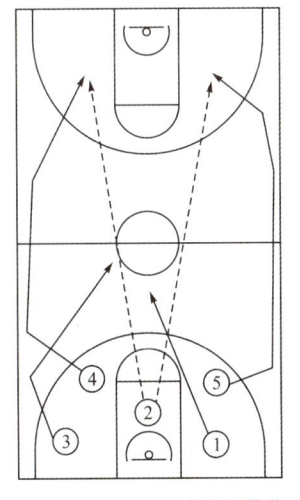

图 3-49 抢篮板球后直接长传快攻 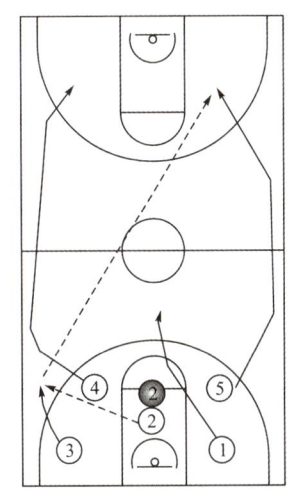   图 3-50 抢篮板球后通过接应发动长传快攻

(2)掷后场端线球长传快攻

如图 3-51 所示,当对方投中篮后,离球近的③立即捡球跨出端线,迅速掷界外球,快速将球长传给快下的①或②投篮。

(3)断球长传快攻

如图 3-52 所示,❸断获②的传球后,立即将球传给快下的❷或❶投篮。

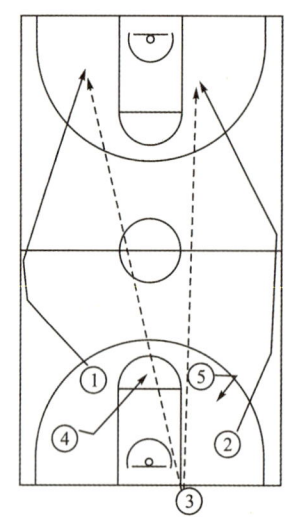

图 3-51　掷后场端线球长传快攻　　图 3-52　断球长传快攻

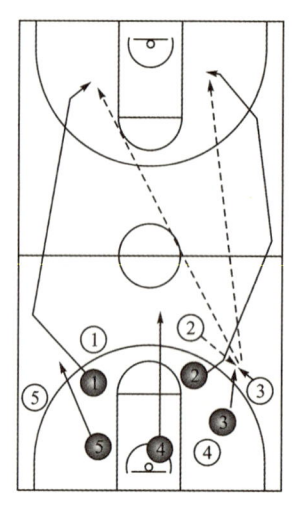

2.传球与运球结合的快攻

传球与运球结合的快攻可分为三个阶段展开。

(1)发动与接应阶段

发动与接应是快攻的重要环节,特别是由守转攻后。因此,控球的球员要有发动快攻的意识,能全面观察场上情况,并迅速、及时、准确地进行一传。接应球员应迅速摆脱防守,及时选择有利位置,如前场罚球线附近或其两侧边线、中场两侧边线或本队习惯的接应点等。接应后,必须快速、合理地向前场传球推进。

快攻的接应分固定接应和机动接应两种。固定接应又包括固定地区固定球员的接应、固定地区不固定球员的接应、固定球员不固定地区的接应等形式。机动接应是防守球员抢到篮板球后,根据具体情况,将球传给占据有利接应位置的球员。这种接应不易被对方发现,机动灵活,更能争取时间。

快攻的发动与接应形式分为抢篮板球后快攻的发动与接应、断球后快攻的发动与接应、跳球后和掷后场端线界外球快攻的发动与接应。

(2)快攻的推进阶段

快攻的推进阶段是指快攻发动与接应后,至快攻结束前中场配合的阶段。在推进过程中,全队要迅速地按层次散开,5名球员应保持前后、左右的纵深队形,以便快速、顺利地完成推进任务。

推进的形式有传球推进、运球推进、传球与运球结合推进等形式。

传球推进是球员运用快速传球向前场推进。这种推进的特点是速度快,对球员行进间传接球的技术要求高。在推进过程中,球员要保持纵深队形,无球球员要积极摆脱防守,并随时准备接球;有球球员要判断准确、传球及时,尽量斜传球,避免横传球。

运球推进是指接应球员接球后立即快速向前场运球突破。在运球推进过程中,球员要随时观察场上情况,及时将球传给快下的球员,以免影响快攻的速度。

传球与运球结合推进是根据场上情况,及时快速向前场推进,机动性大,在推进过程中,不能传则立即快速运球突破,以保持推进的速度。

(3)快攻的结束阶段

快攻的结束阶段是指快攻推进到前场并完成攻击的阶段,此阶段是快攻成败的关键。快攻的结束阶段要求进攻球员对防守的意图加以预测和判断,并及时、果断选择进攻点,顺利完成进攻。快攻的结束阶段要求持球球员判断准确,传球或投篮及时、果断;无球球员要占据有利位置,伺机接球投篮,积极冲抢篮板球或补篮。

快攻的结束阶段一般有以下几种配合方法。

1)二攻一配合

训练一:利用快速传接球投篮。如图3-53所示,④和⑤在快速传球推进中,❶突然前来防守⑤时,⑤及时把球传给切入篮下的④投篮。

训练二:突破分球投篮。如图3-54所示,③快速突破,❶前来堵截,③及时将球传给②投篮。

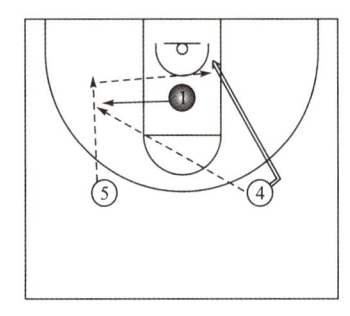

图3-53　利用快速传接球投篮

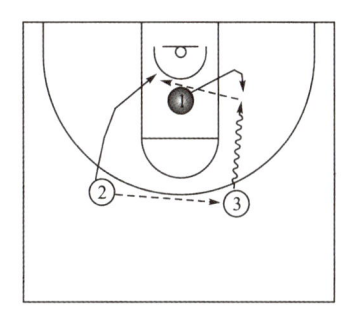

图3-54　突破分球投篮

2)三攻二配合

三攻二时,左右两侧的快下球员要拉开距离,中间球员应占据偏后的位置,保持三角纵深队形,以扩大攻击面,并根据防守情况,选择进攻路线,增加防守的压力。

训练一:防守球员平行站位时的进攻方法。如图3-55所示,③中路运球突破,❶上前堵截,③立即将球传给切入篮下的④投篮。如当④接球后又遇到❷堵截时(图3-56),④立即将球传给⑤投篮。

图3-55　防守球员平行站位时的进攻(一)

图3-56　防守球员平行站位时的进攻(二)

训练二:防守球员前后站位时的进攻方法。采用这种防守站位时,中路防守力量比较强,因此,进攻球员应从两侧发动进攻。如图3-57所示,③运球推进到前场后,把球传给④,④快速向篮下运球切入,若❷前来堵截,④可及时将球传给③投篮。

训练三:防守球员采用二人斜线站位时的进攻方法。当防守球员采用二人斜线站位时,进攻球员可以从中路运球开始攻击。如图3-58所示,③从中路运球突破,❶前去堵截,③及时将球传给切入篮下的⑤投篮。

3)人数相等时的进攻方法

当快攻的结束阶段处于攻防人数相等时,利用区域的优势在对方立足未稳时进行攻击。在进攻中常用突分、传切、掩护、策应等配合造成局部以多打少的攻击局面。

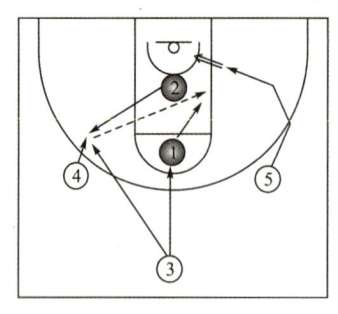

图3-57 防守球员前后站位时的进攻　　图3-58 防守球员斜线站位时的进攻

3. 个人运球突破快攻

个人运球突破快攻是指个人抢断球或抢获篮板球后,抓住战机,快速运球超越对手,直攻篮下得分的快攻形式。

二、防守快攻战术

防守快攻是指在比赛中由进攻转入防守时,用于阻止和破坏对方使用快攻的防守战术。防守快攻最根本的方法是提高本队进攻的成功率,减少对方发动进攻的机会,组织拼抢篮板球,以利于本队部署防守。现代篮球比赛的速度不断加快,努力提高防守技术显得越来越重要。运用防守快攻战术时,必须根据快攻攻势,有针对性地去防守,力求延缓对方进攻的速度,打乱其进攻的节奏,推迟其进攻的时间,以便迅速组织阵地防守。

(一)防守快攻的基本要求

在积极防守的思想指导下,全队要整体布防,球员各司其职,行动一致,积极主动地从不同位置上全面追堵,阻止对方发动快攻,延缓其快攻速度。或封堵对方一传;或阻截接应球员,或干扰其向接应区移动,或抢占其习惯的接应点;或积极追防快下球员,或阻挠对方使其不能顺利传球和运球;力争防守人数均等,若是以少防多,则应沉着冷静、机智果断、大胆出击;对于对方在任何位置上的投篮,都要积极进行干扰和封盖,降低其命中率,并拼抢篮板球。

(二)防守快攻的方法

1. 拼抢前场篮板球

根据比赛的统计资料,抢获后场篮板球后发动快攻的机会最多,因此,积极组织拼抢前场篮板球才可能获得再次进攻的机会,同时也有利于立即转入封堵对方一传的防守。

2. 封堵一传和接应点

及时封锁和堵截对方发动快攻的一传和接应点是防守快攻的重要环节之一。一般在对方控制后场篮板球、掷界外球和抢断球时,采用贴身积极封堵、紧逼、夹击等方法。

3. 堵截接应点

当对方采用固定接应方式时,应抢占对方的接应点,截断接应球员与一传的联系,控制其移动;当对方采用机动接应方式时,防守球员应迅速紧逼对手,进行机动紧逼人盯人防守,以干扰与控制对方任意一个球员的接应行动,从而达到破坏和延误对方发动快攻和推进快攻的速度;当进攻队发界外球又无长传快攻的机会时,防守队一方面要就近封堵其一传,另一方面要有两名球员就近及时夹击接应球员,并在夹击中抢断球。

4. 防守快下球员

在进攻队发动快攻时,防守球员应积极堵截中场,使进攻球员不能直线长驱直入篮下,无论是对无球球员还是对运球突破球员,都要采取堵中逼边的策略,以终止和延缓其进攻的时间,使其失去快攻的时机。因此,防守队的后线球员要一边观察全场,一边迅速快下,在兼顾控制中场的同时,积极抢占有利的路线和位置,并紧逼追堵沿边线快下的无球进攻球员。

5. 以少防多

防快攻时,特别是在以少防多的情况下,防守队务必注意保护篮下,根据进攻队的进攻及时选择有利的防守位置,做到人球兼顾,并适时针对对方的薄弱环节迅速采取攻击行动,大胆运用攻击性防守破坏对方进攻。不论是一防二还是二防三,都要根据进攻情况,相应变化与调整防守位置,延缓对方的攻击。

(1) 一防二

当防守出现一防二的局面时,防守球员要保持沉着冷静,注意占据有利于人球兼顾的防守位置,积极移动并利用假动作进行干扰,使对方出现错误或延误进攻速度,为队员争取退守时间。防守过程中,防守球员要注意观察对方的意图和行动,看准时机,迅速、果断地抢断或封盖,干扰对方投篮,并积极拼抢篮板球。

(2) 二防三

两名防守球员要积极移动,紧密配合,内外兼顾,左右照应。其中一名球员侧重对付有球的球员,另一名球员注意选择合理位置,做到既能控制篮下,又能同时兼顾两名无球球员的行动,看准时机,果断进行抢、断球,争取转守为攻。

防守形式有以下三种:

1) 二人平行站位。这种防守队形适用于对付边线突破能力较强的球员,但自身中路防守薄弱。如图 3-59 所示,❶重点防守②,❷则向限制区移动,控制篮下并兼顾①和③的行动。当②把球传给①时,❷上前堵截①,❶立即撤向篮下并注意②和③的行动。

图 3-59 二防三的二人平行站位

2) 二人重叠站位。这种队形可有效地阻止对方中路突破,但边路防守薄弱。如图 3-60 所示,当进攻球员①从中路运球推进,②和③沿边线快下时,❶在前堵截中路,❷在后兼顾②和③。当①把球传给③时,❷前去堵③,❶迅速后撤,控制篮下并兼顾①和②。

3) 二人斜线站位。这种防守队形优于前两种站位,可有效防止中路突破,缩短补位距离。

如图 3-61 所示,当①从中路突破时,❶应立即堵中路,不让①突破,❷则向篮下移动,并兼顾②和③的行动。如①把球传给③时,❷前去堵③,❶后撤,控制篮下并兼顾①和②。

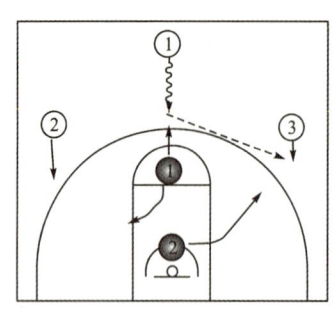

图 3-60　二防三的二人重叠站位 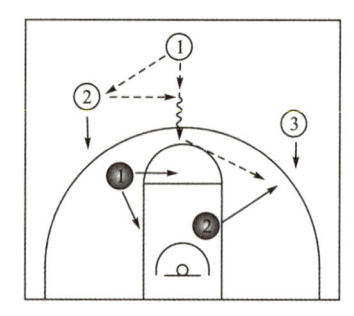　　图 3-61　二防三的二人斜线站位

三、进攻半场人盯人防守战术

进攻半场人盯人防守战术是根据半场人盯人防守战术特点,合理地组织进攻阵型,运用个人战术行动和进攻基础配合所组成的全队进攻战术。它要求球员既要有良好的战术意识、个人进攻能力,又要有集体协作精神,避免蛮干,依靠球员间的互相配合攻破对方的防线。

(一)进攻半场人盯人防守的基本要求

(1)下脚点要根据本队球员的身体条件、技术水平,选择适宜的进攻战术配合和战术队形,以扬长避短,发挥本队的优势。

(2)由守转攻时,在前场要迅速落位,形成战术队形,立即发动进攻。

(3)在组织战术中,应该注意各种进攻基础配合之间的衔接和变化,既要明确每个进攻机会,又要明确全队的进攻重点,还要保持进攻战术的连续性。

(4)组织进攻战术时,应该尽量做到内外结合、左右结合;要扩大进攻面,增多进攻点,增强战术的灵活性。

(5)在进攻配合中,既要积极地穿插移动,又要注意保持攻守平衡。在进攻结束时,既要有组织地抢前场篮板球,又要有组织地进行退守。

(二)进攻半场人盯人防守的队形与方法

进攻半场人盯人防守常见的基本阵型有"2-3"阵型,如图 3-62 所示,主要以单中锋策应配合为主;"2-2-1"阵型,如图 3-63 所示,主要以单中锋外策应进攻为主;"1-3-1"阵型,如图 3-64 所示,主要以双中锋上下站位配合为主;"1-2-2"阵型,如图 3-65 所示,主要以双中锋篮下进攻为主;"1-4"阵型,如图 3-66 所示,主要以双中锋上提进攻为主;"1-2-2"阵型(中锋上提),如图 3-67 所示,主要采用无固定中锋的马蹄形阵型和机动中锋打法。根据场上防守情况可变化阵型。

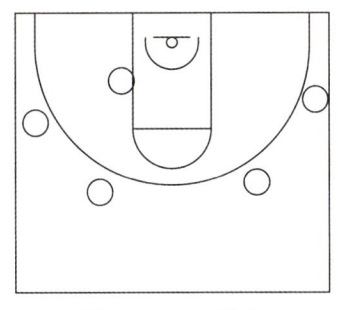

图 3-62 "2-3"阵型

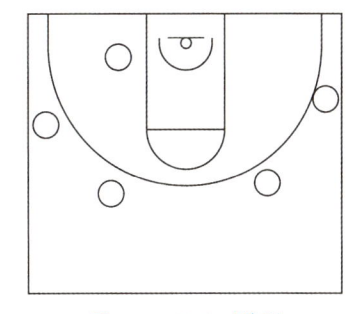

图 3-63 "2-2-1"阵型

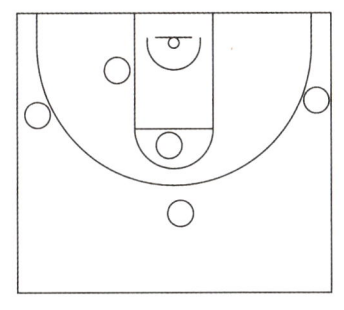

图 3-64 "1-3-1"阵型

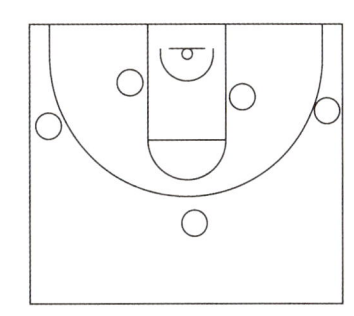

图 3-65 "1-2-2"阵型

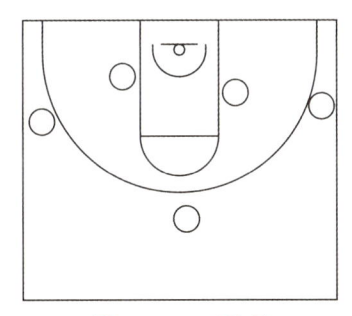

图 3-66 "1-4"阵型

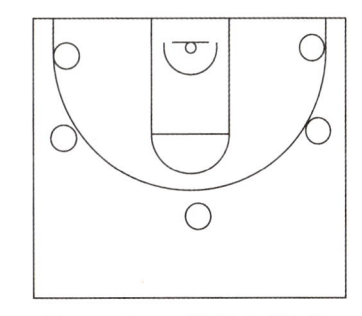

图 3-67 "1-2-2"阵型(中锋上提)

进攻半场人盯人防守的战术方法有以下四种。

1. 双重叠掩护("1-4"落位阵型)

这是二大、二中、一小的人员配备,以两对双重叠掩护为基础,在 3 分线附近组织 3 分球外线进攻,逐步向篮下移动至双重叠掩护位置,组织内线进攻的战术方法。

如图 3-68 所示,⑤持球进攻,④与③在左侧 3 分区,②与①在右侧 3 分区,形成两对双重叠掩护,面对球或侧对球站立。③利用④做定位掩护,切向底角 3 分区,④切向左侧 3 分区,谁能摆脱防守接到球,谁即可投 3 分球。①与②冲抢篮板球,⑤与④准备退防,保持攻守平衡。

如图 3-69 所示,左侧双重叠在篮下落位,右侧双重叠在 3 分区落位,右侧打外线 3 分球配合,左侧打内线进攻配合。⑤持球进攻,将球传给利用②做定位掩护而摆脱防守的①,①在底角 3 分区投篮,或将球传给内线进攻的④或③投篮。

95

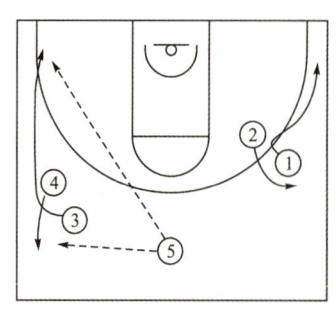

图 3-68　双重叠掩护(一) 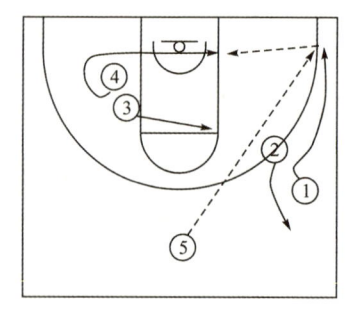　　　　　图 3-69　双重叠掩护(二)

2. 传切、策应连续进攻法

如图 3-70 所示,④传球给③后,切入篮下。如图 3-71 所示,如果④未能接到球,则③运球突破做一打一。如果③未能突破对手,则运球后转身做策应。此时,由于④切入,③运球突破,防守必然会缩小。⑤切向③转身至策应处,接③传的球,在外线投篮。如果不能投篮,①上移,②拉到左腰,⑤传球给①,①传球给②(图 3-72 及图 3-73)。

图 3-70　传切、策应连续进攻法(一) 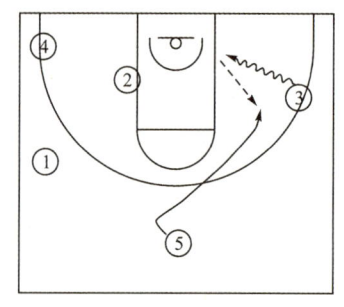　　　　　图 3-71　传切、策应连续进攻法(二)

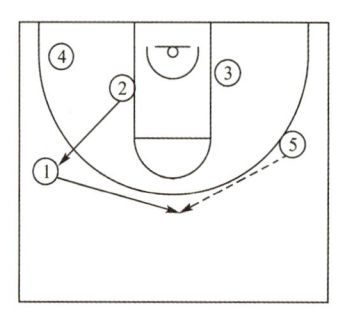

图 3-72　传切、策应连续进攻法(三) 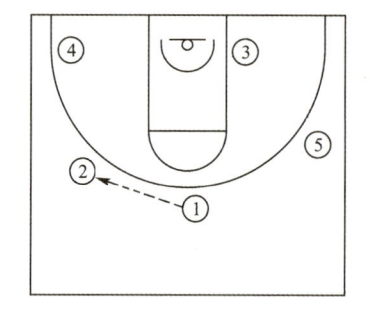　　　　　图 3-73　传切、策应连续进攻法(四)

图 3-74 中,②传球给③后,切入篮下。

突破对手,则运球后转身到策应处。由于②切入,④运球突破,防守必然会缩小,①可以切向④转身策应处,接④传的球在外线投篮(图 3-75)。如果①不能投篮,则⑤上移,③拉到右腰,①传球给⑤,⑤传球给③(图 3-76)。

图 3-77 中,5 名球员的站位是经过左右连续传切、策应进攻配合后的落位,又回到第一次发动配合时的落位。

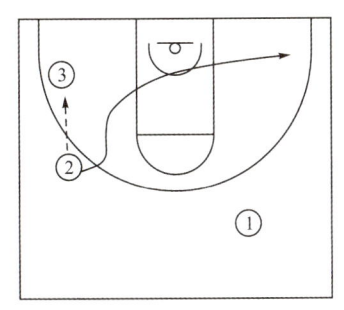

图 3-74 传切、策应连续进攻法（五） 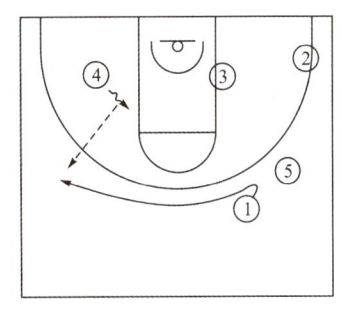　　图 3-75 传切、策应连续进攻法（六）

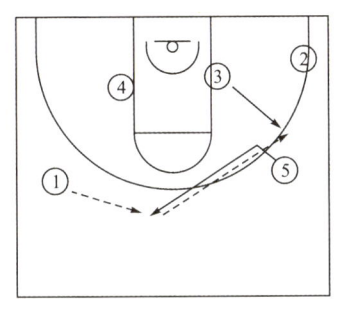

图 3-76 传切、策应连续进攻法（七） 　　图 3-77 传切、策应连续进攻法（八）

3. 内外掩护配合

这是内线球员为外线球员做掩护，或外线球员为内线球员做掩护的一种战术配合。如图 3-78 所示，进攻队以"3-2"阵型落位，内线两名进攻球员③与②与对方防守球员❸与❷高度相仿，实力均衡。进攻开始，⑤先利用声东击西的传接球先从右侧进攻，试着从③处打开缺口，再突然转移到左侧，此时，内线球员②为外线球员①做掩护，①切入篮下进攻，如果❷跟防，与❶交换防守，则⑤可直接传高吊球给①投篮，或⑤传球给②，①在篮下打第三高度。防守球员势必运用交换防守（图 3-79）。当②为①做掩护时，❷交换防守①，则高大球员②掩护后切入罚球线附近，接⑤传的球并投篮。

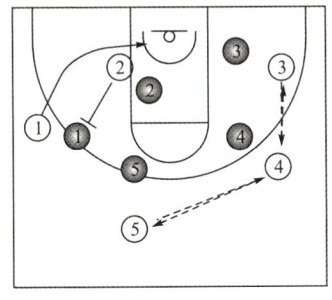

图 3-78 内外掩护配合（一） 　　图 3-79 内外掩护配合（二）

如图 3-80，外线球员①跑到内线为②做掩护，②跑到罚球线附近接球并投篮，如果❷挤过，继续防守②，则③可将球吊传给切入到篮下的①投篮。

以上内外掩护配合,都是围绕着第三高度、高矮错配的现象而设计和组织的进攻人盯人防守战术。

4.拉空一侧,通过中锋组织配合

如图 3-81 所示,④传球给⑤后,利用中锋做定位掩护切入篮下,⑤传球给③,③假做传球给切入的④,使强侧防守球员加强协防,密集一侧。然后③突然回传球给⑤,由于④跑到强侧,使弱侧位空,中锋②与❷形成一对一局面,⑤迅速运球到传球角度最佳位置,传球给中锋②投篮。

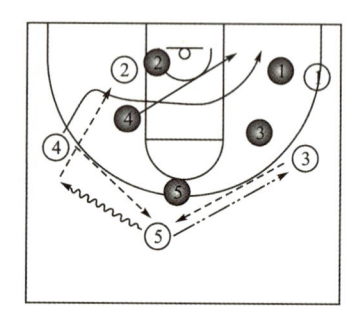

图 3-80　内外掩护配合(三)　　　　图 3-81　拉空一侧,通过中锋组织配合

现代篮球进攻半场人盯人战术的基本特点是频繁移动、综合进攻、机动性大、连续性强和实效性高。运用进攻半场人盯人防守必须全面提高学生的身体、技术和战术素养,增强单兵作战能力,尤其是要在摆脱空切、运球突破、急停跳投和拼抢篮板球能力的基础上,形成具有高度灵活性、应变性和实效性的整体战术。

进攻半场人盯人防守的基本要求:进入半场后,应迅速落位,组织相应的进攻阵型;要切合实际,运用基础配合及其变化来创造攻击机会;组织进攻配合时,要正面与侧面、内线与外线、主攻与辅攻相结合,尽力扩大攻击面,增多攻击点;注意配合与配合之间的衔接,加强进攻的攻击性与连续性;在组织进攻时,要根据防守的实际,攻其薄弱环节,做到快慢结合、动静结合、人球皆动,加强进攻中的针对性和灵活性;组织拼抢篮板球,力争二次进攻机会;注意攻守平衡,保证攻守转换的速度。

第三节　篮球高级战术

一、进攻全场紧逼人盯人防守战术

进攻全场紧逼人盯人防守是指进攻队根据防守队在全场范围内进行紧逼人盯人时所采用的进攻方法和行动。

(一)进攻全场紧逼人盯人防守的基本要求

(1)当对方采用全场紧逼人盯人防守时,首先要沉着、冷静,按原部署有目的地组织进攻。

(2)抓住时机,力争组织快速反击,把球推进到前场。

(3)运球时要选好突破方向,不能在边角停球,以免被对手夹击。接球球员要迎前接球,同时观察场上情况,及时把球传给进攻机会最好的队员。

(4)进攻球员在场上的落位要保持一定的距离,拉大防区,避免对方协防和夹击。掌握好进攻节奏。无球球员要多穿插,连续进行传切、空切、掩护、策应等配合,给对方制造防守上的漏洞,创造突破和以多打少的机会。

(5)如遇夹击,持球球员要抢在被夹击之前把球传出,若来不及传球,要注意保护好球,尽可能利用跨步、转身来扩大活动范围,力争把球传出。邻近的队员应及时迎上接应,帮助持球队员摆脱夹击。

(6)进攻传球要短而快,避免横向传球,尽量少用高吊球和长传球。

(二)进攻全场紧逼人盯人防守的方法

进攻全场紧逼人盯人防守的方法很多,从进攻的形式上可归为两类:一是快速进攻法;二是逐步进攻法。

1. 快速进攻法

快速进攻法是指由守转攻时动用快攻战术展开攻击的方法。它是破坏全场紧逼人盯人防守最有效的方法。具体方法可参阅快攻战术。

2. 逐步进攻法

逐步进攻法是指由守转攻且没有快速反击机会时,球员迅速落位,有目的地运用传切、突破、掩护、策应等配合去突破对方紧逼人盯人防守的方法。

(1)掩护、突破、策应进攻

如图3-82所示,③利用②的掩护摆脱❺接④传的球,③运球突破遇阻时,可运球给①做掩护。①看到③给自己做掩护,应及时反跑,并利用③的掩护摆脱,接③的传球后从中路突破。如①遇阻,④及时上提做策应接①传的球。④策应后转身,可传球给两侧快下的②或③进攻,如时机不好,把球传给组织后卫,迅速部署进攻阵型展开攻击。

(2)两侧掩护结合中路突破进攻

如图3-83所示,⑤掷端线界外球,③④在罚球线两侧接应一传,①②分别站在距③④3~4米处。配合开始时,①②同时给③④做掩护,③④摆脱快下。②掩护后转身摆脱防守接⑤的传球,①斜插中路接②的传球,并从中路运球突破到前场。若①不能直接突破投篮,可传球给两侧快下的③④进攻。如机会不好,①减慢进攻节奏,把球传给组织后卫迅速进攻。

运用逐步进攻法要根据防守情况采用不同的进攻配合,球员应及时观察场上的情况,保持合理的进攻阵型;队员要前后、左右呼应,随时注意相互间的配合,在8秒内把球安全输送到前场。

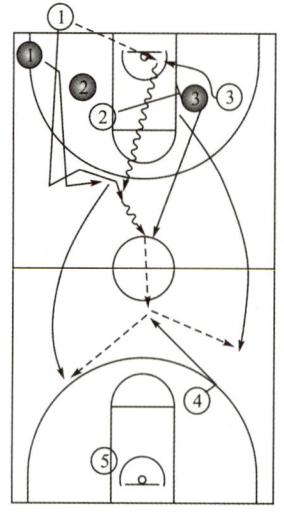

图 3-82　逐步进攻法(一)　　　　图 3-83　逐步进攻法(二)

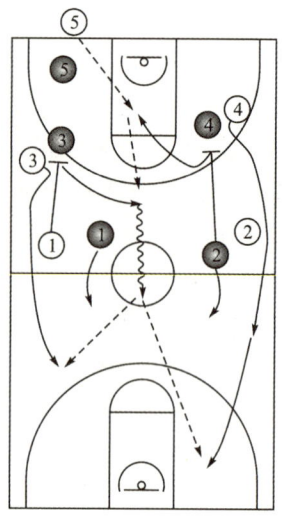

二、区域联防

区域联防是指进攻转入防守时,全队迅速退回后场,按区分工,各自负责防守一定区域的进攻对手,把每个防守区域有机地联系起来,形成一定的防守阵势,并随球进行协同移动防守的一种全队防守战术,也是篮球两大防守战术系统之一。区域联防战术最突出的特点是守区、防人、防球和保篮。随着现代篮球运动战术打法向综合化发展,区域联防战术也有了较大的发展和完善。例如,扩大防守区域,增加共同防守的职责与区域;当进攻球员运球突破、空切、溜底线时,打破防守区域界限,采用人盯人护送的方法,加强防守时的换位、补位和协同防守的配合;在半场、全场不同范围内采用区域联防战术配合,或在半场、全场不同范围内采用区域联防和人盯人防守两种战术相结合的配合,从而派生出对位联防和区域紧逼等针对性、攻击性、机动性与伸缩性都较强的防守打法。

(一)区域联防的形式

随着篮球运动的发展,现在的世界强队只用一种固定形式的联防情况比较少见,多半是把各种联防结合运用,根据进攻队形的变化而改变防守的队形。但不管是什么样的联防,最重要的就是以球为主,人球兼顾。防守球员对持球者一定要盯紧,因为有球的人能直接得分,或者会把球传给更有利于得分的人,所以绝不能让持球的人轻易投篮或任意传球。5 名防守球员都要积极地移动,扬手挥臂,以扩大防守面积,填补彼此之间的空隙,使进攻球员感到在联防的区域之内到处是人,无机可乘。

常用的区域联防有三种形式。如图 3-84 所示,前边站两名球员,中间站一名球员,后边站两名球员,这种队形叫"2-1-2"联防(图中椭圆形表示每名球员防守的区域,各个防区衔接的地方为两名球

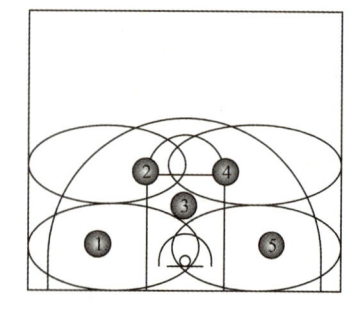

图 3-84　"2-1-2"联防

员共同防守的区域)。这种联防形式较常见。其他还有"2-3"联防,如图3-85所示,前面站两名球员,后面站三名球员,这种形式的篮下防守力量较强;图3-86是"3-2"联防,即前面站三名球员,后面站两名球员,这种形式对于防外围投篮准的队较有效,并能干扰其传球。不论采用哪种形式的联防,都要把身材高大、弹跳好、善于抢篮板球的球员安排在篮下的位置和中间的位置,把移动速度快、灵活机警的球员安排在前面。在人员的安排上,一定要充分考虑并发挥每名球员的特长。

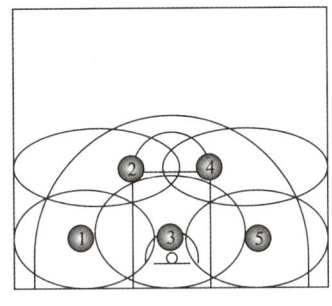

图3-85 "2-3"联防　　　　图3-86 "3-2"联防

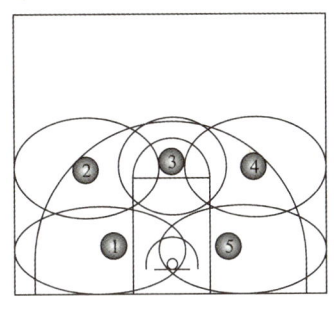

(二)区域联防的方法(以"2-1-2"阵型为例)

1. 由攻转守,快速布阵

由攻转守时,要在对方进攻之前,快速退回本队后场,每名球员按照区域分工,站成"2-1-2"阵型,观察对手的活动,做好防守准备,严阵以待。

2. 明确任务,分工合作

如图3-87所示,❶和❷重点防守外围球员突破、投篮,围守中锋⑤,抢罚球线一带的篮板球。因为在防守时,经常出现二防三的局面,所以,要不停地移动,积极地挥动手臂,一人上前,一人保护,互相配合,大造声势。

中锋❺要密切监控对方中锋⑤在限制区一带的活动,严防⑤和其他球员插向中区接球投篮或突破,并积极争抢篮下中间地带的篮板球。

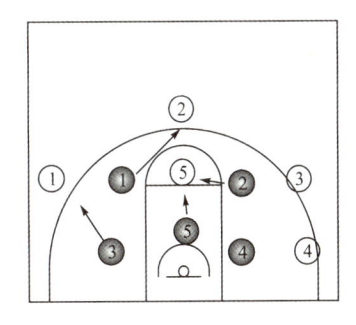

图3-87 区域联防方法(一)

❸和❹坚守篮下两侧,尽力封锁进攻球员在篮下两侧接球投篮,并拼抢这一带的篮板球。防守时,要纵观全局,并挡人、卡位。

3. 随球转移,人球兼顾

如图3-88所示,球在圈顶外②手里时,由于③和④都在防守队的右侧,所以,应由❶上前防守②,阻挠其投篮或突破。❷稍向左侧移动,协助防守⑤,防止②传球给⑤。❺稍上提,注意⑤的行动。❸略向左前方移动,准备防①。❹向中区靠拢,并注意④的活动,在篮下站成三角形,控制位置,准备抢篮板球。

假设②把球传给③,球在侧翼45度角区域时,❷应快速滑步或跑上去防守③,不让其投篮或突破。❶滑到⑤的右前方,协助❺防守⑤,防止③传球给⑤。❺稍向右侧移动,注意⑤的行动,一旦③传球给⑤,则❺要防⑤投篮和突破,同时❶❷❺三人也可围守、夹击

③。❹可稍向右侧移动,防止③把球传给④或直接持球突破。若③突破时,❹应配合❷进行"关门"防守或补位防守;如果③投篮,则❹要把④挡在外面,抢篮下右侧一带的篮板球。❸稍向前移动,防止①向篮下或中区空切,并抢篮下左侧一带的篮板球。

如果③把球传给①,❸要注意断球,但不要冒险行事,若事先无准备,判断不准,就不宜断球,而是向左前方移动,等①接到球时上前防守,不让其投篮或从底线突破。此时,❶要尽快绕过⑤,回去防守自己区内的①。❸等❶回防①时再退回篮下。❺稍向左侧移动,注意⑤的行动。❹向左侧移动保护篮下,防止④溜到篮下接球投篮。因为④在篮下接球威胁最大,所以❹要先卡断并占据④通往篮下的路线(这样一来,即使④要强行通过,也必须绕到篮后),同时,❹还要用后背贴近④,"护送"他到左侧篮下交给❸后,再回到原来的防区。如果❸还没退回来,而①又把球传给了④,则❹要继续防守④,防止其投篮和突破。❷向后移动,加强篮下的防守,并防止③向篮下空切接球。

如图3-89所示,当球在底角时,若①把球传给了④,❸要上去防④投篮和从底线突破。❶向下滑动,协助❸防守。这时如果中锋⑤下到左侧腰上(限制区左侧线的中部),则❺应立即向左移动,严防⑤接球。如果④把球传给⑤,❺要防⑤投篮和突破。同时,❸应适当回缩,❶❸❺三人围守夹击⑤。❷向中区靠拢,保护篮下,阻止②插向中区接球,并抢这一带的篮板球。❹向篮下移动,阻止③向篮下空切,并抢篮下右侧的篮板球。

图3-88 区域联防方法(二)　　　图3-89 区域联防方法(三)

三、进攻区域联防

不管进攻时遇到哪一种联防,最有效的解决办法就是利用快攻,趁对方尚未返回防守阵地时,以快攻得分。但是任何一支球队都不会总是让对手打成快攻的,因此,就必须学会打破对手的各种联防。在打破对手的联防时,针对这种防守战术主要是每人防守一定区域的特点,集中优势兵力,在局部区域形成人数上的优势,并进行穿插、迂回,声东击西,打乱对方的联防阵型,创造投篮的机会。

(一)进攻区域联防的阵型

常用的进攻区域联防的战术阵型有以下几种:"1-3-1"阵型,如图3-90所示;"1-2-2"阵型,如图3-91所示;"2-2-1"阵型,如图3-92所示;"2-3"阵型,如图3-93所示等。

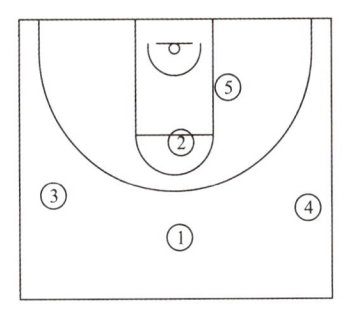

图 3-90　进攻区域联防"1-3-1"阵型 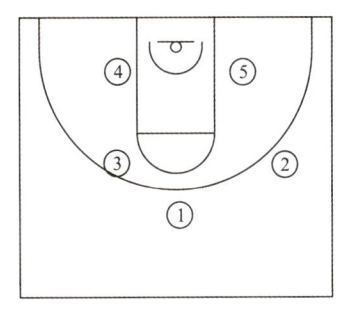　　　图 3-91　进攻区域联防"1-2-2"阵型

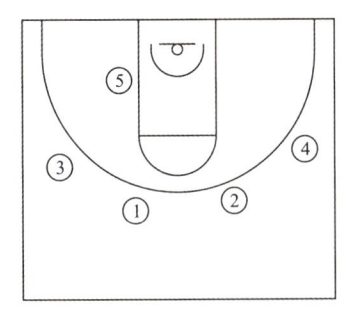

图 3-92　进攻区域联防"2-2-1"阵型 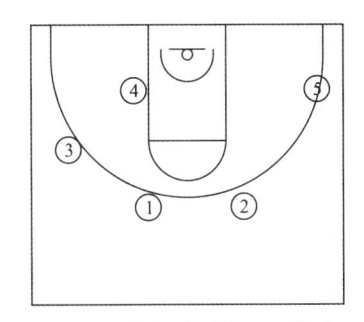　　　图 3-93　进攻区域联防"2-3"阵型

(二)进攻区域联防的方法(以进攻"2-1-2"联防为例)

1. 站位

进攻球员站位时,要避免与防守者形成一对一的局面,既要照顾到队员间的联系,以利于组织进攻,又要考虑到一旦进攻失败时便于退守(攻守平衡)。

针对"2-1-2"联防而采用"1-3-1"阵型的站位。

2. 配合方法

(1)利用快速传球创造中远距离投篮的机会。如图 3-94 所示,①、②、③、④之间互相快速传球,调动❶❷❹来回滑动,迫使对方三防四,造成进攻者有一人处于暂时无人防守的局面。这时要抓住时机,果断而大胆地进行中远距离投篮。也可以像图 3-95 那样,由①②互相快速传球,佯传右侧,当把❶和❷吸引上来后,立即把球转移给③进行中投。②、④、⑤抢篮板球,①和③准备防守。

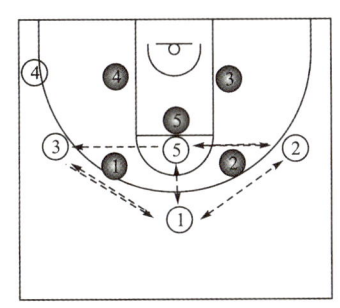

图 3-94　利用快速传球创造中远距离投篮的机会(一) 　　　图 3-95　利用快速传球创造中远距离投篮的机会(二)

(2)利用穿插创造篮下或中远距离投篮的机会。如图3-96所示,③传球给④以后,突然向篮下空切。这时,如果❹上前防守④,则④立即传球给③投篮;如果5回撤堵截③,不让③接球,则⑤趁机插向限制区左侧的腰上,接④传的球投篮。

(3)利用突破分球创造投篮的机会。如图3-97所示,④接③的传球以后,可以从底线突破。如果❺补防,⑤应迅速横插到中间,这时,④可用低手传球或反弹球传给⑤投篮;④也可以传给②,②趁防守者尚未过来时从容投篮。

图3-96 利用穿插创造篮下或中远距离投篮的机会

图3-97 利用突破分球创造投篮的机会

(4)利用掩护创造投篮机会。如图3-98所示,②传球给①以后,快速向篮下空切,并跑到左角。①把球传给③,④给跑到左角的②做前掩护,把❹挡住。③把球传给②,②投篮。

(5)五人配合示例。如图3-99所示,③传球给④以后,突然向篮下空切。这时,如果❹上来防④,则篮下较空,④可立即把球传给空切的③投篮。这是第一次机会。如果④没把球传给③,则③继续跑到右侧,④可把球传给过来接应的①,①再传给跑上来的②。同时⑤挡住❺,⑤趁机中投。这是第二次机会。应注意,②必须跑上来接应,如果②原地不动,则①与②的距离过远,防守者很容易切断二者之间的联系。

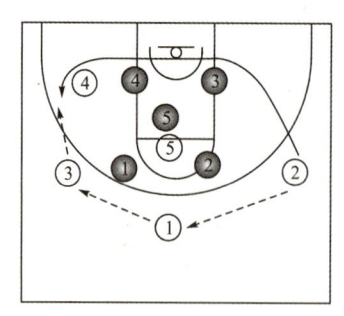

图3-98 利用掩护创造投篮机会

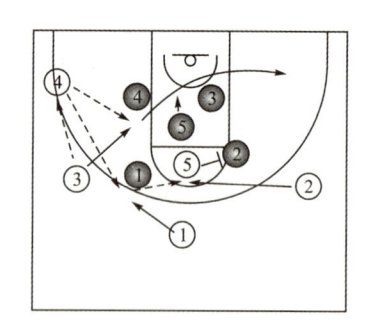

图3-99 五人配合示例(一)

如图3-100所示,如果②觉得时机不好,则应立即将球传给③,若❸不上来防守,则③可投篮。若❸上来防守,③就有两次机会:一是传给下顺的⑤跳投,若❺继续追防⑤,罚球线前则被拉空,④可趁机插入,接③的传球投篮;二是③从底线突破分球,如图 3-101 所示,当③突破时,⑤下顺,④插中,①向左移,③可根据情况将球分给⑤④或①。

图 3-100　五人配合示例(二)　　　图 3-101　五人配合示例(三)

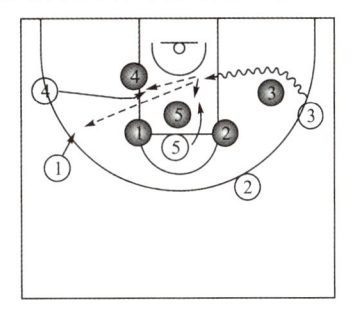

课后题

1. 请设计一套盯人战术,包括传切、掩护、策应。
2. 请简述破坏对手掩护的方法有哪些。
3. 请简述 2-3 联防和 3-2 联防的优缺点各有哪些。

第四章　篮球专项体能训练

篮球专项体能
练习方法
与示范讲解

第一节　力量素质

篮球运动员体能素质的训练要紧密结合篮球专项运动的特点，根据本队技术风格，运动员的年龄、性别、特点，不同训练阶段等情况，在各种素质训练安排上有所侧重。一般来说，青少年运动员以发展速度、灵敏性为主，其他为辅；成年则以发展力量、速度、耐力和弹跳等素质为主，其他为辅。训练时必须全面安排，突出重点，严格要求，常抓不懈，把各项素质安排到各个阶段的教学中。

篮球运动员的力量素质具有全面发展的特点，不仅要求上肢、下肢、腰背部肌肉群均衡发展，而且要求肌肉的爆发力、耐久力、最大力量在整场四十分钟时间内跑、跳、对抗的比赛中都具有很强的能力。所以，训练时不能单一发展某种能力而忽视其他。

一、篮球运动力量训练概述

（一）篮球运动力量训练的目的与任务

力量素质是篮球运动员应具备的首要素质，是其他素质得以发展的基础，也是运动员掌握运动技能、提高运动成绩的保障。

篮球运动力量训练的目的和任务是全面发展篮球运动员的力量素质，促进运动员的身体机能、技术、战术、心理素质以及其他身体素质的提高，防止运动损伤，培养运动员的自信心和顽强的意志品质。

（二）篮球运动力量素质的分类

目前，力量素质的分类有很多，若按肌肉在克服阻力时的收缩形式，可将其分为静力性用力和动力性用力两种。按运动时肌肉克服阻力的表现形式，可把力量素质分成最大力量、速度力量和力量耐力。

篮球运动力量素质训练是发展运动员的最大力量、速度力量和力量耐力。最大力量也称绝对力量，是指人体或人体某一部分的肌肉在工作时克服最大阻力的能力。最大力量表现为骨骼肌的收缩力，其收缩力受参加肌肉工作的运动单位数量、神经冲动频率与强度的影响。参加肌肉工作的运动单位越多，肌肉收缩力越大。速度力量是指肌肉在运动中快速克服阻力的能力，是力量和速度有机结合的一种素质。速度力量最典型的表现形式是运动员的爆发力，即运动员在短时间内爆发出来的最大力量。肌肉在克服阻力的过程中，阻力越大，速度越慢。力量耐力是指运动时肌肉长时间克服一定阻力的能力。

二、篮球运动力量素质训练要求

(一)最大力量训练的要求

最大力量训练主要有两个途径:一是通过增大肌肉生理横断面,增加肌肉收缩力量;二是改善肌肉的内协调能力,提高神经系统指挥肌肉工作的能力,动员更多的运动单位参加工作。

(1)负荷强度多采用本人最大极限负荷量的60%～85%,进行少次数、多组数的重复练习,不宜过多采用最大负荷量。这样不仅可以减轻运动员的心理负担,还可以避免损伤。

(2)每次练习的节奏要放慢一些,动作要流畅、不间断,这样有利于参与工作的肌纤维变粗,肌肉横断面增大。

(3)间歇时间,一般是在上一组练习肌肉所产生的疲劳得到基本消除后,再进行下一组练习。力量好的运动员练习2～3分钟即可,力量差的运动员可适当延长间歇时间,但间歇期间要做一些放松练习。

(二)速度力量训练的要求

速度力量是力量和速度有机结合的一种特殊力量素质。只有使最大力量和速度都达到一定强度,才会取得速度力量的最大化。其训练方法有两种:一是负重练习;二是不负重练习。

(1)负荷强度要适宜,一般多采用本人最大极限负荷的40%～60%,兼顾力量和速度两方面发展。训练时应增强运动员对最大力量和最大速度的体验,也可根据需要调整力量和速度的强度。

(2)训练时要注意整体与局部、局部与局部间力量训练的有机结合,如注意大肌肉群练习与小肌肉群练习相结合,将上肢、下肢和腰背腹肌肉力量练习相结合,以求获得力量训练效果的最大化、最优化。

(3)间歇时间要适宜,时间过短会影响速度,时间过长会导致中枢神经系统兴奋性的下降。一般的间歇时间为2～3分钟。

(三)力量耐力训练的要求

运动员的力量耐力水平取决于多种因素,其中最主要的是保证工作肌耗氧和供氧的血液循环和呼吸系统的机能能力、无氧代谢的机能能力和工作肌群协同工作的能力,以及运动员克服自身疲劳的意志品质。另外,力量耐力与最大力量有密切关系,最大力量大,则重复次数多,力量耐力好。

(1)负荷的强度多采用中小负荷的循环训练法,训练的重复次数要多,且尽量达到本人极限的重复次数。

(2)训练的持续时间视具体情况而定,如果采用动力性训练,要依据训练的次数和组数来确定;如果采用静力性训练,则每个动作持续的时间为10～30秒钟。具体的持续时间取决于负重的大小,负重大则持续时间短一些,负重小则持续时间长一些。

(3)间歇时间较短,每一组训练要在上一组训练后且未完全恢复的情况下进行,但随着训练组数的增加,可以适当延长间歇时间。

三、篮球运动力量素质训练方法

(一)负重半蹲练习

把杠铃放在低于双肩的架子上,以便于微蹲时能把杠铃扛在双肩上。

(1)双手握杠铃杆中部,上抬双肘形成支架,同时避免杠铃沿三角肌后肌群和斜方肌上部下滑。还需注意,避免杠铃正压于脖子上。

(2)脚站立,臀部恰在杠铃下,用力蹬双腿,抬起杠铃。

(3)后退到专门的位置,双脚左右开立,略宽于髋,足尖略微外摆。

(4)略微上抬双眼和头部,上提双肩和胸部,收紧后背。

(5)在自己的控制下,随着臀部下蹲,直到大腿与地面平行,此时不能使杠铃弹起。保持膝盖与脚尖在同一垂直线上,不能使膝盖内扣或外摆,或超过足尖的垂直线。保持整个重量平均分布在双脚上,不能前倾身体使重量超过足尖。

(6)背部收缩,起身,伸直膝盖和髋关节,扛起杠铃。保持臀部在身体正下方,不要转动后背或前倾。

(7)结束练习时,依然保持臀部在身体正下方,下蹲,将杠铃放在架子上。

(二)悬垂提拉练习

(1)双脚左右开立,与髋同宽,杠铃处于胫骨处。

(2)双手分开,正握杠铃。

(3)保持杠铃贴近身体,慢慢站立,头部和双肩略微上仰,靠双腿的蹬伸来提拉杠铃。此时要求后背收紧、挺直,双臂伸直。

(4)提拉杠铃至膝关节上部,形成抓举姿势。

(5)双臂伸直,爆发性地伸腿、伸臀、伸后背的提拉杠铃。双肩向悬垂提拉和完全提拉的初始位置后上方延伸,臀部向前上方猛顶。

(6)双臂开始提拉之前,伸直双腿并延至脚尖,始终保持杠铃贴近身体。

(7)当提拉杠铃至胸部以上时,略微屈膝,以免后背过度疲劳。

(8)贴近身体慢慢下降杠铃,略微屈膝并使杠铃沿大腿下滑,以免后背过度疲劳。下降杠铃至膝盖上部,站直身体,准备做下一次练习。当完成所有练习后,慢慢把杠铃放于地面。

(三)完全提拉练习

(1)双脚左右开立,与髋同宽,杠铃处于胫骨处。

(2)双手分开,正握杠铃。

(3)保持杠铃贴近身体,慢慢站立,头部和双肩略微上仰,靠双腿的蹬伸来提拉杠铃。此时也要求后背收紧、挺直,双臂伸直。

(4)提拉杠铃至膝盖上部,形成抓举姿势。

(5)双臂伸直,爆发性地伸腿、伸臀、伸后背,提拉杠铃。双肩向后上方延伸,臀部向前上方猛顶。

(6)双臂开始提拉之前,伸直双腿并延至脚尖,始终保持杠铃贴近身体。

(7)将杠铃提至胸部上侧,在杠铃开始下降,准备再提拉或将其放于肩上时,下降身体形成八分之一至四分之一范围内的蹲位,翻腕顶住杠铃,双肘自然前顶。双腿微屈,以减少缓冲,然后慢慢站直。

(8)贴近身体,慢慢下降杠铃,略微屈膝并使杠铃沿大腿下滑,以免后背过度疲劳。下降杠铃至膝盖上部,站直身体,准备做下一次练习。当完成所有练习,慢慢把杠铃放于地面。

(四)地面完全提拉和高提拉练习

1. 开始

(1)双脚左右开立,与髋同宽,杠铃处于胫骨处。

(2)双手分开,正握杠铃。完全提拉时,双手握距同肩宽,高提拉时,双手握距比肩宽。在准备屈膝下蹲做第一次提拉时,保持后背收紧、伸直,双肩水平线超过杠铃杆。

(3)第一次提拉:保持双肩水平线超过杠铃杆,后背伸直,慢慢伸腿并抬起杠铃。不要猛拉杠铃离开地面。保持杠铃贴近身体,直到杠铃过膝后,再抬起臀部。略微上提臀部,为下次提拉做好准备。

(4)第二次提拉:双臂伸直,爆发性地伸腿、伸臀、伸后背,提拉杠铃。双肩向后上方延伸,臀部向前上方猛推。

(5)双臂开始提拉之前,伸直双腿并延至脚尖,始终保持杠铃贴近身体。

2. 完全提拉结束

(1)将杠铃提至胸部以上,在杠铃开始下降,准备再提拉或将其放于肩上时,下降身体形成八分之一至四分之一范围内的蹲位,翻腕顶住杠铃,双肘自然前顶。双腿微屈,以减少缓冲,然后慢慢站直。

(2)贴近身体,慢慢下降杠铃,略微屈膝并使杠铃沿大腿下滑,以免后背过度疲劳。保持双肩水平线超过杠铃,后背伸直,仅靠双腿下降杠铃。保持杠铃贴近身体、臀部处于低位,直到杠铃触及地面。

3. 高提拉结束

(1)将杠铃提至胸部以上,略微屈膝,以免后背过度疲劳。

(2)贴近身体,慢慢下降杠铃,略微屈膝并使杠铃沿大腿下滑,以免下后背过度疲劳。保持双肩水平线超过杠铃,后背伸直,仅靠双腿下降杠铃。保持杠铃贴近身体、臀部处于低位,直到杠铃触及地面。

(五)举重组合练习

1. 完全提拉练习

(1)双脚左右开立,与髋同宽,杠铃处于胫骨处。

(2)双手分开,正握杠铃。

(3)保持杠铃贴近身体,慢慢站立,头部和双肩略微上仰,靠双腿的蹬伸来提拉杠铃。此时要求后背收紧、挺直,双臂伸直。

(4)沿大腿提拉杠铃至膝关节上部,形成抓举姿势。

(5)双臂伸直,爆发性地伸腿、伸臀、伸后背,提拉杠铃。双肩向后上方延伸,臀部向前上方猛推。

(6)双臂开始提拉之前,伸直双腿并延至脚尖,始终保持杠铃贴近身体。

(7)将杠铃提至胸部以上,在杠铃开始下降,准备再提拉或将其放于肩上时,下降身体形成八分之一至四分之一范围内的蹲位,翻腕顶住杠铃,双肘自然前顶,双腿微屈,以减少缓冲。

(8)杠铃架于双肩站立。完成完全提拉练习后,开始做前负重半蹲练习。

2.前负重半蹲练习

(1)略微上抬双眼和头部,上提双肩和胸部,收紧后背。

(2)在自己的控制下,随着臀部下蹲,直到大腿与地面平行,此时不能使杠铃抬起。保持膝关节与脚尖在同一垂直线上,不能使膝关节内扣、外摆或超过足尖的垂直线。保持整个重量平均分布在双脚上,不能前倾身体使重量超过足尖。

(3)保持正确的身体姿势,收缩臀部,伸直膝盖,于体前扛起杠铃。保持臀部在身体正下方,不要转动后背或前倾。前负重半蹲练习结束,开始挺举练习。

3.挺举练习

(1)杠铃停于双肩前侧时,紧绷并伸直后背,形成八分之一至四分之一范围内的蹲位。

(2)爆发性地伸直双腿,臀部向前上方猛推,直臂上举杠铃于头正上方。完成动作时要做一制动,同时微屈膝缓冲。

(3)在自己的控制下,恢复杠铃至起始位置,即双肩前侧。屈腿,借以缓冲。

(4)贴近身体,慢慢下降杠铃,略微屈膝并使杠铃沿大腿下滑,以免后背过度疲劳。直臂抓杠,站直身体,保持杠铃贴近身体。完成挺举练习后,开始直腿下腰胸前提拉练习。

4.直腿下腰胸前提拉练习

(1)直腿站立或微屈膝,保持上体伸直并慢慢向前下腰,沿双腿下落杠铃至双脚正上方。注意不要转动后背,当杠铃下降至双脚上方时,不要碰触地面。

(2)保持后背伸直,慢慢恢复到直立位。

(3)按照自己想做的次数来重复做完全提拉练习、前负重半蹲练习、挺举练习、直腿下腰胸前提拉练习。一整套练习记为一次重复。

(4)最后一次重复时,上仰头部和双肩,收紧并伸直后背,贴近身体并直臂下降杠铃。在自己的控制下,屈腿把杠铃放于地面。

5.腿部负重蹬伸练习

(1)后背伸直,臀部触护垫,躺于腿部蹬伸练习机或臀部滑动练习机上。

(2)利用把手拉臀部紧触护垫,并保持此姿势,尤其当双腿在最底部时,更应注意不要使臀部离开护垫。

(3)松开安全阀加重量,直到双腿几乎被完全卡住。

(4)下降重量,直到大小腿成75度~90度角。力量下降到最底部时,膝盖不应在脚尖正前方,如果出现这种情况,则需要抬高双脚,踩于脚踏板的上部。在整个动作过程中,始终保持臀部接触护垫、后背伸直,假如在力量下降到最底部时,臀部离开了护垫,可能会引起脊柱后屈,导致受伤。

(5)慢慢上推力量,双腿几乎全伸。

最后一组练习结束,关上安全阀,慢慢减下重量。

6.俯卧屈腿练习

(1)面部向下,俯卧于屈腿练习机上,脚后跟在护垫下,如果需要,双手可以握住把手。

(2)向上屈腿,身体放平,直到护垫碰到或几乎碰到臀部或大腿后侧。

(3)慢慢恢复到起始位置。

变化:每次还可以单腿做此练习。

7.台阶练习

(1)此练习需要用到足够高的长凳、平台或台阶,以便踏上去时大腿与地面平行。此练习可以持杠铃、哑铃或徒手来完成。

(2)从站位开始,面向长凳或平台。如果用哑铃,则置于体侧;如果用杠铃,则扛于双肩后侧。

(3)右脚先踏上长凳或平台,紧接着左脚跟上,站于长凳或平台上。

(4)在自己的控制下,右脚先下,左脚紧跟其后。

(5)换左脚在前,重复此练习。两脚交替,直到练习结束。

8.正压腿练习

(1)此练习可以持杠铃、哑铃或徒手来完成。

(2)从站位开始,如果用哑铃,则置于体侧;如果用杠铃,则扛于双肩后侧。

(3)右腿向前迈出一步,保持头、双肩、躯干摆正且垂直于地面,打开双肩和臀部,以保持身体平衡。

(4)向前压腿,直到大腿平行于地面,小腿垂直于地面。后腿尽可能伸直,膝盖不能碰到地面。

(5)右腿蹬地回撤,恢复到起始位置。

(6)换左腿,重复此练习。两腿交替,直到练习结束。

9.侧压腿练习

(1)此练习可以持杠铃、哑铃或徒手来完成。

(2)从站位开始,如果用哑铃,则置于体侧;如果用杠铃,则扛于双肩后侧。

(3)右腿向侧面迈出一步,保持头、双肩、躯干垂直于地面,屈右腿,直到大腿与地面接近平行,左腿伸直。

(4)右腿蹬地回撤,恢复到起始位置。

(5)换左腿,重复此练习。两腿交替,直到练习结束。

10.腿部伸练习

(1)坐在腿部伸练习机上,护垫位于腿前侧的胫骨处。

(2)双腿至少与地面垂直,也可以向座位底下移动一点,但是最好不要移动太多,如果移动过多,可能给膝盖带来额外的压力。

(3)可以抓把手。

(4)上抬双腿至完全伸直,之后在自己的控制下下落。

11. 站位单腿屈练习

(1)站于屈腿练习机前,下护垫在脚后跟上侧,上护垫在大腿前。
(2)保持大腿碰触上护垫,向臀部方向屈腿。如果可能,使下护垫碰触到臀部。
(3)在自己的控制下下落,始终保持大腿触到上护垫。
(4)可以先做一条腿的练习,然后再换另一条腿练习,或者两条腿交替练习。

12. 臀部内收练习

(1)双腿分开坐于臀部内收练习机上,大腿内侧紧贴护垫。可以根据自己的情况调整双腿打开的宽度,尽可能打开到最大。双手握住把手。
(2)双腿慢慢内收,直到两个护垫接触。
(3)慢慢恢复到起始位置。
(4)如果没有臀部内收练习机,可以用单腿低位提拉练习机、橡皮筋练习机或管状物代替。

13. 臀部外展练习

(1)双腿并拢坐在臀部外展练习机上,大腿外侧紧贴护垫,双手握住把手。
(2)紧靠护垫,尽可能外展双腿。
(3)慢慢恢复到起始位置。
(4)如果没有臀部内收练习机,可以用复合练习机、单腿低位提拉练习机、橡皮筋练习机或管状物代替。

14. 直腿下腰胸前提拉练习

(1)双腿左右开立,与髋同宽,双手直臂持杠铃于大腿前。
(2)双手分开,与肩同宽,正握杠铃。
(3)直腿站立或微屈膝,保持上体伸直并慢慢向前下腰,杠铃沿双腿下落至双脚正上方。注意不要转动后背,当杠铃下降至双脚上方时,不要碰触地面。
(4)保持后背伸直,慢慢恢复到起始位置。

15. 后背伸练习

(1)在后背伸练习机上,固定脚后跟在脚后跟护垫或绑带下,大腿在大腿护垫或绑带上,以便留给躯干足够的弯曲空间。
(2)起始位置:躯干悬垂与地面垂直,双手放于脑后。
(3)直背上抬躯干,直到与地面平行或略高于大腿护垫。
(4)保持后背伸直,慢慢恢复到起始位置。
(5)在自己的控制下上抬和下落躯干,注意在抬起身体时,抬起的幅度不要过大。

16. 站位上提小腿后肌群练习(提踵练习)

(1)双脚站于上提小腿后肌群练习机脚踏板上,脚后跟下降,小腿后肌群拉长,身体伸直,护垫落于双肩上。
(2)尽可能高地提踵,并持续一段时间。
(3)恢复到起始位置后停数秒,整个动作的活动关节是踝关节。可以双腿一起做此练习,也可以单腿做。单腿做此练习时,要记住换腿。

17.持杠铃卧推练习

(1)平躺于力量凳上,头部、双肩、臀部与力量凳接触,双脚牢牢平放于地面,在整个推举过程中,始终保持此姿势。

(2)头部不应完全在杠铃的正下方,这是为了在推举过程中避免杠铃碰到支架。在把杠铃抬离或放回支架时,可能会需要观察者的帮助。

(3)推举杠铃时,双手握距是可变的,但是在通常情况下,握距应该略比肩宽。

(4)观察者不像练习者一样始终握杠,在练习开始并数到"三"时,帮练习者抬起杠铃,当杠铃到达起始位置时,松开双手。

(5)慢慢下落杠铃至胸部区域(前后10～15厘米的范围),虽然杠铃的运动轨迹是可变的,但是10～15厘米的范围应该适合每位练习者。轻轻地下放杠铃至胸部,切忌使杠铃猛地下落碰到胸部,然后再上推杠铃使双臂完全伸直。

(6)在整个练习过程中,观察者的双手始终不要离开杠铃,但并不是始终握住杠铃,除非练习者需要帮助。练习结束时,观察者帮助练习者把杠铃归位。

18.双手持哑铃卧推练习

(1)从仪器架上取两个哑铃,坐于力量凳上,将哑铃放于大腿上,借大腿的帮助举哑铃至起始位置。

(2)平躺于力量凳上,头部、双肩、臀部与力量凳接触,双脚牢牢平放于地面,在整个推举过程中始终保持此姿势。

(3)双臂和双肘往下弯曲,两个哑铃碰触到两侧三角肌前束,类似于持哑铃时的动作。

(4)胸前上举哑铃直到双臂完全伸直,使两个哑铃在最上方轻轻相碰。上举哑铃时,尽量使两侧保持相同的速度和相同的运动轨迹,按照上举时的要求慢慢下落哑铃至起始位置。在运动的整个过程中,控制好哑铃是非常重要的。

(5)练习结束,把哑铃停于胸前,随着身体坐起下落哑铃于大腿上。记住:练习结束后千万不要扔掉哑铃,因为这样可能会引起受伤或者损坏设备。

(6)在运动中,哑铃可能会偏离正确的运动轨迹(向里偏、向外偏、向下倾、向上倾),这时观察者应该握住练习者的手腕,引导至正确的位置。

四、大学生篮球力量核心训练

核心训练是一个用来训练腹部和下后背肌肉群(身体中段)的训练。腹部的肌肉群主要包括腹横肌、腹内斜肌、腹外斜肌和腹直肌。下后背肌肉群主要是竖脊肌,包括脊肌、最长肌和髂肋肌。身体中段还有其他肌肉,在这里我们只列出一些主要的。中段肌肉群主要有助于身体弯曲、伸展、旋转和稳固躯干、脊柱。

强壮有力的中段肌肉不仅有助于身体保持更好的稳定性和整体的协调性,而且在下列很多方面都有所帮助:

(1)在一些功能性运动中,有助于产生更多的力量。

(2)有助于提高机体的持久力和忍耐力。
(3)有助于降低受伤的概率和受伤的程度。
(4)有助于成为优秀的、技能全面的篮球运动员。

腹部练习的主要种类:
(1)躯干屈——屈脊柱,向腿和臀部两个方向运动。
(2)髋关节屈——屈髋,移动双腿向躯干运动。
(3)躯干旋转——转动躯干,向左右两个方向运动。

下后背练习的主要种类:
(1)躯干伸——伸躯干,向腿和臀部方向运动。
(2)髋关节伸——伸髋,移动双腿向躯干运动。
(3)整体稳定性练习——腹部、后背和臀部在内的练习。

核心训练时可能会用到一些练习的器材,如后背伸练习凳、臀部/大腿凳、平凳、单杠、保健球、瑞士球、平衡台、圆盘、鞍垫、橡胶管和练习带等。

(一)躯干屈

1.身体收缩练习

(1)屈膝,以标准仰卧起坐的姿势平躺在地板上,双臂交叉放于胸前,两手触肩。
(2)收缩腹部肌肉群,使双肩及上后背提升,与地面成30～45度角。
(3)慢慢恢复到起始位置,整个练习过程中保持双臂不动且始终放松。

2.快速触脚练习

(1)平躺于地板上,要求双臂和双腿始终伸直。
(2)始终保持双臂和双腿伸直,快速用双手触摸脚尖。切记:在两个动作之间,不能完全把后背恢复到平躺位置。

3.充分仰卧起坐练习

(1)屈膝,先以标准仰卧起坐的姿势躺于地面,然后只让下后背触到地板,双手放于脑后。
(2)收缩腹部肌肉群,使躯干提升,形成与地面垂直的姿势。
(3)慢慢恢复到起始位置,整个练习过程中保持双臂不动且始终放松。

4.负重身体收缩练习

(1)屈膝,先以标准仰卧起坐的姿势躺于地面,然后只让下后背触到地板,双手持一个杠铃片或保健球置于胸前。
(2)收缩腹部肌肉群,使双肩及上后背提升,与地面成30～45度角。
(3)慢慢恢复到起始位置,整个练习过程中始终将杠铃片或保健球置于胸前。

5.接、掷保健球仰卧起坐练习

(1)屈膝,双脚平放于地面,从座位开始练习。
(2)搭档面向练习者,双手持保健球,站于离练习者1.2～2米的位置。
(3)搭档把保健球掷于练习者的胸前。

(4)练习者接球,慢慢下降躯干至地板,然后返回到起始位置。

(5)当恢复到起始位置时,双手从胸前把保健球传给搭档。

(二)髋关节屈

1. 举腿绕圈练习

(1)平躺于地面,双手放于髋骨下。双手和双臂尽力形成支架,以免下后背拱起。

(2)头和肩微上抬,收缩腹部肌肉群,使下后背平抵地面,这样可以防止下后背过度疲劳。

(3)举腿至脚离地15厘米的位置,分别做相同数量的顺时针方向和逆时针方向的绕圈运动,脚的最高位置是离地30厘米。

2. 举腿练习

(1)平躺于地面,双手放于髋骨下。双手和双臂尽力形成支架,以免下后背拱起。

(2)头和肩微上抬,收缩腹部肌肉群,使下后背平抵地面,这样可以防止下后背过度疲劳。

(3)先举腿至脚离地30厘米的位置,然后继续抬高至45厘米的位置,再降至30厘米的位置。

3. 竖腿练习

(1)平躺于地面,双手放于髋骨下。双手和双臂尽量用力,形成支架,以免下后背拱起。

(2)头和肩微上抬,收缩腹部肌肉群,使下后背平抵地面,这样可以防止下后背过度疲劳。

(3)举腿至脚离地15厘米的位置,先向胸部方向屈膝,然后再竖直伸直双腿,提升臀部至离地15厘米的位置。

(4)颠倒练习顺序,降下臀部,恢复双腿至脚离地15厘米的位置。

4. 悬垂提膝练习

(1)双手正握引体向上横杠,握距比肩稍宽,双臂伸直,保持躯干放松,双腿自然下垂。

(2)向胸部方向提膝,在自己的控制下下降双腿,直到伸直。

(3)提膝过程结束时,脊柱弯曲越充分,调动的腹部肌肉越多。

图 4-1　悬垂提膝练习

5.悬垂举腿练习
(1)双手正握引体向上横杆,握距比肩稍宽,双臂伸直,保持躯干放松,双腿自然下垂。
(2)收缩腹部肌肉群,保持双腿伸直的前提下尽可能高地举腿,之后在自己的控制下下降双腿,直到伸直。

图 4-2　悬垂举腿练习

6.双腿夹保健球悬垂提膝练习
(1)双手正握引体向上横杠,握距比肩稍宽,双臂伸直,保持躯干放松,双腿自然下垂。
(2)两膝之间放一个保健球。
(3)向胸部方向提膝,之后在自己的控制下下降双腿,直到伸直。
(4)提膝过程结束时,脊柱弯曲越充分,调动的腹部肌肉越多。

图 4-3　双腿夹保健球悬垂提膝练习

(三)躯干旋转

1.单侧骑车练习
(1)平躺于地面,臀部和膝部成 90 度角,双手置于脑后。
(2)收缩腹部肌肉群,做类似于骑自行车的运动,同时移动右肘和左膝使其快速触碰。换左肘和右膝,重复本动作。

2.扭转仰卧起坐练习
(1)双腿屈膝,先以标准仰卧起坐的姿势躺于地面,然后只让下后背触到地板,双手放于脑后。

(2)收缩腹部肌肉群,抬起躯干的同时做一侧扭转,使右肘触碰左膝。

(3)慢慢恢复到起始位置,再换左肘触碰右膝。重复此练习。

3.悬垂斜提膝练习

(1)双手正握引体向上横杠,握距稍比肩宽,双臂伸直,保持躯干放松,双腿自然下垂。

(2)向身体右侧尽可能高地斜提膝,之后在自己的控制下下降双腿,直到伸直。

(3)向身体左侧尽可能高地斜提膝。重复此练习。

(4)提膝过程结束时,脊柱弯曲越充分,调动的腹部肌肉越多。

图 4-4 悬垂斜提膝练习

4.持保健球扭转仰卧起坐练习

(1)双腿屈膝,先以标准仰卧起坐的姿势躺于地面,然后只使下后背触到地板,双手在胸前持保健球。

(2)收缩腹部肌肉群,使双肩及上后背提升,与地面成45～60度角,向身体左侧转动躯干,使保健球触碰左侧臀部处的地板。

(3)慢慢恢复到起始位置,向身体右侧转动躯干并将保健球触底重复此练习。

5.双腿夹保健球悬垂斜提膝练习

(1)双手正握引体向上横杠,握距稍比肩宽,双臂伸直,保持躯干放松,双腿自然下垂,双腿之间夹一个保健球。

(2)向身体右侧尽可能高地斜提膝,之后在自己的控制下下降双腿,直到伸直。

(3)向身体左侧尽可能高地斜提膝。重复此练习。

(4)提膝过程结束时,脊柱弯曲越充分,调动的腹部肌肉越多。

6.三向推腿练习

(1)平躺于地面,双腿伸直,与地面成90度角。

(2)搭档面向练习者,双脚在练习者的头部两侧站立。

(3)双臂弯曲,双手紧扣搭档的脚踝保持稳定。

(4)搭档向前下方推练习者的双腿。

(5)尽可能快地对抗并阻止双腿做下降的运动,同时双脚不要碰触到地板。然后迅速抬腿,恢复到起始位置。

(6)搭档分别向右侧、左侧和中路三个方向推练习者的双腿,按照此顺序重复练习。

(四)躯干伸

1.俯卧瑞士球后背伸练习

面部朝下,俯卧于瑞士球上,双脚固定。抬高躯干,直到整个身体伸直,并做充分的伸展。之后在自己的控制下下降上体。

2.俯卧背起练习

(1)双臂前举,双腿伸直,面部朝下,俯卧于地面。

(2)双臂伸直并尽力前伸,抬起双肩至离地5~15厘米的位置,坚持2~10秒钟。之后在自己的控制下落下双肩。

3.头上、胯下传接保健球练习

(1)两名练习者背向站立,之间距离大约0.6米,两脚开立,略比髋宽。

(2)两名练习者都伸直双臂,置于体前。

(3)一名练习者双手持保健球。

(4)持球者直臂上举保健球,过头,另一位练习者同时也直臂上举,双手接保健球。

(5)接到保健球后,两人立即弯腰,接球者从其胯下向对方传球。

(6)传接球的位置在两名练习者的中线处。改变传接球的顺序,重复相同的动作到一定次数。

4.直腿腹背练习(双脚,单哑铃)

(1)两脚左右开立,与髋同宽。

(2)右手直臂持哑铃,置于右大腿前部。左臂伸直,置于体侧。

(3)双腿伸直或者微屈,保持直背的同时向前下腰,体前斜下哑铃至左侧脚尖,要求不能转动后背。

(4)慢慢地直背,恢复到起始位置。要求哑铃至脚尖时不撞击地板。

5.直腿腹背练习(单脚,单哑铃)

(1)两脚左右开立,与髋同宽,然后右脚抬离地面,置于右大腿前部。

(2)右手直臂持哑铃,置于右大腿前部。左臂伸直置于体侧。

(3)双腿伸直或者微屈,保持直背的同时向前下腰,体前斜下哑铃至左侧脚尖,要求右腿保持不动,且不能转动后背。

(4)慢慢地直背,恢复到起始位置。要求哑铃至脚尖时不撞击地板。

(5)换右脚站立,重复此练习。

(五)髋关节伸

1.俯卧瑞士球大幅度伸展练习

(1)俯卧于瑞士球上双腿伸直,脚尖触地。

(2)头部和双肩朝向地面,用前臂或双手触地以保持身体稳定。

(3)保持双腿伸直的同时慢慢上提,直到身体完全伸直之后在自己的控制下下降双腿,直到脚尖触到地面。

2.俯卧两头起练习

(1)直臂前举,双腿伸直,面部朝下,俯卧于地面。

(2)双臂伸直并尽力前伸,抬起双肩和双脚至离地5~15厘米的位置,坚持2~10秒钟,之后在自己的控制下落下双肩和双脚。
(3)在抬起双肩和双脚时,尽可能地保持身体伸直。

3.俯卧过渡伸展练习
(1)俯卧在一个高的架子或者过渡伸展练习机上,双手握住两侧把手。
(2)双腿垂直且悬垂于地面。
(3)保持双腿伸直的前提下上举双腿,直到身体完全伸直之后在自己的控制下下降双腿至起始位置。

4.俯卧对侧起练习
(1)直臂前举,双腿伸直,面部朝下,俯卧于地面。
(2)同时上抬右腿和左臂至离地5~15厘米的位置,坚持2~10秒钟。
(3)换左腿和右臂,重复此练习。
(4)在抬起手臂和脚时,尽可能地保持身体伸直。

5.负重俯卧过渡伸展练习
(1)俯卧在一个高的架子或者过渡伸展练习机上,双手握住两侧把手。
(2)双腿垂直且悬垂于地面,假如用高的架子做此练习,需要在脚踝处负重;假如用过渡伸展练习机做此练习,护垫应该略高于脚后跟。
(3)保持双腿伸直的前提下上举双腿,直到身体完全伸直之后在自己的控制下下降双腿至起始位置。

6.俯卧瑞士球对侧起练习
面部朝下,俯卧于瑞士球上,脚尖触地。
(1)同时上抬左腿和右臂至离躯干水平面5~15厘米的位置,坚持2~10秒钟。
(2)换右腿和左臂,重复此练习。
(3)在抬起手臂和脚时,尽可能地保持身体伸直。
(4)安全起见,保持身体平衡和合理的位置是重要的。

(六)整体稳定性练习
1.四方向稳定性练习
(1)俯卧位
①身体伸直,俯卧于地面,双臂撑地。
②上抬上体,双肘置于双肩下,前臂和肘部触及地面,双手握拳或成掌置于地面。
③使整个身体抬离地面,保持伸直和紧绷。前臂、手和足尖触及地面。
④保持此姿势30~60秒钟,其间身体不能松垮或者翘臀。
(2)仰卧位
①身体伸直,仰卧于地面,双臂置于体侧。
②上抬上体,双肘置于双肩下,前臂紧贴身体并触及地面,双手握拳或成掌置于地面。
③使整个身体抬离地面,保持伸直和紧绷。前臂、手和脚后跟触及地面。
④保持此姿势30~60秒钟,其间身体不能松垮。
(3)侧卧位
①保持身体伸直,右侧卧于地面,右臂伸直置于体前,左手放于体侧或置于腰间。

图 4-5　俯卧位

②上抬上体，右肘置于肩下，前臂伸直置于体前并触及地面，右手握拳或成掌置于地面。

③使整个身体抬离地面，保持伸直和紧绷。右前臂、右手和右脚外侧触及地面。

④保持此姿势 30～60 秒钟，其间身体不能松垮。右侧卧完成后换左侧卧重复此练习。

图 4-6　侧卧位

2. 俯卧滑动练习

(1) 可以在滑动板或篮球场地板上进行练习。

(2) 开始时，双膝跪在毛巾（或垫子）上。

(3) 双臂伸直，双手置于膝前毛巾上。

(4) 在整个运动过程中保持双臂伸直，后背和腹部肌肉收紧，在自己的控制下，以合理的技术动作向体前滑动毛巾至最大距离。

(5) 恢复到起始位置。

(6) 根据后背的松垮和肌肉的疼痛程度来决定滑动的距离。

3. 运动四方向稳定性练习

(1) 俯卧位

①身体伸直，俯卧于地面，双臂撑地。

②上抬上体，双肘置于双肩下，前臂和肘部触及地面，双手握拳或成掌置于地面。

③使整个身体抬离地面，保持伸直和紧绷。前臂、手和足尖触及地面。

④尽可能高地抬起左腿,保持左腿伸直的同时还要保持上体和臀部的水平。之后在自己的控制下落下左腿,恢复到动作的起始状态。

⑤尽可能高地抬起右腿,保持右腿伸直的同时还要保持上体和臀部的水平。之后在自己的控制下落下右腿,恢复到动作的起始状态。

⑥重复此练习10次。

(2)仰卧位

①身体伸直,仰卧于地面,双臂置于体侧。

②上抬上体,双肘置于双肩下,前臂紧贴身体并触及地面,双手握拳或成掌置于地面。

③使整个身体抬离地面,保持伸直和紧绷。前臂、手和脚后跟触及地面。

④尽可能高地抬起右腿,保持右腿伸直的同时还要保持上体和臀部的水平。之后在自己的控制下落下右腿,恢复到动作的起始状态。

⑤尽可能高地抬起左腿,保持左腿伸直的同时还要保持上体和臀部的水平。之后在自己的控制下落下左腿,恢复到动作的起始状态。

⑥重复此练习10次。

(3)侧卧位

①保持身体伸直,左侧卧于地面,左臂伸直置于体前,右手放于体侧或叉于腰间。

②上抬上体,左肘置于肩下,前臂伸直置于体前并触及地面,左手握拳或成掌置于地面。

③使整个身体抬离地面,保持伸直和紧绷。左前臂、左手和左脚外侧触及地面。

④尽可能高地抬起右腿,保持右腿伸直的同时还要保持整个身体自然伸直和紧绷。之后在自己的控制下落下右腿,恢复到动作的起始状态。

⑤重复练习5~10次,然后换成右侧卧,抬左腿。注意在抬腿的过程中不要转动臀部。

第二节 速度素质

速度素质是指运动员在短时间、短距离内,快速反应、移动完成动作的能力。良好的速度素质会使篮球运动员在比赛中从时间、空间、人数上获得优势,而且这也是技术、战术运用能否成功的决定性因素。

一、篮球运动速度素质训练概述

(一)速度素质的分类

按运动员的动作过程分,速度素质包括人体对来自外界刺激快速反应的能力、快速完成某个动作的能力和快速位移的能力。因此,我们将速度素质分为反应速度、动作速度和移动速度。

反应速度是指人体对各种信号刺激(声、光、触等)快速应答的能力,其快慢取决于信号通过反射弧各环节所需的时间以及条件反射的巩固程度。动作速度是指人体快速完成某个动作的能力,其快慢取决于肌肉中快肌纤维百分数及其肥大程度,肌力、肌纤维的兴奋性。移动速度是指人体在短时间内移动的最大位移的能力,其能力取决于肌肉中快肌纤维百分数及其肥大程度、运动神经中枢兴奋与抑制的转换速度,肌肉的伸展性和弹性,各中枢之间的协调性、条件反射的巩固程度。

(二)速度素质训练目的与任务

良好的速度素质是运动员在比赛中取得时间和空间优势的重要因素,也是运动员在比赛中运用技术、战术能够奏效的决定性因素。

篮球运动速度训练的目的和任务是根据篮球专项特点对运动员速度素质的专门要求,采用有针对性的速度训练手段和方法,以全面发展运动员的速度素质,使运动员的速度能力在比赛中得到充分发挥,创造更多的时间、空间或人数上的优势。

二、篮球运动速度素质训练的要求

(1)速度素质训练应在运动员兴奋性高、情绪饱满、运动欲望比较强的情况下进行,一般应安排在训练课的前期。

(2)反应速度、动作速度和移动速度都与运动员思维判断的速度相关,因此,专项速度训练必须要与技术、战术训练相结合。例如,篮球运动员的反应速度往往与他们在瞬息万变的比赛中对人和球的预判的准确性有较大的相关性。只有将反应速度的训练与篮球技术、战术训练相结合,才能增加运动员的判断能力,从而提高他们的反应速度。

(3)篮球比赛中的技术变化不仅快,而且突然,其供能特点是无氧供能。快肌纤维比慢肌纤维在无氧供能时转换的 ATP 更多,功率更大,快速肌肉收缩所完成的技术更快,加之篮球技术动作过程是肌肉有序收缩用力,因此,在发展速度素质的同时,还需要发展最大力量和快速力量,从而提高动作速度。

(4)发展篮球专项位移速度必须提高影响位移速度的动作频率和动作幅度。动作频率受神经过程灵活性影响;动作幅度与肌肉的伸展性和弹性相关,同时还必须使速度要素与反应起动、加速等与篮球技术动作相适应。

(5)运动员的速度提高到一定程度时,常会出现进展停滞、难以提高的情况,我们称之为速度障碍。产生速度障碍的主观原因:过早地片面发展绝对速度,基础训练不足;技术动作和快速移动作不协调;负荷过度等。出现训练障碍后,可采用变速跑、顺风跑、游戏等形式予以克服。

三、篮球运动速度素质训练的方法

(一)反应速度

1.反应练习

(1)听口令做对应的相反动作。如教练让立正,练习者做稍息;教练让向左转,练习者做向右转等。

(2)听信号起动加速跑。先慢跑,听到信号后立即加速冲跑 10 米。反复练习。

(3)小步跑、高抬腿跑接起动加速跑。做原地或行进间的小步跑或高抬腿跑,听到信号后立即加速冲跑 10~20 米。反复练习。

(4)俯撑起跑。先做俯撑,听到信号后迅速收腿起跑 10～20 米。

(5)转身起跑。背对前进方向站立,听到信号后迅速转体 180 度并起动加速跑 20 米。
(1)～(5)练习一般每组 2～3 次,重复 2～3 组,组间休息 5～7 分钟。

(6)听枪声及口令起跑。听到信号后,蹲踞式或站立式起跑 20 米。组数及每组次数根据运动员水平而定,组间休息 5～8 分钟。

(7)听信号变速快跑。在慢跑或其他移动中,听到口令或信号后立即起动快跑 10～20 米。练习组数、次数及组间休息同反应练习(1)～(5)。

(8)反应突变练习。练习者听各种信号做各种滑步、上步、交叉步等移动、转身、急停、接球、上步垫球等练习。

(9)听信号做不同的专门练习。给专门练习编号,听号数做相应的练习。

(10)接传不同方向的来球。几人从不同方向给一人传球,一人接不同方向的来球。

(11)抢接球练习。几人站成一排,教练从身后向前抛球,练习者见球后快速起动抢接球。

(12)截断球。教练向不同方向抛球,练习者随时起动断球。

(13)利用电子反应器练习。根据不同的信号灯,用手或脚压电扣,记录反应时间等。

2.发展反应速度的技术动作

(1)徒手练习

①起动跑:两手撑地,两腿交叉呈弓步,听到信号后快速起动跑出;或两腿做弓步交换练习时,听到信号后快速起跑,跑出的距离为 10～20 米。练习 3 组,每组 2～3 次。

②蹲踞式起跑:按蹲踞式起跑动作做好起跑准备,听到口令后迅速起动跑出。练习 3 组,每组 3 次。

③站立式起跑:按站立式起跑要求准备,听到口令后迅速起动并跑出 10～15 米。此练习也可采用半蹲式起跑进行。练习 2～3 组,每组 2～3 次。

④30 米计时跑:做蹲踞式起跑准备,听到信号后进行全速 30 米计时跑,要求事先规定速度标准。

⑤倒退跑接疾跑:听到信号后先做倒退跑 5～10 米,再次听到信号后急停,然后向前疾跑 10 米。要求倒退时身体不得后仰,疾跑可计时进行。

⑥前滚翻起跑:站立准备,听到信号后先做前滚,再翻,按蹲踞式跑 20 米。要求动作迅速,蹲踞式起跑要符合技术规范,可计时进行。

⑦起跑接后蹬跑:蹲踞式姿势准备,听到信号后立即起跑,接着做后蹬跑 20 米。要求起跑快,后蹬跑技术准确。

⑧高抬腿接跑:原地高抬腿练习,听到信号后迅速起动并跑出 10～15 米。

(2)器械练习

①手抓棒球:站立,持球手臂前平举,手心向下,然后手指张开,使球自由下落,不等球落地,手再次抓住球。要求球离手后,不能翻转手臂去接球。连续进行 20～30 次,计算手抓住球的次数。可以左右交替重复练习。

②高抬腿跳绳:站立,两手持绳,听到信号后做快速原地高抬腿跳绳。要求保持正确的高抬腿跑技术动作,连续进行 10～20 秒,计数进行。

③小步跑跳绳:站立,两手持绳,听到信号后做向前快速小步跑跳绳,连续进行10～20秒。要求保持小步跑技术动作,手、脚配合协调一致。

④捆沙腿高抬腿跑:两腿分别捆绑沙腿,先慢跑,听到信号后做原地快速高抬腿跑20秒。要求大腿抬到一定高度,符合技术要求,计数进行。

⑤捆沙腿加速跑:两腿分别捆绑沙腿,先慢跑,听到信号做加速跑20～30米,行走返回,练习3～5次,计时进行。

⑥扶肋木后蹬跑:面向肋木站立,身体前倾,两臂伸直扶肋木。听到信号后做快速后蹬跑。要求后蹬跑技术正确,腿后蹬时与地面保持50度的夹角,连续进行10～20秒为1组,练习3～5组。此练习也可采用扶肋木高抬腿跑的形式进行。

⑦扶竿接力:距起跑线6米处,1人扶竖直着的标枪或竹竿,9人在起跑线处排成1队,听到信号后,排在队首的人起跑前去扶竿,与此同时扶竿人向回跑至起跑线拍击第二人的手掌后排到队尾,依次连续进行。要求竹竿始终不能倒地。10人1队循环练习,循环3次为1组,练习2～3组。

⑧持铃高抬腿跑:两手各持一个1～2千克的哑铃,听到信号后做快速高抬腿跑。要求保持高抬腿跑的正确姿势,速度越快越好。连续10～20秒为1组,练习2～4组。

⑨对墙跑动踢球:侧对墙5米站立,听到信号后,平行于墙做快速跑动并对墙踢球,连续进行30米。要求直线跑动,球在脚下不能有停顿,而且速度越快越好。重复练习6～10次。

(3)组合练习

①卧跳接折回跑:在篮板下站立,听到信号后起跳并用手触篮板,然后下蹲成仰视,接着迅速起跳,再用手触篮板,连续进行6次后迅速冲跑到球场中线,并立即折回跑到端线。反复练习3～5组。

②小步跑变加速跑接计时跑:站立,先做快频率行进间小步跑10米,听到信号后加速跑20米,然后慢跑到标志物,接着做加速跑30米,计时进行。

③高抬腿接加速跑接变速跑:原地高抬腿5秒,听到信号后做加速跑20米,然后惯性跑40米,接着再做30米加速跑,循环进行。绕400米场地1周为1组,重复练习3组。

④高抬腿接加速跑接快速起跳:原地高抬腿5～10秒,听到信号后全速疾跑20米,然后到起跳板做快速起跳动作,用运动跳远腾空步技术落入沙坑。要求速度快,练习3～5组。

⑤俯撑起跑接后蹬跑接冲刺跑:两手撑地,两腿伸直,呈俯撑姿势。听到信号后迅速起跑,然后做快速后蹬跑20米,跑到标志线处,紧接着做冲刺跑30米。要求后蹬跑、冲刺跑技术正确,重复练习3次。

(二)动作速度

1.动作速度练习

(1)听口令、击掌或节拍器摆臂:两脚前后开立或呈弓箭步,根据口令、击掌或节拍器节奏,做快速前后摆臂练习20秒左右,节奏由慢至快,快慢结合。要求摆臂动作正确、有力。重复2～3组,组间休息3～5分钟。

(2)原地快速高抬腿或支撑高抬腿:站立或前倾支撑肋木或墙壁等,听到信号后做高抬腿10～30秒,大腿抬至水平,上体不后仰。可重复练习4～6次,间歇5～7分钟。

(3)仰卧高抬腿:仰卧,两腿快速交替做高抬腿练习,要求大腿带动小腿,做10～30秒,练习次数及间歇同(2)。该练习也可做抗阻力练习,如拉胶皮带,将胶皮带分别固定在肋木(或树干)上和两脚踝关节处,以高抬腿拉力抗阻力,胶带固定的一端要低于垫子平面约20厘米,也可拉完胶带后再徒手练习,以提高动作速率。

(4)悬垂高抬腿:两手握单杠成悬垂,两腿快速交替做屈膝高抬腿和下蹬伸直动作,速度越快越好。两腿各抬20～50次为1组,重复2～3组,组间休息3～5分钟。

(5)快速小步跑:小步跑15～30米,两腿频率越快越好。要求大腿带动小腿,小腿放松,膝、踝关节放松,脚落地时"扒地"。重复4～6次,间歇5～7分钟。

(6)快速小步跑转高抬腿跑:快速小步跑5～10米后转高抬腿跑20米。小步跑时要放松而且快;高抬腿跑时频率不变,只是幅度加大。重复3～5次,间歇5～7分钟。

(7)快速小步跑转加速跑:快速小步跑10米左右后转为加速跑。加速跑时频率节奏不能下降,跑出20～30米后放松。重复次数及间歇同(5)。

(8)高抬腿跑转加速跑:快速高抬腿跑10米左右后转加速跑,频率节奏及前摆腿的高度不能下降。重复次数及间歇同(5)。

(9)变速高抬腿跑:行进间高抬腿跑时突然做几次最快速的高抬腿练习。要求动作协调,重复4～6次,间歇5分钟左右。

(10)高抬腿跑接快速车轮跑:原地快速高抬腿5～10秒,然后车轮跑15米。3～5次为1组,重复2～3组,组间休息7～10分钟。

(11)前倒起跑:两脚前后开立,身体自然前倾,至重心前倒失去控制时迅速起跑20～30米。每组2～3次,重复2～3组,组间休息5～7分钟。

(12)踏标记高频快跑:在跑道上画出步长标记,听到信号后全速踏标记跑20～40米。步长标记要合适(一般比正常步长稍短些)。每组2～3次,重复2～3组,间歇5分钟。

(13)利用转动跑道高频跑:利用机械控制速度的转动跑道进行高频跑,速度控制在比运动员的速度稍微快些(运动员实际是原地跑)。每次练习10～15秒,每组2～3次,重复2～3组,间歇8～10分钟。

(14)跨步跳台阶接跑台阶:开始时跨步跳台阶,听到信号后变快速跑台阶。要求逐个台阶跑,不许跨跃,速度越快越好。如台阶数目固定可以计时跑。每组5～7次,重复2～3组,组间休息3～5分钟。

(15)肋木前攻栏练习:面对肋木站立,起跨腿蹬地,同时摆动腿快速前摆,异侧臂前摆,与摆动腿一起落在横木上。要求起跨时充分向前蹬地,强调攻摆速度。连续进行10～20次为1组,重复2～3组,间歇5分钟。

(16)扶肋木跨栏角:肋木前放置1个栏架,离肋木80～100厘米,面对肋木站在栏侧,手扶肋木,躯干前倾,做快速提拉,起跨腿从栏角过栏。要求动作正确,提拉速度快。连续进行15～20次为1组,重复3～5组,间歇5分钟。

(17)小步跑跨栏角:10～12米内放置5个栏架,在快速小步跑中,运用摆动腿栏侧做过栏动作。频率越快越好,四肢配合协调。每组3～4次,重复3～5组,间歇5～7分钟。

(18)高抬腿跨栏角:栏架及栏间距同上,在快速高抬腿跑中跨栏角过栏。动作要求及练习次数同(17)。

(19)连续跨栏跑:放5～6个低栏,栏间距1.5～2米,做快速连续跨栏跑练习。要求动作快,节奏清晰,过栏动作正确。每组5～7次,重复2～3组,间歇7～10分钟。每次计时跑。

(20)腾空剪腿:快速助跑3步后起跳,腾空后摆动大腿,与地面平行,然后积极下压,同时起跳,腿向前上摆,两腿在空中快速交叉换步,以摆动腿落地。要求空中动作的速度越快越好。每组5～10次,重复2～3组,组间休息3分钟。

(21)听节拍器或击掌起跳:按节拍器或击掌的节奏快速助跑,5～7步后起跳,起跳速度越快越好。每组7～10次,重复2～3组,组间休息3～5分钟。

(22)加速助跑起跳:全程助跑跳远,起跳前10～20米加速跑,起跑后做蹲踞式跳远落地。要求全速中起跳,起跳果断。重复7～10次,间歇5分钟。

(23)侧跳台阶:侧对台阶站立,两腿前交叉做侧跳台阶动作,快速连续做,上体不要摇摆。每组进行3～5次,重复2～3组,组间休息2～3分钟。

(24)左右腿交叉:在一条线上站立,沿着线两腿分别向左、右两侧做交叉跳20～30米,要求交叉跳时大腿高抬,快速转髋,速度越快越好。重复4～6次,每次间歇3分钟。

(25)向后单足跳:站立,两臂前平举,做向后快速单足跳10米,放松走回。要求跳动时由摆动腿发力,动作频率越快越好。重复4～7次,可计时进行。

(26)上两步转身推铅球:背对投掷方向站立,右手持铅球,左腿向前迈一步,接着右腿前迈屈膝,重心移到右腿,迅速蹬转右腿,向左转体并将球推出。要求转体快、出手速度快。球重2～3千克,每组练习7～10次,重复2～3组,组间休息3分钟。

(27)交叉步推铅球:侧对投掷方向,右手持铅球于肩上,右腿向左前迈出,做快速交叉步推球。要求交叉步动作要快,推球出手的速度越快越好。每组7～10次,重复2～3组,组间休息3分钟。

(28)对墙投棒球:运用掷标枪交叉步助跑,快速挥臂将球向前掷出。要求技术正确,出手速度快,重复练习10～20次,每次间歇2分钟。

(29)投掷铁球:直臂于体后,呈掷标枪的引枪姿势,向前三步并将球快速掷出。要求出手速度快,有鞭打动作。铁球重0.3～0.5千克。每组练习5～7次,重复练习2～3组,组间休息5分钟。

(30)掷铁棒:面对投掷方向,手持细铁棒,做投掷饼的旋转动作后出手练习。要求旋转和出手速度越快越好。铁棒长40厘米,重不超过0.5千克。连续练习1组5～10次,重复2～4组,组间休息5～7分钟。

(31)快速拨饼:站立,左臂前举,右手持铁饼,右臂往后摆拗1次,运用掷铁饼技术将铁饼快速掷出。要求小拇指到食指依次用力拨饼,速度越快越好。每组10～20次,重复2～3组,组间休息7分钟。

(32)徒手或轻器械做各种投掷的原地及完整的技术练习。

(33)跳起屈体:原地分腿上跳,同时体前屈手触脚尖。连续跳5～10次。要求速度越快越好,可计时进行。重复3组,组间休息5分钟。

(34)纵跳转体:原地跳起转体360度,落地连续进行10～20次,强调转体,速度要快,不要求跳得高。重复2～3组,组间休息5分钟。

(35)起跳快速转体:3步助跑起跳,摆动腿屈膝上摆,空中转体180～270度,跳起腿落地。要求起跳、转体速度越快越好,转体时躯干保持直立。连续进行3～5次为1组,重复3～5组,组间休息3分钟。

(36)单杠弧形摆下:单杠上呈正撑,上体后倒,做正撑弧形前摆转体180度后跳下。要求前摆转体速度越快越好。每组5～8次,重复2～3组,组间休息5分钟。

(37)吊绳支撑转体:面对吊绳站立,吊绳后放置1个高跳箱,3步助跑起跳并手抓吊绳,收腹举腿,脚放在跳箱上,做快速支撑转体180度。要求整套动作快速、连贯。每组5次,重复3～5组,组间休息5分钟。

(38)跳抓吊绳转体:面对吊绳站立,全速助跑起跳后双手抓吊绳,做后仰收腹举腿,转体180度后跳下。要求节奏清晰,动作快速。重复10～15次,每次间歇3分钟。

(39)快速挥臂:站立,头上方悬吊重沙袋。做原地扣排球动作,快速挥臂拍击沙袋30次。重复3～5次,每次间歇5～7分钟。

2.发展动作速度的技术动作

发展动作速度时,应合理控制速度。从发展动作速度能力看,以最快速度练习效果最佳。为了克服速度障碍,应适当控制最大速度练习。一般以慢—快—最快—慢的速度节奏进行练习。此外,提高其他素质(特别是速度力量)也是发展动作速度的途径之一。

(1)徒手练习

①快速力量练习:计时快速完成推倒立、臂屈、俯伸卧撑;计时快速完成两头起、背屈伸;计时快速完成引体向上练习;规定距离的快速爬倒立。要求速度快,计时、计数进行练习。

②纵跳体转练习:原地跳起并转体360度或720度,连续进行10～20次。转体速度要快,可以计时进行,不要求起跳高度,连续练习2～3组。

③起跳快速转体:慢跑,3步助跑后起跳,摆动腿屈膝上摆,空中转体180～270度,起跳腿落地,要求起跳、转体速度越快越好。转体时身体没有屈体动作。练习3～5组,每组3～5次。

④摆臂:摆臂方法和短跑摆臂技术相同。可以击掌或口令控制摆臂速度和节奏,以慢—快—最快—慢的节奏练习。要求严格按短跑摆臂技术进行,注意动作节奏。

⑤跑动冲刺练习:中速跑距离120米,每跑10米做1次终点冲刺动作。要求冲刺动作迅速果断,不停顿地连续进行下一点练习。

⑥快速箭步交换跳:弓箭步站立,上体保持直立,原地向上跳起做弓箭步快速交换腿跳练习。要求连续跳动时保持弓箭步姿势。

⑦跑动跨跳:中速跑,每跑3步跨步跳1次,连续跨跳10次。要求摆动腿尽量向前摆出,速度始终如一。如距离固定,可计时进行。每组3～5次,重复2～3组。

(2)器械练习

①投掷沙袋:两脚前后开立,用拇指和食指夹住沙袋,做原地向后引枪动作,然后快速挥臂将沙袋掷出。要求鞭打并注重鞭打速度。沙袋重0.2千克,练习20～30次。

②脚传沙袋:两人相向站立,两脚夹住沙袋,原地跳起并展腹屈伸小腿,将重0.5千克

的沙袋传给对方。要求动作协调,摆腿速度越快越好。练习2~3组,每组对传20次。

③对墙掷棒球:投掷手持棒球,运用掷枪交叉步助跑,快速挥臂将球向墙上掷出。要求技术动作运用合理,出手速度快。练习10~20次。

④连续掷棒球:背对墙15米处站立,两脚开立呈体前屈姿势,体前放置20个棒球。单手连续从胯下往墙上掷球。要求掷出的速度越快越好,球必须碰墙。练习2~3组。

⑤投掷铁球:投掷手持重0.3~0.5千克的铁球,直臂置于体后,呈引枪姿势,向前行走3步后将铁球快速掷出。要求鞭打和出手速度快。练习2~3组,每组6~8次。

⑥快速挥臂:站立,头上方悬吊重沙袋,做原地扣排球动作,快速挥臂拍击沙袋20次。要求在动作正确的情况下,强调挥臂及鞭打速度。练习2~3组。

⑦拳击重沙袋:两脚前后开立,站于悬挂着的重沙袋前,以最快的频率做前后挥臂拳击沙袋动作。在10~20秒时计算击沙袋次数,重复练习4~6组。

⑧掷铁棒:面对投掷方向,手持重0.5千克、长40厘米的细铁棒,做掷铁饼的旋转和出手动作练习。要求旋转和出手速度越快越好。练习2~3组,每组5~7次。

⑨跳推体操棒:两手正握体操棒,与肩同宽置于胸前,两腿分别交替做前后开立跳,同时推举体操棒。跳推的速度越快越好,可计数、计时进行。

⑩快速挥臂击球:把球悬吊在距墙1米处,高度因人而异。原地站立,连续挥臂用手掌拍击碰撞反弹回来的球。要求击球时做出鞭打动作,连续击球的速度越快越好。练习2~3组,每组20~30次。

(3)组合练习

①快速俯卧撑接原地摆臂:站立,听到信号后开始做快速俯卧撑10次。速度越快越好,也可计时进行。反复练习2~3组。

②移动触吊球接扣球:相距6米悬挂两个吊球,与腰同高。从一端触球开始,往返移动,用手触及两个吊球,连续触球20次。然后向前行走2步,上步快速挥臂上手扣悬挂在一定高度的吊球20次。要求速度快,有鞭打动作,练习3组。

③跳推体操棒接掷沙袋接加速跑:双手持体操棒于胸前,两脚交替前后跳的同时快速向前平推体操棒,连续20次。用掷标枪的交叉步动作,将0.5千克的沙袋向前快速掷出。紧接着加速跑20米,将沙袋捡回。练习2~4组。

(三)位移速度

1. 位移速度练习

(1)小步跑转加速跑:行进间快频率小步跑,听到信号后转加速跑20~30米。要求起动快,在高速下完成练习。每组2~3次,重复2~3组,组间休息5~7分钟。

(2)高抬腿跑转加速跑:行进间快频率高抬腿跑,听到信号后转加速跑。要求高抬腿,动作规范,频率逐渐加快,加速跑时频率不变。每组2~3次,重复2~3组,组间休息5~7分钟。

(3)快速后蹬跑:慢跑5~7步后做行进间快速后蹬跑20~30米。要求蹬摆协调,后蹬充分向前。每组练习3~4次,重复2~3组,组间休息7~10分钟。

(4)后蹬跑变加速跑:行进间后蹬跑20米,听到信号后变加速跑20~30米。要求后蹬动作规范,用力方向向前,加速跑的速度越快越好。每组2~3次,重复2~3组,组间休息7~10分钟。

(5)单足跳变加速跑:开始做10~15米单足跳,听到信号后变加速跑20~30米。要求左、右脚各做一次练习后变换,加速跑要达到最快速度。每组2~4次,重复2~3组,组间休息5~7分钟。

(6)交叉步接加速跑:先做5米交叉步跑,然后转体做加速跑20米。要求交叉步符合技术规范,动作协调,加速跑要发挥最快速度。每组2~3次,重复2~3组,组间休息5~7分钟。

(7)加速跑变交叉步跑:加速跑20米接交叉步跑5米。要求加速跑达到一定速度,交叉步符合规范,动作协调。每组2~3次,重复2~3组,组间休息5~7分钟。

(8)倒退跑接加速跑:向后做倒退跑,听到信号后急停并向前加速跑。要求加速跑要发挥最快速度,也可计时进行。每组3~5次,重复3~5组,组间休息5分钟。

(9)加速跑:逐渐加速至最高速度后保持一段距离,放松跑。加速跑50米、80米、100米。每组3~5次,重复2~3组,组间休息5~10分钟。

(10)连续加速跑:逐渐加速跑至最快速度,随惯性快速度跑3~4步后放松至慢跑,再加速跑,连续练习(一般为30米加速跑,保持快速跑5~8米,放松跑15~20米,然后第二次加速跑)。每组2~3次,重复2~3组,组间休息5~7分钟。

(11)变向起跑:背向站立或背向蹲立,听到信号后迅速转体180度呈半蹲式起跑,然后加速跑20~30米。要求转体动作迅速,起跑及加速跑时速度要快。每组2~3次,重复2~3组,组间休息5~7分钟。

(12)站立式起跑、半蹲式或蹲踞式起跑:跑20米、30米、50米、60米,要求动作规范,起动及加速跑时速度要快,达到最快速度。可计时跑。每组3~4次,重复3~4组,组间休息5~10分钟。

(13)行进间跑:加速跑20~30米,在到达规定行进间的距离前达最快速度,在规定距离内保持最快速度跑,跑出规定距离后随惯性放松至慢跑,行进间距离可为20米、30米、50米、60米、80米、100米等。一般计时进行。每组2~3次,重复2~3组,组间休息5~10分钟。

(14)重复跑:以95%或以上速度重复多次跑,且短于专项距离。也可以重复跑一组不同的距离。每组3~5次,重复2~3组,组间休息10分钟。

(15)变速跑:加速快跑30米、50米或80米,然后放松慢跑30米、50米或80~100米。或直道加速快跑后弯道慢跑,或弯道快跑直道后慢跑等,总之是改变速度的跑。要求慢跑休息时不能走。每组4~6个变速段,重复3~5组,组间休息7~10分钟。

(16)变速越野跑:在公路、公园等自然环境中进行越野,或慢跑游戏,在平坦地面进行不等距离加速快跑。根据自然环境及运动员水平决定加速距离及次数,一般设置5~10次快跑段较适宜。

(17)上坡跑:站立式起跑后上坡加速跑30米、60米、80米。加速跑时的为斜坡跑道7~10度。要求大腿高抬,加强后蹬力量。每组3~5次,重复2~3组,组间休息5~7分钟。

(18)起跑下坡跑:站立式或蹲式起跑,沿7~10度的斜坡跑道下坡跑30~60米。要求随下坡惯性积极加快频率及速度。每组3~5次,重复2~3组,组间休息5~7分钟。

(19)上下坡跑:听到信号后起跑,沿7~10度的斜坡跑道全速上坡跑30米,接着转身下坡跑30米后返回。往返1次为1组,重复3~5组,组间休息5分钟。

(20)顺风跑:顺风全速跑(或蹲踞式起跑)30米、60米,可计时。要求积极加快步频。每组2~3次,重复2~3组,组间休息5~7分钟。

(21)牵引跑:用绳子拴住练习者的腰部,另一端拴在牵引器上,做20~60米跑练习。牵引速度符合运动员的水平。每组2~3次,重复2~3组,组间休息5~7分钟。

(22)让距追赶跑:2~3人一组,根据其速度水平前后拉开距离,速度快者在前,听到信号立即站立式起跑并全速前冲,后者追赶前者。要求前者不能让后者追上,跑30米、60米。每组2~3次,重复2~3组,组间休息5~7分钟。

(23)接力跑:8×50米接力、4×100米接力或绕田径场连续循环接力跑,也可画20米半径小圆,进行圆圈接力跑。每组2~3次(传接棒),重复2~3组,组间休息5~7分钟。

(24)让距接力跑:方法同"接力跑",一队在里道、一队在外道(起跑时不前伸距离)绕田径场进行接力跑比赛。每组2~3次,重复2~3组,组间休息5~7分钟。

(25)迎面接力跑:两组练习者相距30米或60米,做往返迎面接力跑,可分几队进行比赛。每组3次,重复2~3组,组间休息5~7分钟。

(26)跑动中接力跑:中速跑时听到信号后做冲刺跑20米,反复进行。每组3~5次,重复3~5组,组间休息5~7分钟。

(27)踏标记跑:用海绵砖在跑道旁做上步长标记,间距根据需要而定,全速踏标记跑20~40米。要求步长稳定,踏标记准确。每组2~3次,重复2~3组,组间休息5分钟。

(28)固定步数跑:用事先规定的步数加速跑30~50米。要求步点准确,动作幅度大而快,可计时进行。每组4~5次,重复2~3组,组间休息5分钟。

(29)按标记快速助跑:在助跑路线上放置全程标记或最后几步标记,踏标记快速助跑起跳。要求步点准确,发挥出最快速度。重复3次为一组,进行2~3组,组间休息5分钟。

(30)快速弧线跑:按背越式跳高助跑弧线,画1米圆弧线,沿弧线快速跑。要求两脚落点必须在弧上,按弯道跑技术规范进行。每组3次,重复2~3组,组间休息2分钟。

(31)全速跑楼梯:听到信号后起跑,全速往返跑3~4层楼的楼梯。每组往返2~3次,重复2~3组,组间休息5分钟。

(32)五步过栏跑:按标准栏间距或稍长些的距离放置5个栏架,听到信号后快速起跑,栏间快频跑5步跨栏。要求保证5步过栏,且过栏技术符合规范。每组3~4次,重复2~3组,组间休息5~7分钟。

(33)全程跨栏跑:起跑后全程跨栏跑,要求逐渐提升栏间跑的速度,且过栏技术符合要求。每组2~3次,重复2~3组,组间休息1分钟。

(34)栏间标记跑:按标准栏间距设置5个栏架,栏间按步点放置标记,快速按标记跨栏跑。要求注意跑的节奏,且过程符合技术规范,栏高为低栏。每组5~7次,重复2~3组,组间休息5分钟。

(35)不等栏高跨栏跑:把10个栏架依次由低至高摆放,间距相同,听到信号后全速跨栏跑。要求跑速越快越好,过栏技术正确。每组 2~3 次,重复 2~3 组,组间休息 7~10 分钟。

(36)放倒栏架跑:按标准栏间距放倒 10 个栏架,听到信号后全速跑跨全程栏,栏间 3 步过栏。要求栏间跑速快。每组 2~3 次,重复 2~3 组,组间休息 5~7 分钟。

(37)起跑过 1~3 栏:标准栏高及栏间距,听到信号后蹲踞式起跑过 1~3 栏。要求速度越快越好。每组 3~5 次,重复 3~5 组,组间休息 5 分钟。

(38)全速跑半程栏:标准栏高及栏间距,设置 5 个栏架。听到信号后蹲踞式起跑,全速跑跨 5 个栏,过第 5 个栏后冲刺跑并撞线。注意动作节奏,技术要规范。每组 3~5 次,重复 2~3 组,组间休息 5~7 分钟。

(39)摸球台移动:在乒乓球台边线站立,听到信号后左右来回移动,并用手摸球台两角。也可根据教练手势做左右移动。要求记录 30 秒摸台球角次数,重复 3~5 次,每次间歇 3 分钟。

2.发展位移速度的技术动作

发展位移速度的途径之一是提高速度力量水平,改进动作技术,消除多余肌紧张,使动作协调完善,并注意克服速度障碍。发展反应速度、动作速度的一些练习对促进位移速度也有一定的积极作用。下面介绍发展位移速度的一些专门技术。

(1)徒手练习

①原地摆臂:两脚前后开立,根据口号或击掌声,做有节奏的前后摆臂 20 秒。要求节奏快,动作有力。也可采用计时或计数摆臂、模拟摆臂、障碍摆臂、摆臂接加速跑等练习。

②高抬腿:站立,听到信号后做原地高抬腿练习 20~40 秒。要求大腿必须抬至水平位置,三个关节蹬直,配合积极的摆臂。也可做行进间高抬腿跑、小步跑变高抬腿、高抬腿变加速跑练习。

③小步跑:站立,按小步跑技术要求做快频率行进间小步跑 20 米。要求膝、踝放松,积极扒地;两臂协调配合,频率越快越好。练习 3~4 组,每组 3~4 次。也可采用小步跑接后蹬跑、小步跑接加速跑、快步走接小步跑等练习。

④后蹬跑:按后蹬跑技术要求做 40~70 米后蹬跑,然后过渡到加速跑 60 米。要求后蹬跑蹬地时,摆动腿向前上方摆出,蹬地腿蹬直,手臂配合摆动。练习 2~3 组。也可采用起跑接后蹬跑、慢跑变后蹬跑练习。

⑤车轮跑:按车轮跑技术要求做行进间车轮跑 50 米。要求高抬大腿,向前带髋,落地时积极扒地,频率快。练习 2~3 组,每组 3~4 次。也可采用车轮跑变加速跑、车轮跑变大步跑练习。

⑥直腿跑:按直腿跑技术要求,跑出时摆动腿伸直,以足跟擦着地面向前摆动。要求动作协调,行进距离 20~30 米。反复练习。

⑦加速跑:可采用上坡加速跑 60~80 米、蹲踞式或站立式起跑后加速跑 20~40 米、由慢到快逐渐匀加速跑 60~80 米几种方式练习。要求逐渐加速。反复练习。

⑧快速跑:由站立式或半蹲式起跑,然后就像跑 100 米那样尽快发挥最快跑速,距离可分别为 30 米、60 米、80 米。反复练习。也可和实力相当的队员一起做起跑接加速跑练习。

⑨加速到最快速度跑:从 1/2 速度加速至 3/4 速度直到最大速度跑 120~150 米。也可采用分段快跑 30 米中速跑—30 米快速跑—30 米中速跑—30 米快速跑。要求加速明显,注意体会速度感。

⑩变速跑:采用加速跑—最大速度跑—惯性放松跑—加速跑—逐渐慢跑的方法练习。例如,50 米快跑—50 米慢跑—50 米快跑—50 米慢跑等。要求控制跑速,加速明显。

(2)器械练习

①负重高抬腿:两腿分别捆沙袋,开始慢跑,听到信号后做原地快速高抬腿跑 20 秒。要求大腿高抬到水平位,符合技术要求,计数计分。练习 3~4 组。

②牵引跑:用人或车进行牵引跑,或用牵引机进行练习。牵引时,绳子或橡皮带拴在被牵引者的腰部,牵引速度根据运动员的具体情况而定,做全速跑 30~60 米。要求跑时注意后蹬,尽力跟上牵引速度。练习 2~3 组,每组 2~3 次。

③加大难度跑:在跑之前负一定重量进行跳跃练习,然后卸掉重量快跑 30~60 米。要求负重适当,重点是提高步频,同时加大步长。

④穿沙背心上下坡跑:穿沙背心,在 5~10 度的斜坡跑道上进行 20 米上坡跑后立即转身下坡冲刺跑 30 米。要求以最快速度完成,计时进行。沙背心重 5~7 千克。练习 3~5 次。

⑤前后摆小腿:单脚支撑站立,橡皮带一端固定,另一端拴住踝关节。大腿高抬,快速做小腿前后屈伸练习。手可扶物体,摆动速度越快越好。练习 2~4 组,每组 30~50 次。

⑥双人摆臂:两人前后站立,同侧手各握一条橡皮带,同时以最快速度和最大幅度做前后摆臂练习。练习 2~3 组,每组 50 次。

⑦双臂支撑扒地:站立在低双杠间,直臂支撑,以脚能触地为宜。两脚交替做前脚掌快速扒地练习。要求控制身体不能有太大摆动。反复练习。

⑧手持哑铃的短跑辅助练习:可采用持铃小步跑、持铃后蹬跑、持铃高抬腿跑、持铃前倒跑、持铃 5 步单足跳接加速跑等练习,要求动作正确,哑铃重 0.5~2 千克,练习时尽量提升速度。重复练习 3~6 次。

⑨扶肋木的短跑辅助练习:如扶肋木高抬腿,扶肋木小步跑,扶肋木后踢腿、快节奏跑,扶肋木摆腿,单腿高抬摆动,扶肋木攻摆,扶肋木前攻栏练习等。

(3)组合练习

①让距接力跑:分成几组进行 60~100 米等多种不同距离的让距跑,最快一个组在最后,最慢一个组在最前,进行接力跑。也可采用迎面接力,组成两个队进行让距跑,方法同接力赛和迎面接力赛。要求不得犯规和违反有关要求。

②组合跑:如采用(100 米+200 米+500 米)×3,或 100 米×4+200 米×3+300 米×2+400 米等组合练习。组间休息 10~15 分钟,此时心率不得低于 120 次/分钟,否则继续练习。

③牵引上坡跑接下坡跑:在 5~10 度的斜坡跑道上做全速牵引上坡跑 30 米,放松走回。重复练习 2~4 次,间歇 3 分钟。然后做快速下坡跑 50 米,可计时进行。练习 3~5 次。

④踏标记跑接拍踝跨步跳:在跑道上放 20 块颜色醒目的海绵砖,距离根据需要确定。在海绵砖侧面画上标记。站立起跑,以最快速度完成脚踏标记。要求脚踏标记准确,重复

练习4次。然后做行进间的快速拍踝跨步跳,每次腾空时,同侧手拍打摆动腿外踝部。每组5次,练习3组。

第三节 耐力素质

耐力素质是指机体坚持长时间运动的能力。篮球运动具有比赛场次多、比赛时间长、动作速度快、奔跑距离长、技术动作变化复杂、对抗强度大等特点,所以篮球运动员要想在比赛过程中保证技术、战术水平的正常发挥,就必须具备良好的耐力水平。

一、篮球运动耐力素质训练概述

(一)耐力素质的分类

按人体的生理系统分类,耐力素质可分为肌肉耐力和心血管耐力。肌肉耐力也称为力量耐力;心血管耐力包括有氧耐力和无氧耐力。

有氧耐力是指机体在氧气供应比较充足的情况下,坚持长时间工作的能力。有氧耐力训练的目的在于提高运动员机体吸收、输送和利用氧气的能力,促进有机体的新陈代谢。

无氧耐力也叫速度耐力,是指机体以无氧代谢为主要供能形式,并坚持长时间工作的能力。无氧耐力又分为磷酸原供能无氧耐力和糖酵解供能无氧耐力。

在无氧代谢供能的肌肉活动中,磷酸原的分解供能不产生乳酸,叫磷酸原代谢供能。机体处在这种状态下,坚持较长时间工作的能力,称为磷酸原供能无氧耐力。

在无氧代谢供能的肌肉活动中,糖的酵解供能产生乳酸,叫糖酵解代谢供能。机体处在这种状态下,坚持较长时间工作的能力,称为糖酵解供能无氧耐力。

按照耐力素质对专项的影响,可将耐力素质分为一般耐力和专项耐力。一般耐力是指对提高专项运动成绩起间接作用的基础性耐力;专项耐力是指与提高专项运动成绩有直接关系的耐力,具体地讲,是指持续完成专项动作的抗疲劳的能力。

(二)耐力素质训练目的与任务

耐力素质是篮球运动员所要具备的一项重要素质,是篮球运动员在比赛和训练中确保技术、战术水平得以稳定发挥的重要保障,也是运动员抗疲劳能力的反映。现代篮球运动速度快、对抗激烈、时间长等特点对运动员的各方面素质提出了更高的要求,而耐力素质是速度、力量、弹跳等素质发挥的重要保障。

篮球运动耐力素质训练的目的和任务就是根据篮球专项对耐力素质的专门要求,在发展有氧耐力的基础上重点提高运动员的无氧耐力水平,以确保篮球运动员在比赛中始终保持足够的精力和旺盛的斗志,从而确保运动员在比赛中技术、战术水平的正常发挥。

二、篮球运动耐力素质训练要求

(1)篮球运动员的耐力素质以糖酵解的供能形式为主,因此,在专项耐力的训练中,要以最大乳酸产生能力和耐酸能力的训练为主,以有氧供能形式的训练为辅,并且要处理好两者之间的训练关系。

（2）发展非乳酸无氧耐力的训练，多采用高强度、小间歇的练习方法，一般负荷强度要达到95%，进行30米或50米的短跑，间歇时间要短些，以提高ATP和CP快速分解的能力。

（3）发展乳酸无氧耐力的训练，多采用负荷强度大（80%）、少次数、多组数的练习方法，练习时间在1~2分钟，间歇时间逐渐减少，从而使体内乳酸的堆积达到较高值。

（4）在周训练计划中，每周只适宜安排2~3次大强度的耐力素质训练，同时要充分考虑运动员身体、营养、睡眠等方面的状况，避免运动员因过度疲劳而影响整个训练的实施。

（5）耐力训练的体力消耗比较大，应把握好间歇时间和强度，重视恢复。在间歇时可采用各种医学、心理学手段进行积极恢复，避免造成血液回流，致使大脑供血不足。

（6）耐力素质训练比较枯燥，训练中一要注意利用耐力训练培养运动员的意志品质；二要结合专项技术，贯穿于整个训练周期。练习的手段和方法要多样化，以提高运动员训练的兴趣，避免由于内容单调、乏味而导致运动员训练情绪的低落。

三、篮球运动耐力素质训练方法

（一）肌肉耐力练习

肌肉耐力练习的内容与力量练习大致相同，只是负荷强度较小，练习持续的时间长、反复的次数多，具体应针对各运动专项的特点、要求，选择不同的练习、持续时间（或重复距离、次数）以及强度。常用的练习有：

（1）1分钟立卧撑：由直立姿势开始，下蹲并两手撑地，伸直腿呈俯撑，然后收腿呈蹲撑，再还原为直立。每次1分钟，做4~6组，组间休息5分钟，强度为50%~55%。要求动作规范，必须站起来才算完成一次练习。也可以穿上沙背心做该练习。如做立卧撑接蹲跳起，则强度稍大，30次为1组，组间休息10分钟。

（2）重复爬坡跑：在15度的斜坡道或16~20度的山坡上进行上坡跑，重复5次甚至更多，跑到距250米，间歇3~5分钟，强度为60%~70%。也可根据训练目的决定强度，通过心率控制运动强度，或穿沙背心进行。

（3）连续半蹲跑：呈半蹲姿势（大、小腿成100度角左右），向前跑50~70米，重复5~7次，每组间歇3~5分钟，强度为60%~65%。不规定速度，走回来时尽量放松，在进行下次练习前，可做15秒贴墙手倒立。

（4）连续跑台阶：在高20厘米的楼梯或高50厘米的看台上，连续跑30~50步，如跑20厘米高的楼梯，每步跑2级。重复6次，每次间歇5分钟，强度为55%~65%。要求动作不能间断，但不能规定时间，向下走时尽量放松，心率恢复到100次/分钟时可开始下一次练习，也可穿沙背心做该练习。

（5）沙滩跑：在沙滩上做快慢交替自由跑，每组500~1 000米，也可穿沙背心跑，速度变化和要求因人制宜，做4~6组。每组间歇10分钟，强度为50%~55%。

（6）逆风跑或负重耐力跑：遇飓风天气（风力不超过五级），可在场地或公路上做持续长距离逆风跑，也可做1 000米以上的重复跑，重复次数4~6次，间歇5分钟，强度为55%~60%。也可穿沙背心进行负重耐力跑，要求与间歇同逆风跑。

(7)原地间歇高抬腿跑:原地或前支撑做高抬腿跑练习。每组100～150次,重复6～8组,每组间歇2～4分钟,强度为55%～60%。不要求时间,但动作要规范且不间断地完成,也可负重练习,但每组练习次数及组数可适当减少。

(8)间歇车轮跑:原地做车轮跑,每组50～70次,重复6～8组,每组间歇2～4分钟,强度为50%～60%,也可扶墙,借助支撑物完成。

(9)后蹬跑:后蹬跑每次100～150米或负重后蹬跑60～80米,重复6～8组,每组间歇3～5分钟,强度为50%～60%。

(10)连续换腿跳平台:平台高度30～45厘米,一只脚放在平台上,另一只脚在地上支撑,两脚交替跳上平台各30～50次。要求两臂协调配合,上体正直,重复3～5组,每组间歇3分钟,强度为55%～65%。

(11)长距离多级跳:在跑道上做多级跳,每次跳80～100米,每次30～40次,重复3～5组,每组间歇5分钟,强度为60%～70%。如果规定完成时间,强度会大大提高,此时注意组间的恢复情况。

(12)半蹲连续跳:在草地上做连续向前双脚跳,落地时呈半蹲姿势(膝关节90～100度角),落地后迅速进行第二次。每组20～30次(也可50～60米),重复3～5组,每组间歇5分钟,强度为55%～60%。

(13)连续深蹲跳:分腿站立,连续做原地深蹲跳起或在草地上向前深蹲跳。要求落地即起。每组20～30次或30～40米,重复3～5组,每组间歇5～7分钟,强度为55%～65%。

(14)沙地负重走:沙滩上进行肩负杠铃杆或背人负重走。每组800米,重复5～7组,每组间歇3分钟,强度为55%～60%。要求心率指标保持在130～160次/分钟。

(15)沙地竞走:在沙滩或沙地上进行竞走,每组500～1 000米,做4～5组,每组间歇3分钟,强度为55%～60%。要求动作规范,尽可能提升速度。

(16)沙地后蹬跑:跨步跳沙滩或在沙地上做后蹬跑、跨步跳,每组后蹬跑80～100米(跨步跳50～60米),重复3～5组,每组间歇5分钟,强度为55%～70%。

(17)水中高抬腿跑:在40～50厘米的浅水池中做原地高抬腿跑,每组100次,重复4～6组,每组间歇4分钟,强度为55%～60%。也可穿插进行行进间高抬腿跑,此时间歇则应稍长些。

(18)水中支撑高抬腿:在40～50厘米的浅水池中,两手扶池壁前倾,支撑做高抬腿练习,每组50次,重复4～6组,每组间歇5分钟,强度为55%～60%。也可在水中行进间后蹬跑穿插进行,此时间歇则应延长到8～10分钟。

(19)负重连续转跳:肩负杠铃杆等轻器械做连续原地轻跳或提踵练习,每组30～50次,重复6～8组,每组间歇3～5分钟,强度为40%～50%。

(20)连续跳推举:蹲立,双手握杠铃杆,提铃至胸后,连续做原地跳推举杠铃杆,每组20～30次,重复4～6组,每间歇3分钟,强度为40%～60%。

(21)连续跳实心球:面对实心球站立,双脚正面跳过球后,迅速背对球跳回。往返连续跳,每组60次,做4～5组,每组间歇3分钟,强度为50%～55%。

(22)双摇跳绳。原地做正摇跳绳,跳一次摇两圈绳,连续进行。每组跳30～40次,做

4～6组,每组间歇5分钟,强度为55%～60%。该练习必须熟练掌握二摇一跳的技巧;心率必须在恢复到120次/分钟以下时,方可进行下一组练习。

(23)连续跳深:站在60～80厘米高的台阶或跳箱上双脚向下跳,落地后迅速接着跳上30～50厘米高的台阶或跳箱。连续跳20～30次为1组,重复3～5组,每组间歇5分钟,强度为60%～65%。

(24)连续纵跳摸高:在摸高器或篮球架下站立,连续纵跳双手摸高。每组30次,重复4～6组,每组间歇2分钟,强度为40%～60%。

(25)连续跳起投篮:在篮下持球站立,听到口令后跳起投篮,接球后再投。每组20～30次,重复4～6组,间歇2分钟,强度为40%～55%。可以规定时间及必须投进篮的次数。

(26)连续跳起传接篮板球:在篮下站立,双手持球跳起并将球掷向篮板,待球弹回接球后再跳起掷球。连续30次为1组,重复4～6组,每组间歇3分钟,强度为40%～60%。不要求跳起的高度,但动作必须连贯、协调。

(27)连续反复传接实心球:用实心球做传接球练习。每组50次,重复3～5组,每组间歇5分钟,强度为50%～60%。选用1～2千克实心球。

(28)连续跳起扣吊球:将10～15个吊球并排悬于空中,间隔1米,高度为练习者跳起能扣球为宜。听到口令后连续跳起扣球。每组扣一轮,重复5～8组,每组间歇3分钟,强度为55%～60%。可以规定完成一组的时间。

(29)连续跳起网上击掌:排球场上,两人隔网相向站立,同时跳起后两人在网上双手击掌。每组20～30次,重复4～5组,每组间歇2分钟。可原地或移动中完成。

(30)连续跳栏架:纵向排列20个高30～40厘米的栏架,做双脚起跳并连续过栏架练习。往返一次为1组,重复8～10组,间歇3分钟,强度为55%～60%。

(二)无氧耐力练习

(1)原地间歇高抬腿跑:原地做快速高抬腿练习。如发展非乳酸无氧耐力,则可做每组5秒、10秒、30秒快速高抬腿练习,重复6～8组,每组间歇2～3分钟,强度为90%～95%。要求越快越好。如发展乳酸无氧耐力,则可做1分钟练习,或100～150次为1组,重复6～8组,每组间歇2～4分钟,强度为80%。要求动作规范。也可前支撑做高抬腿跑练习。

(2)高抬腿跑转加速跑:行进间高抬腿跑20米左右后转加速跑80米。重复5～8次,间歇2～4分钟,强度为80%～85%。

(3)原地或行进间间歇车轮跑:原地或行进间做车轮跑,每组50～70次,重复6～8组,每组间歇2～4分钟,强度为75%～80%。

(4)间歇后蹬跑接行进间做后蹬跑:每组30～40次或60～80米,重复6～8次,间歇2～3分钟,强度为80%。

(5)反复起跑:蹲踞式或站立式起跑30～60米,每组3～4次,重复3～4组,每次间歇1分钟,每组间歇3分钟。

(6)反复跑:跑距为60米、80米、100米、120米、150米等。重复次数应根据距离的长短及运动员水平而定。一般每组3～5次,重复4～6组,每组间歇3～5分钟。强度一般的,如短于专项的距离,练习时心率应达到180次/分钟,间歇恢复至120次/分钟时,就可以进行下一次练习。如发展乳酸无氧耐力,距离要长些,强度要小些。

(7)间歇行进间跑:行进间跑距为30米、60米、80米、100米等,计时进行。每组2~3次,重复3~4组,每次间歇2分钟,每组间歇3~5分钟,强度为80%~90%。

(8)计时跑:可做短于专项距离的重复计时跑或长于专项距离的计时跑。重复4~8次(根据距离而定),间歇3~5分钟,强度为70%~90%。根据运动员水平及跑距而定,距离短时,强度大些。

(9)间歇接力跑:跑道上四人分成两组,相距200米站立,听到口令后起跑,每人跑200米交接棒,每人重复8~10次。要求每棒跑的时间。

(10)迎面拉力反复跑:跑道上两队相距100米,每队4~5人,迎面接力跑,每人重复5~7次。要求每棒时间,强度为70%~80%。

(11)反复加速跑:在跑道上加速跑100米或更长距离。跑完后放松走回,再继续跑,反复8~12次,强度为70%~80%。

(12)反复超赶跑:在田径场跑道或公路上,10人左右成纵队慢跑或中等速度跑,听到口令后,排尾加速跑至排头。每人重复循环6~8次,强度为65%~75%。

(13)变速跑:变速快跑与慢跑结合进行。快跑段与慢跑段的距离应根据运动员专项而定。如发展非乳酸无氧耐力,则常采用50米快、50米慢、100米快、100米慢,或直道快、弯道慢,或弯道快、直道慢等。若发展乳酸无氧耐力,常采用400米、快200米慢,或300米快、200米慢,或600米快、200米慢等。强度为60%~80%。

(14)反复变向跑:在场地上听到口令或信号后做向前、后、左、右的变向跑。每次2分钟,重复3~5组,每组间歇3~5分钟,强度为65%~70%。变向跑的每一段落均为往返跑,即跑出去后再返回起跑位置,每一段落至少50米。要求间歇后心率恢复到120次/分钟以下时,再继续练习。

(15)变速越野:在公路、树林、草地、山坡等地进行越野跑,在越野跑中做50~150米或更长距离的加速跑或快跑。加速跑或快跑的距离为1 000~1 500米,强度为60%~70%。

(16)反复连续跑:在每级高20厘米的楼梯或高50厘米的看台上,连续跑30~40步台阶,每步2级,重复6次,每次间歇5分钟,强度为65%~70%。要求动作不间断。也可定时完成。

(17)球场往返跑:在篮球场端线站立,听到口令后起跑至对面端线,再转身跑回。每组往返4~6次,重复4~6组。强度为60%~70%。

(18)连续侧滑步跑:在跑道上,身体侧对前进方向,做侧向滑步跑100~150米。重复5~6组,每组间歇3~5分钟,强度为60%~70%。要求每次心率达160次/分钟。

(19)综合跑:在跑道上做向前跑、倒退跑及左右滑步跑,每种方式各50~100米,每次跑400米,重复3~5组,每组间歇3~5分钟,强度为60%~70%。

(20)法特莱克跑:在场地、田野或公路上,用不同的速度跑3 000~4 000米,强度为60%~70%。可以采用阶梯式变速方法,如50米快、100米慢、100米快、150米慢等。

(21)水中间歇高抬腿:在40~50厘米的浅水中做原地高抬腿,每组100次,重复

4~6组,每组间歇3分钟,强度为60%~65%。也可与水中行进间高抬腿跑交替进行,行进间练习的间歇为4~5分钟。

(22)分段变速游泳:以50米为一段落进行变速游泳,每组250~300米,重复4~5组,间歇10分钟,强度为65%~75%。快速段落要达到本人最快速度的70%以上,放松段落可以根据水平做具体要求。

(23)水中变姿变速游:与分段变速游泳类似,但以各种姿势混合游泳,每组各种姿势各游50米,3~5组,间歇10分钟,强度为65%~75%。

(24)水中短距离间歇游:50米、100米或更长段落的反复游,或不同距离组合的间歇游。每组3~4次,重复3~4组,每次间歇2~3分钟,每组间歇10分钟,强度为60%~70%。

(25)水中追逐游:两人相距3~5米,同时出发,进行追逐游。每次50米往返,重复3~5组,强度为65%~75%。要求心率达160次/分钟以上,两人游姿必须保持一致。

(26)游泳接力:两人或四人50米往返接力,也可混合姿势游。每人游4次为一组,重复3~4组,每组间歇5~8分钟,强度为60%~70%,也可比赛进行。

(27)两人追逐跑:跑道上,两人一组,相距10~20米(根据水平不同而定),听到口令后起跑,后面的人追赶前面的人,800米内追上有效。间歇3~5分钟,下次时交换位置。重复4~6次,强度为65%~75%。也可以要求在最后100米内追上方为有效。

(28)往返运球跑:在篮球场由一端线运球至另一端线,然后换手运球跑回,每组往返6次,重复4~6组,每组间歇2分钟,强度为60%~75%。

(29)往返运球投篮:在篮球场由一端线运球至另一篮下投篮后,再运球返回投篮。每组往返4次,重复4~6组,每组间歇3分钟,强度为55%~60%。投时不限方式,但要投中后方可返回。

(三)有氧耐力练习

(1)定时跑:在场地、公路或树林中做10~20分钟或更长时间的定时跑,强度为50%~55%。

(2)定时定距跑:在场地或公路上做定时跑完固定距离的练习,如要求在14~20分钟内跑3 600~4 600米,强度为50%~60%。

(3)变速跑:在场地上进行快跑段、慢跑段的距离应根据专项任务与要求决定。一般常以400米、600米、800米、1 000米等段落进行。例如,中距离跑运动员常用400米快、200米慢跑的变速,或600米快、200~400米慢的变速;长跑运动员常采用1 000米快、400米慢等变速。一般每组4~8次,重复1~2组,每组间歇10~12分钟。一般以心率控制,快跑段时间心率控制在140次/分钟左右,当慢跑段的心率恢复到120次/分钟以下,间歇时的心率恢复到100次/分钟以下时,开始下一组练习。

(4)重复跑:在跑道上进行。重复跑的距离、次数与强度也应根据专项任务与要求而定。发展有氧耐力重复跑,强度不应大,跑距应较长些。重复跑距一般为600米、800米、1 000米、1 200米等,重复次数一般为4~10次,强度为50%~60%。

(5)越野跑:在公路、树林、草地、山坡等场地进行。越野跑的距离一般在4 000米以上,多时可达10 000~20 000米。如以时间计算,一般在20分钟以上,也可达1小时以上,强度为40%～50%。

(6)法特莱克跑:在场地、田野、公路上进行自由变速的越野跑或越野性游戏。最好在公园、树林中进行,约30分钟,也可将时间延长一些,强度为50%左右。

(7)定时走:在场地、公路或其他自然环境中按规定时间做自然走或稍快些自然走。一般走30分钟左右,强度为40%～50%。

(8)大步走、交叉步走或竞走:在场地、公路或其他自然环境中做大步快走、交叉步走或几种走交替进行。每组1 000米左右,重复4～6组,间歇3～4分钟,强度为40%～50%。

(9)沙地连续走或负重走:在海滩或沙地徒手快走或负重(持杠铃杆或背人)走。徒手快走时,每组400～800米;负重走时,每组200米,做5～7组,间歇3分钟,强度为45%～60%。要求心率控制在160次/分钟以下。

(10)沙地竞走:在海滩或沙地上竞走练习,每组500～1 000米,重复4～5组,间歇3分钟,强度为55%～60%。

(11)竞走追逐:在跑道上,两人前后相距10米,听到口令后开始竞走,后者追赶前者。每组400～600米,重复4～6组,强度为50%～60%。要求必须按竞走技术标准进行,不能犯规,且每组结束后放松慢跑2分钟。

(12)水中定时游:不规定游泳姿势及速度,只规定在水中游的时间,如游15分钟、20分钟等,强度为40%～50%。要求不间断地游。

(13)水中快走或大步走:在30～40厘米的浅水池中做快速走或大步走练习。每组100～200步,重复4～5组,间歇5分钟,强度为50%～55%。

(14)连续踩水:在游泳池深水区,手臂露出水面,做踩水练习。每次2～4分钟,重复4～5次,间歇3分钟,强度为45%～60%。也可以要求肩部露出水面,加大难度。

(15)5分钟运球跑:在篮球场内,以单手或双手交替运球跑5分钟,重复3～5次,间歇2分钟,强度为45%～60%。要求不间断进行,或要求一定距离。

第四节　灵敏素质

灵敏素质是指在各种突然变换的条件下,运动员能够迅速、准确、协调地改变身体运动的空间位置和方向,以适应变化着的外环境的能力。衡量灵敏素质的水平是看运动员在条件变换情况下迅速、准确、协调地做出应答行为的能力。因此,它要求运动员必须具有良好的判断能力和反应速度,以及即时变化着的应答动作在时间、空间以及力量上的协调性。

一、篮球运动灵敏素质训练概述

(一)灵敏素质的分类

灵敏素质可分为一般灵敏素质和专项灵敏素质两类。

一般灵敏素质是指在完成各种复杂动作时所表现出来的适应变化着的外环境的能

力。它是力量、反应、速度、协调性等多种素质的一种综合体现。

专项灵敏素质是指根据各专项所需要的,与专项技术有密切关系的,以及适应变化着的外环境的能力。篮球运动员发展灵敏素质应从培养运动员的视觉判断等各种能力着手,包含视觉反应能力、动作控制能力、节奏控制能力等,这就要求在篮球运动灵敏素质训练过程中要注重协调均衡发展各种素质,同时还要与篮球的攻防技术、战术训练相结合,提高运动员神经系统的调控能力,提高运动员的反应速度,从而提高运动员大脑皮层的灵活性。

(二)灵敏素质训练的目的与任务

灵敏素质是篮球运动员的运动技能和各种素质在运动过程中的综合表现。现代篮球运动快速多变、技战术复杂的特点决定了运动员必须具备良好的判断能力和反应速度,对比赛中出现的各种复杂情况能够做出准确、迅速的应答反应。篮球运动员的灵敏素质实质上是经过视觉感受在大脑皮层神经过程的转换,使已形成的各种准确、有效的动作动力定型以适应突然变化的运动情况。

篮球运动灵敏素质训练的目的和任务应该是在全面提高篮球运动员的反应速度、柔韧度、爆发力、关节和韧带伸展性的基础上,使运动员的各项素质协调发展,以实现运动员的专项灵敏素质的提高。

二、篮球运动灵敏素质训练的要求

(1)灵敏素质训练应该安排在运动员体能充沛、精神状态饱满时进行。因为此阶段,运动员神经过程的灵活性比较高,兴奋与抑制的转换速度也比较快,神经系统对机体各种复杂的运动及其控制能力会比较高,在这样状态下训练,效果会更好。

(2)灵敏素质训练的内容、方法和手段要多样化,尽量增强训练的趣味性、对抗性,极大地调动运动员的积极性、主动性。

(3)全面协调发展运动员的各项身体素质,特别是对专项灵敏素质提高有利的相关素质,如快速反应、起动速度、上下肢与躯干协调配合以及爆发力等。

三、篮球运动灵敏素质训练的方法和手段

(一)提高反应判断的训练

(1)按口令做相反的动作。
(2)按有效口令做动作。
(3)原地、行进间或跑步中听口令做动作,如喊数抱团成组,按加、减、乘、除简单运算的得数抱团组合,看谁最快等。
(4)一对一追逐模仿。
(5)一对一互看对方背后号码。
(6)听信号或看手势急跑、急停、转身、变换方向。
(7)听信号的各种姿势起跑,如站立式、背向、蹲、坐、俯卧撑等姿势。
(8)跳绳。两人摇绳,另一人从绳下跑过转身或从绳上跳过等。

(9)一对一脚跳动猜拳、手猜拳、打手心手背、摸五官等。

(10)各种游戏,如叫号追人、追逃游戏、抢占空位、打野鸭等。

(二)发展平衡能力训练

(1)一对一相向站立,双手直臂相触,虚实结合相互推,使对方失去平衡。

(2)一对一相向站立,弓箭步牵手互换,虚实结合互推互拉,使对方失去平衡。

(3)各种站立平衡,如俯平衡、搬腿平衡、侧平衡等。

(4)头、手倒立,肩肘倒立、手倒立停一定时间。

(5)在肋木上横跳、上下跳。

(6)做动作或急跑中听信号完成突停动作。

(7)在平衡木上做一些简单动作。

(8)发展旋转的平衡能力练习。

①用手扶住体操棒,然后松手转身击掌,再扶住体操棒,使其不倒。

②向上抛球转体2周或3周,再接住球。

③转体360度跳进,保持直线运行。

④闭目原地连续转5~8周,然后闭目沿直线走10步,再睁眼看自己走的方向是否准确。

⑤绕障碍曲线转体跑。

⑥原地跳转180度、360度、720度落地时站稳。

(三)发展协调能力的训练

(1)一对一背向互挽臂蹲跳进、跳转。

(2)模仿动作。

(3)各种徒手操。

(4)双人头上拉手,向同方向连续转。

(5)脚步移动练习,如前后、左右、交叉的快速移动。以单脚为轴前后、转体移动,左右侧滑步、跨跳步移动。

(6)小腿里盘外拐。

(7)跳起并体前屈摸脚。

(8)选用武术中的"二踢脚""旋风脚"动作。

(9)双人跳绳。

(10)做不习惯方向的动作。

(11)改变动作的连接方式。

(12)选用健美操、体育舞蹈中的一些动作。

(13)简单动作组合练习,如原地跳转360度接跳远,前滚翻交叉转体接后滚翻,跪跳起接挺身跳等。

(14)双人一手扶对方肩、一手互握对方脚腕,各用单脚左右跳、前后跳、跳转。

(四)选用体操中的一些动作

(1)前滚翻、后滚翻、侧滚翻。

(2)连续前滚翻或后滚翻。

(3)双人前滚翻。一人仰卧,另一人分腿站在仰卧人的头两侧,互握对方两脚踝,做连续的双人前滚翻或后滚翻。

(4)连续侧手翻。

(5)双人侧手翻。双人同向重叠站立,后面人抱住前面人的腰,然后共同完成侧手翻。

(6)鱼跃前滚翻(可跃过一定高度的障碍物)。

(7)一人仰卧,另两人各抓其一只脚,同时用力上提,使其翻转站立。

(8)前手翻、头手翻、后手翻、团身后空翻。

(9)跳马、跳上、挺身跳下:分腿或屈腿腾跃;直接跳跃器械;跳起并在马上做前滚翻。

(10)在低单杠上做翻上、支撑腹回环、支撑后摆跳下、支撑摆动向前侧跳下等简单动作。

(11)在低双杠上做肩倒立、前滚翻呈分腿坐,接着向前支撑摆动跃杠下或向后摆动跃杠下等简单动作。

(五)利用跳绳进行的训练

(1)"扫地"跳跃。练习者将绳握成多段,从下蹲姿势开始,用绳子做扫地动作,两脚不停顿地做跳跃练习。

(2)前摇两次或三次,双足跳一次,俗称"双飞"或"三飞"。

(3)后摇两次,双足跳一次,俗称"后双飞"。

(4)交叉摇绳。练习者两手交叉摇绳,每摇一两次,单足或双足跳长绳一次。

(5)集体跳绳。两名练习者摇长绳,其他练习者连续不断地跳过绳子,每人应在绳子摇到最高点时迅速跟进并跳过,然后快速跑出。谁碰到绳子,谁就与摇绳者交换位置。

(6)双人跳绳。同前,要求两名练习者手拉手跳3～5次后快速跑出。

(7)走矮子步。教练与一名练习者将绳拉直,并把高度适当降低,其他练习者在绳下走矮子步和滑步动作。

(8)跳波浪绳。教练与一名练习者双手各握长绳一端,并把绳子上下抖成波浪形,其他练习者必须敏捷地从上跳过。谁碰到绳子,谁就与摇绳者交换位置。

(9)跳蛇形绳。教练与一名练习者双手各握长绳一端,并把绳子左右抖动,使绳子像一条蛇在地上爬行,其他练习者在中间跳来跳去,1分钟内触绳数最少者为胜。

(10)跳粗绳(或竹竿)。教练双手握一根粗绳(或竹竿),练习者围成一个圆圈站立,当教练握绳(或竹竿)做扫圆动作时,练习者立即跳起,触及绳子或竹竿者为败。

(六)利用蹦床进行练习的一些方法

(1)蹦床练习是训练高大队员灵敏素质、提高身体协调性和空中平衡能力的有效方法。

(2)原地向上腾起,两臂上举,使身体在空中伸展,然后下落。连续做5～10次。

(3)原地腾起,两臂上举,在空中转体180度、360度。

(4)原地腾起,下落时呈俯卧姿势,然后再腾起。

(5)原地腾起,体前屈,侧分腿,两手触及脚尖,然后直体双脚落地。

(6)原地腾起,在空中模仿挺身式跳远、分腿腾跃、足球守门员救球、排球运动员扣球、拦网、篮球运动员扣篮、跳水运动员的起跳、腾空、入水等动作。

(7)原地腾起,后空翻一周,双脚落地。
(8)原地腾起,前空翻一周,双脚落地。
(9)原地腾起,身体后倒,犹如失去平衡,然后臀部着地与身体成直角坐地后再腾起。
(10)原地腾起,落地跪立后再腾起。
(11)原地腾起,落地时呈仰卧姿势,然后再腾起呈站立姿势。

课后题

1.请简述发展下肢力量的训练方法有哪些。
2.请简述发展核心力量的训练方法有哪些。
3.篮球运动需要哪种耐力素质更多一些?

第五章 篮球运动竞赛组织及比赛规则

篮球竞赛是体育竞赛和篮球运动内容体系的重要组成部分,也是篮球运动的基本形式,是现代篮球运动中最具魅力的活动。篮球运动的价值往往在竞赛中得到最充分的体现。不论举办哪种形式的篮球比赛,也不论其规模大小和水平高低,都有一定的时限性,并且涉及其他相关方面。因而,篮球竞赛的组织管理工作实际上是一项网络系统工程,这个系统中横向的协调融合和纵向的连贯流畅是篮球竞赛活动顺利进行和圆满完成的重要保证。

第一节 篮球运动竞赛基本理论

一、竞赛的意义

篮球运动竞赛攻守对抗的凶悍性和技艺化激烈精彩,引人入胜。优秀篮球队伍的竞赛更为人们所关注,成为一种现代社会文化的表现形式,越来越深刻地影响着人们的社会生活和经济生活。

(一)竞赛的社会性意义

1. 促进篮球运动的发展

篮球是较受欢迎、较易开展的一个运动项目。通过竞赛,可以吸引更多的人来参加这项运动,并在更大的范围内进行推广;也可以检查篮球教学训练的质量与效果,促进技战术水平和身体素质等的提高;还可以锻炼参加者的品质风格,培养参加者的团体精神,激发参加者的进取愿望。

2. 丰富社会文化生活

篮球竞赛是社会的一种文化生活,观看、欣赏竞赛中激烈对抗的精湛球技,使人们的生活空间和余暇时间得到扩展及充实。公平、激烈的竞赛本身就传播着平等竞争的文明风尚,也鼓舞着人们对真实、自信、进取和创新的向往。竞赛过程的变幻莫测和竞赛结果的不可预测还给人们带来极大的悬念与乐趣,引发和满足人们对身体健康与美好生活的追求。

3. 适应社会政治的需要

篮球竞赛作为一种特殊的手段,能够起到提高国家威望、振奋民族精神、创造安定社会环境的作用,也能够起到改善和促进国家关系、充当和平友好及慈善使者的作用,还能够起到协助竞技体育体制改革、加快运动项目走向市场的作用。

(二)竞赛的经济性意义

1. 推动篮球运动的产业化进程

从传统意义上来讲,组织篮球竞赛是一种消费,在竞赛水平不高、市场经济不发达的情况下如此,在竞赛水平较高、市场经济较发达的情况下也如此。组织经营性的篮球竞赛,要通过票房收入、彩票发行、转播权出让、广告刊登、邮币卡章发行、体育服装鞋帽和吉祥物的销售等产生经济效益,从而使篮球竞赛成为社会经济生活的一部分。

2. 带动社会其他行业的发展

篮球职业性的竞赛作为一种经济行为,不仅为自身的生存发展创造了良好的物质条件,也为各行各业提供了机会。规模较大的篮球竞赛必然促使举办地的运动场馆、公路、机场、港口和通信网络的条件得以改善,而基础设施的改善能够促进科学技术的进步,牵动相关产业的生产发展。高水平的篮球竞赛除了有众多的参加者,还会吸引成千上万的人观看,从而使旅游业、酒店业、商业、餐饮业、保险业和公用事业等许多其他行业生意兴隆,提高服务质量。组织大规模的篮球竞赛,在为举办地提供就业机会的同时,也会扩大举办地的影响。

二、竞赛的种类

根据竞赛的性质和目的,篮球竞赛大体上可以分为非职业性比赛和职业性比赛两大类。

(一)非职业性比赛

1. 综合性运动会中的篮球比赛

篮球作为综合性运动会中的一个项目,与其他项目一起在同一时期内进行比赛,从一个侧面反映出参赛国家或单位的体育运动整体水平。有国际性运动会中的篮球比赛,如奥林匹克运动会、世界大学生运动会、世界中学生运动会、各洲际和地区运动会中的篮球比赛等;也有全国性运动会中的篮球比赛,如全国运动会、军人运动会、工人运动会、农民运动会、大学生运动会、中学生运动会中的篮球比赛等;还有各个省、地、市及厂矿学校等基层单位运动会中的篮球比赛。

2. 单一篮球项目的比赛

单一篮球项目的比赛主要反映参赛国家或单位单项运动的水平。有国际性的比赛,如世界锦标赛、世界青年锦标赛、各大洲的锦标赛、各大洲的青年锦标赛;也有全国性的比赛,如全国锦标赛、全国甲级联赛、全国乙级联赛、全国青年联赛以及各行业系统的篮球比赛;还有省、地及基层单位的篮球比赛。

3. 交往性的比赛

交往性的比赛主要是为了加强交流,增进友谊,发展相互关系。有国际性的比赛,如国家之间双边的访问比赛、几个国家之间多边的邀请比赛;也有国内省、地、市之间的协作性比赛;还有基层单位之间的友谊比赛和表演比赛等。

这类非职业性的比赛普及面比较广,参加比赛的运动员的层次各不相同,技术水平也有较大的差异,有利于吸引更多的人参加篮球运动。

(二)职业性比赛

随着体育与经济的结合不断加深,篮球职业比赛由此拉开帷幕。欧洲职业篮球联赛在近些年也得到了较大发展,为欧洲乃至世界培养了许多优秀运动员。我国的篮球职业联赛创建时间较晚,并且创建于我国经济体育改制的过程中,但其发展目标、发展方向以及其不断加大的发展步伐,都表明市场已经成为当今职业体育赛事的重要特征之一。

职业体育赛事是体育赛事发展到一定的社会阶段之后与经济联姻的产物,体育市场也正是在这个阶段产生的。由单纯的体育赛事转化为复合型的职业体育赛事,是体育发展的阶段式跨越,是一种质变,标志着体育发展到了更高的层次和阶段。

第二节 篮球运动竞赛的组织与编排

一、篮球运动竞赛的组织与管理

篮球竞赛的特点是人员多、规模大、竞争激烈,需要大量的人力和财力予以保障,而且组织竞赛要具备一定的条件和制度。竞赛组织工作是有目的地组织、指挥、控制和协调竞赛的过程,一般分为三个阶段。

(一)赛前的准备阶段

赛前工作是制订组织竞赛计划和实施计划,为比赛做准备。这个过程从成立竞赛筹备组织起至比赛开幕为止,包括建立竞赛组织机构、确定组织方案、制定竞赛规程和拟订工作计划等。

1. 建立竞赛组织机构

首先要成立竞赛领导小组,即筹备委员会,简称组委会,负责竞赛的筹备工作,并根据篮球竞赛的任务和计划,讨论和决定组织方案。它对竞赛的全过程起组织领导的作用。

一般的竞赛组织形式采用组委会领导下的各职能部门具体负责制。组委会由主办和承办单位的领导或代表各职能部门的负责人、各代表队的领队组成。组委会一般下设相应职能部门,如图5-1所示。而基层单位或一般规模比赛的组织机构如图5-2所示。

组织机构中的每一个组成部门都有明确分工,比如其中的竞赛组主要负责的工作就是接受各队报名单,编印比赛秩序册,审查运动员资格,检查场地、设备、器材的准备情况,制定大会日程表,绘制成绩记录表、裁判员安排表以及参赛队赛前及休息日训练场地安排表等。裁判组的任务主要是组织裁判员学习竞赛规程的有关条款,对其进行公正准确、无私无畏的职业道德教育,督促裁判员进行体能训练并进行必要的测试等。场地组负责的工作是按比赛要求布置场地,落实有关设备,备好比赛用球及与比赛有关的拖把、干毛巾等物品。

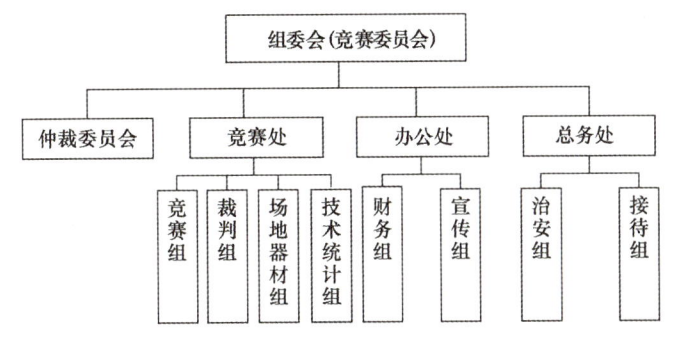

图 5-1　全国性比赛组织机构

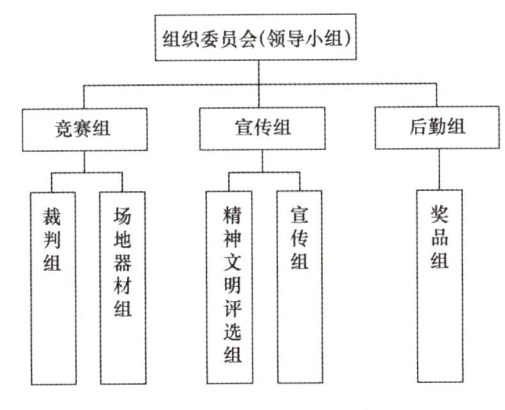

图 5-2　基层比赛组织机构

2. 确定组织方案

赛前准备工作中,竞赛领导小组要对竞赛的任务、规模、水平、承办单位的"硬件"及"软件"质量、组织竞赛经费等情况有全面的认识,并且在这个基础上,本着实事求是、精简高效和勤俭节约的原则,对竞赛期间各项活动内容做出计划和安排,对竞赛的各项收支规定标准做出预算。

3. 制定竞赛规程

竞赛规程是比赛的指导性文件和比赛的依据,要提前发给有关单位,让参赛队做好赛前的准备工作。竞赛规程的内容主要包括竞赛名称、目的任务、日期地点、参加单位及人数限定、参赛者资格、报名及报到日期、竞赛办法、竞赛所采用的规则、名次评定和奖励办法、抽签日期及地点、注意事项等。需要注意的是,规程一旦经过审定,就应保证其严肃性与权威性。

4. 拟订工作计划

各个工作部门建立以后,应根据组织方案、竞赛规程和竞赛的主要工作日程计划,由各部门拟订具体工作计划,经组委会批准后执行。

(二)竞赛阶段

竞赛期间的工作是竞赛组织的中心工作。因为从比赛开幕到闭幕,所有工作都要在领导小组的领导下进行,为使比赛顺利进行而努力。这期间的工作可分为比赛活动的管理和非比赛活动的管理。

1. 比赛活动的管理

根据比赛的日程,安排好裁判员、记录台工作人员、技术统计人员和场地工作人员,使每一场比赛都能够按时进行。尤其是不能因为工作人员的疏忽而使比赛情况得不到正确、及时的反映,同时也不能因为器材、设备的故障而使比赛延误、停顿、脱节。要按照篮球竞赛的法规、规则来管理比赛,建立良好的比赛秩序,使参赛的运动队能够在平等的条件下竞争。

比赛活动管理的关键在于裁判工作。裁判员公正、公平和敬业的态度反映了比赛的严肃性,鸣哨的准确程度体现了判罚的专业性、权威性,执法的宽严程度影响着比赛的对抗性,判罚时的待人态度影响着运动员的比赛情绪,因而要加强对裁判员队伍的管理。加强对裁判的管理工作,除了赛前的学习教育之外,赛间的及时检查、小结与监控也是保证比赛健康发展的重要措施。除此之外,对赛场中可能出现的假球、赌球、"黑哨"和乱扔杂物、干扰比赛正常进行、围攻裁判员等有损文明的突发事件也要有充分的估计。当然,竞赛、仲裁甚至安保部都要有相应的准备。

2. 非比赛活动的管理

在竞赛期间,有许多涉及各工作部门的非比赛活动需要进行组织管理,这些工作对整个竞赛有很大的影响,主要包括以下几个方面:

(1)开幕式、闭幕式

不管是较隆重的还是简单的开幕式和闭幕式,都应给予足够的重视,并且要做到明确主题,安排紧凑,场面热烈,以扩大篮球运动的影响,提高篮球运动的社会地位,加强篮球运动员的责任感。

(2)赛事服务工作

要组织好每次比赛后的新闻发布会,尽快地处理和传递当日比赛的各种信息;安排每场比赛中的赛间表演;同时做好对比赛场地、器材、设备的检查、保养和维修工作;经常对食堂进行食品卫生检查,预防肠道传染疾病的发生;对运动员、裁判员住地进行相应的封闭治保,避免闲杂人员的干扰,保证参赛人员的休息和安全;为参赛人员提供某些特殊的服务项目。

(3)对赛场观众的管理

篮球比赛观众多、场面大、人员杂,容易发生冲突,所以要做好文明观赛的宣传工作。对观众中可能出现的过激行为要有有效的应急措施,对于大型的竞赛,还要组织好安全保卫和观众的疏导工作。除此之外,由于竞赛期间各种情况的复杂多变,还需要对各个工作部门的相互关系进行协调管理,以利于比赛更好地运转。

(三)赛后管理阶段

赛后的管理工作包括编制和印发总的比赛成绩表,宣布比赛成绩并颁奖,印发成绩册,对比赛技术资料处理归档,对比赛器材设备整理,对竞赛的收支进行财会决算,办理各队、裁判人员等的离会和交通事宜。

二、竞赛方式和方法

(一)竞赛方式

篮球竞赛方式是根据篮球项目的特点和要求,规范篮球竞赛性质、等级、方式、周期,使之有系统、有计划、有目的地组织推动竞赛社会化、多样化的体系。目前广泛实施的竞赛方式有赛会式和赛季式两种。

1. 赛会式

赛会式是把参加比赛的球队集中在一个地方,用几天或十几天的时间,连续进行比赛的一种竞赛方式。

(1)赛会式的特点

赛会式的运用范围比较广。综合性运动会中的篮球比赛、国际性的篮球锦标赛采用的都是赛会式。国内大多数的篮球单项比赛采用的也是赛会式。赛会式的比赛队伍集中,为运动员们创造了观摩、学习、交流的机会。赛会式的比赛地点固定,可以避免参赛队伍的旅途奔波。但赛会式采用的比赛方法具有一定的局限性,参赛队实际水平的发挥会受到一些偶然性因素的影响,可是这种偶然性因素也给参赛队提供了一定的有利机会。赛会式的比赛赛期短,比赛的场次不多,因而运动员锻炼的机会就要少些。但赛会式的比赛场次连续,比赛强度大,调整、恢复时间短,容易令运动员疲劳。赛会式的比赛为承办者提供了持续的社会篮球爱好者注视热点,从而能带来相应的社会效益和经济效益。

(2)赛会式的管理要求

①针对赛会式比赛规模较大、管理工作责任重且复杂的情况,要仔细制定好全面的组织方案,规划好各部门的工作范围,明确各部门的工作职责,协调好各部门的工作关系。

②赛会式的比赛赛期短,赛程紧凑,赛间可能出现的问题比较集中,因此各方面工作要具体、细致,要有很强的时间观念,要始终处于紧张的运转状态,保证比赛的顺利进行。

③赛会式的参赛队伍和人员多,后勤工作部门要全天候保障参赛运动员有良好的休息和营养条件,以充沛的精力投入比赛。

④赛会式的比赛需要承办单位具有一定的基础设施条件,特别是承办大规模、高水平、国际性的篮球比赛,要事先进行大量的基础建设投入,以适应赛会式比赛的要求。

⑤承办赛会式比赛要有市场经济意识,要以经营的思想来做好组织管理工作,既要讲社会效益,又要讲经济效益。

2. 赛季式

赛季式是一种竞赛时间较长、参赛队伍不集中、分别在参赛队各自的赛地进行比赛,参赛队每赛完一场后需移地,并有若干天休整的一种分主场、客场的竞赛方式。

(1)赛季式的特点

赛季式最明显的一个特点就是采用主、客场的形式进行比赛,这种主、客场的形式可以使参赛队伍能够有机会凭借主场的天时、地利、人和,充分发挥队伍的竞技水平。赛季式的比赛赛期长,一般约为半年,而且通常是跨年度的,因此可以根据比赛性质、时间、水平安排比较多的比赛场次,为运动员的成长、锻炼和发展提供更多的机会,还能使参赛队伍避免一些偶然性因素的影响,较客观地体现实际水平。

(2)赛季式的管理要求

①赛季式比赛赛场分散,各赛地的比赛时间、次数相对较少,但工作任务高、延续时间跨度大,因此组织机构更应当精干,做到具有机动性的程序化操作。

②在比赛的管理上,既要利用主场天时、地利、人和的有利条件,又要营造公平竞争的良好环境气氛,加强对主场工作人员和运动员的职业道德教育与对观众的宣传教育,营造观赏比赛的文化氛围。

③主、客场比赛的形式是一种市场经营,因而比赛应该属于经营者的一项业务,组织管理应当成为经营者的一项工作,从而促使篮球竞赛真正走进市场。

(二)竞赛方法

为了保证比赛目的、任务的完成,充分利用好比赛的期限,而且便于对竞赛的组织管理,选择和确定比赛方法十分重要。篮球比赛通常采用的比赛方法有淘汰制、循环制和混合制三种。

1.淘汰制

淘汰制是指在比赛中,失败队失去继续参加比赛的资格,获胜的球队继续参加比赛,直到最后确定优胜队为止的方法。失败一次即失去比赛资格的方法为单淘汰法;失败两次即失去比赛资格的方法为双淘汰法;和同一对手以三战二胜、五战三胜或七战四胜的形式进行淘汰的方法为多场淘汰。

(1)淘汰制的特点

其一,比赛的容量大,能在较短的时间和较少的场地条件下,安排大量的选手进行比赛。其二,比赛具有强烈的对抗性。比赛双方没有妥协的可能性,非胜即败,只要失败就会失去进入下一轮比赛的资格。比赛双方既不受第三者影响,也不会影响其他选手的成绩,能较充分地体现出运动竞赛的竞争特性。作为一种比赛方法,淘汰制也存在着一系列缺陷。例如,除第一名外,很难合理地排定其他参赛者的名次;强者之间很可能在前几轮就相遇,失败的一方即被淘汰,造成名次排列出现不合理的现象;参赛者之间互相交流、学习,以及比赛的机会少。为弥补上述缺陷,可以运用一些对策和措施,使之能部分或基本上克服淘汰制的不合理现象。例如,运用种子、分区、抽签和定位等方法,使强者或同一单位参赛者之间避免过早相遇;采用补赛法(又称附加赛),帮助确定第二名以后的名次;或者增设双淘汰赛,失败两场方被淘汰。

(2)单淘汰制的编排方法

①场数和轮次的计算

$$场数 = 参赛队 - 1$$
$$轮次 = 参赛队数以2为底数的幂的指数$$

例如,8个队参加比赛,即为三轮,因为$8=2^3$;如果参加比赛的队数不足2的乘方数,则比赛的轮次是稍大的一个以2为底数的幂的指数,即如14个队参加比赛,按16个队的轮数来计算,因为$16=2^4$,所以设定为4轮。

②第一轮参加比赛的队数的计算

用$(N-2^n)\times 2$的公式计算。N代表队数,2^n代表略小于队数的2的乘方数。如13个队参加比赛,即$(N-2^3)\times 2=(13-8)\times 2=10$,即有10个队参加第一轮比赛,3个队轮空。

③编排方法

如果参加比赛的队数正好是2的乘方数,就按照图5-3所示,逐步进行淘汰。

图5-3 八队参赛的单淘汰比赛编排

如果参加比赛的队数不是2的乘方数,要根据参赛队数,选择最接近的、较大的2的乘方数作为号码位置数,号码位置数减去参赛队数,即为轮空队数。如13个队参赛,选用16位号码位置数,16－13＝3,即3个队轮空。轮空球队必须安排在第一轮,可采用抽签、种子队等方式来确定轮空队的区位,如图5-4所示(2、10、15为轮空位置号码)。

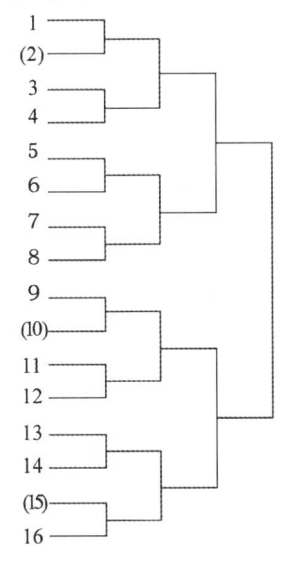

图5-4 三个参赛队的单淘汰比赛编排

为了避免水平高的队过早相遇,可设种子队,把种子队安排在不同的位置上,使之最后相遇。然后采用抽签的方法,确定其他各队在秩序表上的位置。

(3)双淘汰制的编排方法

双淘汰制的编排方法与单淘汰制的不同在于比赛进入第二轮后,把失败的球队再编排起来继续比赛,再次失败的队则被淘汰,胜者继续与上一轮失败的队进行比赛,如图5-5所示。

2.循环制

循环制包括单循环、双循环和分组循环。单循环是所有参赛队在比赛中均相遇一次,最后按各队在比赛中的得分多少、胜负场数来排列名次,一般是在参赛队不太多、比赛时

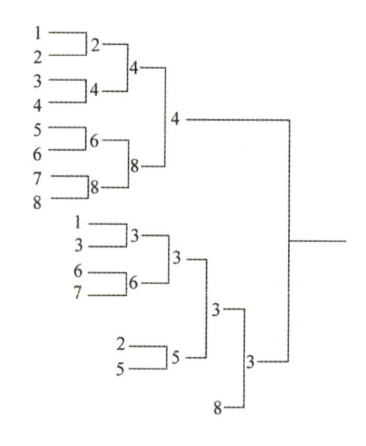

图 5-5　双淘汰比赛编排

间较长时采用。双循环是所有参赛队在比赛中均相遇两次,最后按各队在全部比赛中的得分多少、胜负场数决定名次,一般在参赛队数少、比赛时间较长时采用;分组循环是把参赛队分成若干组,分别进行单循环比赛,决出小组名次后再进行第二阶段比赛,一般在参赛队多、比赛时间有限时采用。

(1)单循环的编排方法

①比赛轮数和场数计算

比赛轮数的计算:在循环制的比赛中,各队都参加完成一场比赛为一轮。当参赛队为单数时,比赛的轮数等于队数。当参赛队数为双数时,比赛的轮数等于队数减去1。

比赛场数的计算:比赛场数 $= \dfrac{\text{队数} \times (\text{队数}-1)}{2}$

②编排竞赛轮次表

不论参赛队数是奇数还是偶数,均按偶数编排。如果参赛队数是奇数,可在队数后加一个"0",使其成为偶数,碰到"0"的队轮空。

A.固定轮转编排法。表 5-1 为 7 队参赛轮次表,它以左边第一号固定不动,逆时针转动,逐一排出。

B.贝格尔轮转法。贝格尔轮转法是国际上采用的一种编排方法。表 5-2 为 6 个参赛队的各轮次表。其轮转方法是:最大号数(尾数或者0)左右摆,右下号数提上来,先摆后转,按逆时针方向转移。也可根据参赛队数的多少来确定轮转位置的数目。即 3 或 4 个队,依次轮转一个位置,5 或 6 个队依次轮转两个位置,7 或 8 个队依次轮转三个位置等,每增加两个队,则增加一个轮转位置。

表 5-1　　　　　　　　固定轮转编排法

第一轮	第二轮	第三轮	第四轮	第五轮	第六轮	第七轮
1—0	1—7	1—6	1—5	1—4	1—3	1—2
2—7	0—6	7—5	6—4	5—3	4—2	3—0
3—6	2—5	0—4	7—3	6—2	5—0	4—7
4—5	3—4	2—3	0—2	7—0	6—7	5—6

表 5-2　　　　　　　　　贝格尔轮转法

第一轮	第二轮	第三轮	第四轮	第五轮
1—6	6—4	2—6	6—5	3—6
2—5	5—3	3—1	1—4	4—2
3—4	1—2	4—5	2—3	5—1

C. 抽签。排好轮次表后,用抽签方法将各队抽到的签号填入轮次表中。

D. 编排比赛日程表。根据比赛的日期、时间、场地、服装颜色等排出比赛日程表,见表 5-3。

表 5-3　　　　　　　　　比赛日程表

轮次	日期	时间	组别	比赛队	场地	备注
		3:00	女	A—B		
	下午	4:30	男	C—D		
		7:00	女	E—F		
	晚上	8:30	男	G—H		

(2) 双循环的编排方法

双循环比赛是指参加比赛的队先后进行两次单循环比赛,最后按照各队在全部竞赛中的得分多少、胜负场数决定名次。双循环的编排方法与单循环相同,只是在第二循环时,是否需要重新抽签,要看在比赛规程中有无明文规定。

(3) 分组循环的编排方法

在进行分组循环比赛时,首先要把分组的办法确定下来。通常采用的分组办法有三种:第一种是按上一届竞赛中的名次进行分组,即蛇形排列的方法。例如,有 20 个队参加比赛分 4 组时,排法见表 5-4。第二种是先协商确定种子队(种子队数应等于组数或是组数的倍数),然后由种子队抽签定组别,再由其他队分别抽组别签和组号签。第三种是全部参赛队一起抽签分组,分组后再抽签确定号码位置,然后将各队按号码分别填入相应的各组比赛轮次表中去。

表 5-4　　　　　　　　　分组循环蛇形排列法

一	二	三	四
1	2	3	4
8	7	6	5
9	10	11	12
16	15	14	13
17	18	19	20

3. 混合制

同时采用两种制度进行的比赛方法称为混合制。在篮球比赛中,常把比赛分为两个阶段,前一阶段采用分组循环制,后一阶段采用淘汰制,或者相反。在决赛阶段采用淘汰制时,大多数采用"交叉赛"或"同名次赛"来决定名次。

(1) 交叉赛

若第一阶段分两组进行循环赛后,排出小组名次进行交叉赛,即 A 组的第 1 名对 B

组的第2名，B组的第1名对A组的第2名，两场比赛胜队决出第1名、第2名，负队决出第3名、第4名；以此类推，决出其余名次（图5-6）。

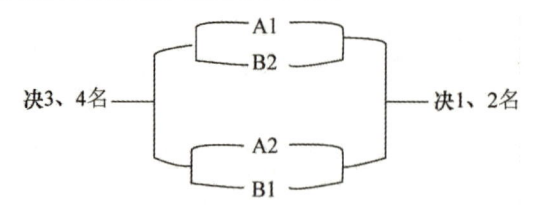

图5-6　交叉赛方法

（2）同名次赛

把第一阶段各组决出的同名次的队编在一起，胜者名次列前。如果第一阶段是分四个组循环，先由四个组的第1名（A1，B1，C1，D1）决1～4名（图5-7）。以此类推，决出其余名次。

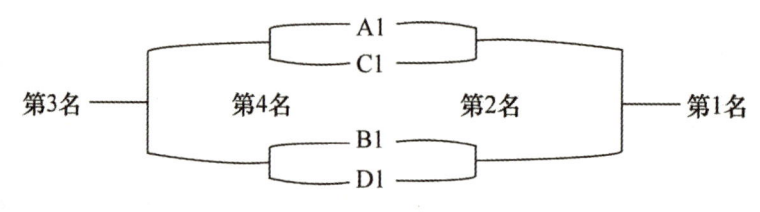

图5-7　同名次赛方法

（3）佩奇制（PAG制）决赛

假如第一阶段分两组进行单循环，排出各组的名次。A、B两组的第1名、第2名采用佩奇制判决出1～4名（图5-8）。A1对B1、A2对B2。A2对B2的负者为第4名，胜者与A1对B1的负者决出第2名、第3名，而A1对B1的胜者为冠军。

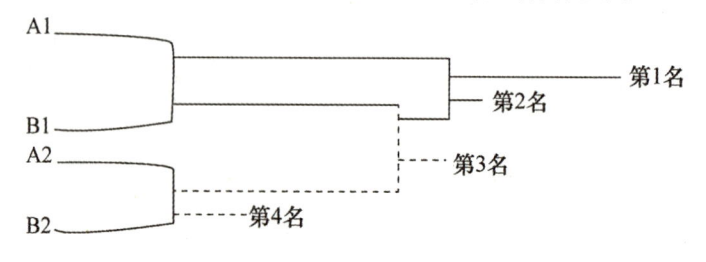

图5-8　佩奇制决赛方法

第三节　篮球运动竞赛中的球队组成

一、球队

（一）定义

当一名球队成员按照竞赛组织部门的规程（包括管理年龄限制的规程）已被认可为某队参赛，他是合格参赛的球队成员。

当一名球员的姓名在比赛开始前已被登记在记录表上，并且他既没有被取消比赛资格又没有达到 5 次犯规，是有资格参赛的球队成员。

在比赛时间内，当他在比赛场地上，并且有资格参赛时，是一名队员。当他未在比赛场地上，但他有资格参赛时，是一名替补队员。已发生了 5 次犯规的队员是一名出局人员。

随队人员可以坐在球队席区域内，只要他有一个专门的职责，如领队、医生、理疗师、统计员、译员。

(二)规定

每个队应按下列要求组成：

- 不超过 12 名有资格参赛的球队成员，包括一名队长。
- 一名教练员，如果球队需要可配备两名助理教练员。
- 最多 8 名有专门职责的随队人员可坐在球队席上，如领队、医生、理疗师、统计员、译员等。

二、队员和替补队员

(一)定义

当一名球员在赛场上并有资格参赛时为队员。当一名球员不在场上参赛，或在赛场上但由于已发生了 5 次犯规没有资格参赛时被认为是一名出局队员，他可以坐在替补席上。已被取消比赛资格的队员必须离开比赛场地，他可以去该队的休息室，也可以选择离开体育馆。

(二)规定

在比赛时间内，每队应有 5 名队员在场上并可被替换。

当裁判员招呼替补队员进场时他即成为队员。当裁判员招呼那名队员的替换者进场时，那名队员即成为替补队员。

(三)队员：受伤和协助

如果队员受伤，裁判员可以停止比赛。

如果发生受伤时球是活球，裁判员不应鸣哨，直到比赛告一段落，即控制球的队已经投篮、失去控制球、持球停止进攻或球已成死球。

然而，当有必要去保护受伤队员时，裁判员可立即中断比赛。

受伤队员的替换：

如果受伤队员不能立即(大约 15 秒钟)继续比赛，或如果他接受治疗，或接受了本队任何成员的协助，他必须被替换，除非该队能够上场的队员少于 5 名。

然而，在计时员发出替换信号之前，任一队获得了暂停，在此期间，受伤队员或任何一名正在流血或有伤口的队员恢复了，该队员可以继续比赛。

如果已判给受伤队员罚球，必须由他的替补队员执行。作为受伤队员的替补队员在参加比赛到下一个比赛的钟表运行片段之前不能被替换。

因为受伤,已经被教练员指定为比赛开始时上场的一名队员可以被替换,只要主裁判员确认受伤是真实的。在这种情况下,对方也有权力替换相等数量的队员,如果他们想这样做的话。

比赛期间,裁判员应命令任一正在流血或有伤口的队员离开比赛场地并让其被替换。该队员只有在流血已经停止并且患部或创面已被全面安全地包扎后才可返回球场。

三、场上队员位置及职责介绍

篮球比赛中,场上队员的位置通常按进攻队员分布的区域和职责分为中锋、前锋和后卫,也可以称1至5号位,在防守时可以根据队员特点和战术要求,把进攻时的位置与防守时的位置统一起来,即进攻时的中锋队员(4、5号位),在防守时依然占据内线,担任防中锋的职责,在进攻时的锋线队员(1、2、3号位)分布在防守三分线外。由于篮球运动的发展,攻守过程中千变万化,队员在攻守过程中的位置也不断地变换,因此队员的位置和职责只能做到相对的固定。相对固定的区域划分有助于发挥每个队员的特点,灵活机动地运用技术和战术,才能更好地完成战术配合的要求。相对固定的队员位置图如图5-9所示。

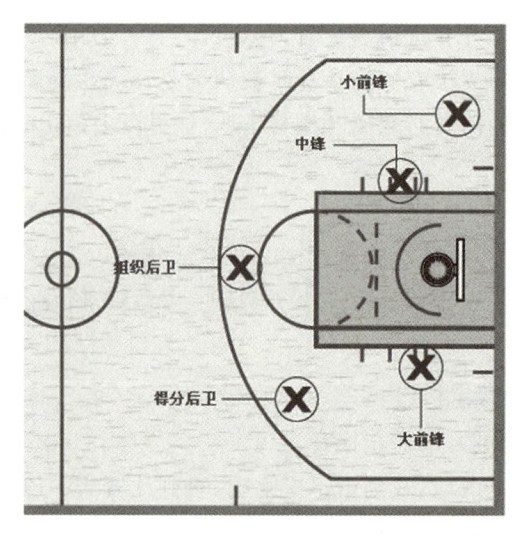

图 5-9　队员位置图

(一)控球后卫(1号位)

控球后卫,又叫组织后卫(Point Guard),是篮球比赛阵容中的一个固定位置。控球后卫往往是全队进攻的组织者,并通过对球的控制来决定在恰当的时间传球给适合的球员。控球后卫典型的进攻模式就是在对手得分之后,由控球后卫在底线运球,开始一轮新的进攻。这个位置要求球员具有良好的传球技术和敏锐的观察能力。人们往往通过助攻次数而不是得分的高低来衡量一名控球后卫的成功与否。同时,一流的控球后卫往往也能够有效地跳投,并能够通过外线投篮威胁对手。

控球后卫是球场上拿球机会最多的人。他要把球从后场安全地带到前场,再把球传给其他队友,这才有让其他人得分的机会。如果说小前锋是一出戏的主角,那么控球后卫便是这出戏的导演。

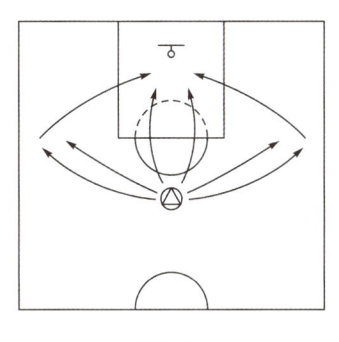

图 5-10

控球后卫的特点:

一般控球后卫都是各队阵容中身材最小巧的球员,但在现代篮球中也有很多高大的控球后卫。篮球比赛在发球后,通常由控球后卫通过运球将球运过半场并将球传给队友来发动进攻。所以一般担任控球后卫的队员都是队内控球能力最好,助攻能力最强的球员。控球后卫往往在球场上担任领导者的角色,很多球队都由控球后卫来决定进攻套路。控球后卫需要很强的控制比赛的能力,需要掌握比赛双方的进攻时间和比赛时间,控制比赛的节奏,将球输送给位置最好的得分员手上。所以控球后卫又常常被称为是场上的教练。

怎样才算是一个合格的控球后卫。首先,他的运球能力是绝对少不了的,他必须要能够在只有一个人防守他的情况下,毫无问题地将球带过半场。然后,他还要有很好的传球能力,能够在大多数的时间里,将球传到球应该要到的地方,有时候是一个可以投篮的空档,有时候是一个更好的传球位置。简单地说,他要让球流动得顺畅,他要能将球传到最容易得分的地方。再更进一步地说,他还要组织本队的进攻,让队友的进攻更为流畅。

(二)得分后卫(2号位)

得分后卫(Shooting Guard),由其字义不难得知,他以得分为主要任务。他在场上是仅次于小前锋的第二得分手,一般担任该位置的球员身高和体重都低于前锋球员,但在速度上具有优势。他不需要练就像小前锋一般的单打身手,因为他经常是由队友帮他找出空档后投篮的。不过他的外线准头与稳定性要非常好。他们往往是比赛中最好的跳投手,但往往也能上篮,许多得分后卫都可以兼任小前锋。

得分后卫经常要做的有两件事,第一是有很好的空档来投外线。第二则是要在小小的缝隙中找出空档来投外线,所以他出手的速度要快。一个好的得分后卫应该能在很短的时间内找机会出手,而命中率也要有一定的水准,能让对方的防守有所顾忌。同时,必须拉开防守圈,而更利于队友在禁区内的攻势。

(三)小前锋(3号位)

小前锋(Small Forward)是球队中最重要的得分者。传统上以进攻得分为主要任务,强调快速推进上篮的能力。随着各种半场进攻战术以及三分线的发展,现今篮坛的小前锋除了速度以外,往往还被要求具备运球突破以及长距离投射的能力。由于强调速度多于强调力量,小前锋通常较大前锋灵活,而体格不如大前锋壮硕。受限于人类先天的体型条件,能够达到小前锋技术要求的篮球运动员,很少有身高超过2.10米的。由于对灵活走位及外围投射能力的要求,在现今的篮球场上,许多优秀的小前锋球员往往也可兼任得分后卫,能够兼打这两个位置的球员通常被称为"摇摆人"。

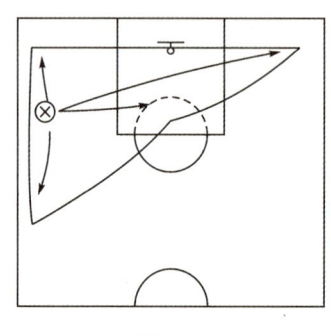

图 5-11

(四)大前锋(4号位)

大前锋(Power Forward)是篮球比赛阵容中的一个重要位置。一个典型的大前锋是球场上体格较壮,而仍具备一定速度的球员。传统上,大前锋被要求利用他们壮硕的体形,在篮下积极强攻并争夺进攻篮板球;而在禁区防守和防守篮板球的保护方面,则被认为是中锋的主要任务。但在现今,由于中锋球员的灵活度以及前锋球员的高度均有普遍提升,导致两者之间的区别日益模糊。

大前锋的首要工作便是抢篮板球。大前锋通常都是队上篮板抢得最多的人,他在禁区卡位,与中锋配合,往往要挑起全队的篮板重任。而在进攻时,他又常常帮队友挡人,然后在队友出手后设法挤进去抓篮板,做第二波的进攻。通常仅有少数的时间,会要求大前锋沉底单打,这时候他便在禁区附近来个翻身、小勾射之类的,做些近距离的进攻。

(五)中锋(5号位)

中锋(Center)一般都由队中最高的球员担任,传统上强调篮下的防守以及防守篮板球的保护。由于具有身高优势,一些具备进攻天分的中锋球员也常常成为在禁区附近投篮得分的主要进攻点。他在攻在守,都是球队的枢纽,故称为中锋。

中锋虽没有固定的"身高标准",但以现今世界篮坛的一般水平,男篮中锋的身高普遍在2.08米以上,女篮中锋的身高普遍在1.95米以上。在技术统计上,中锋通常能贡献最多的盖帽数,且常能达到较高的投篮命中率(Field goal percentage)以及篮板球绩效。由于身高能够达到2.13米以上,而仍保有良好运动能力的篮球运动员人数有限,少数兼具

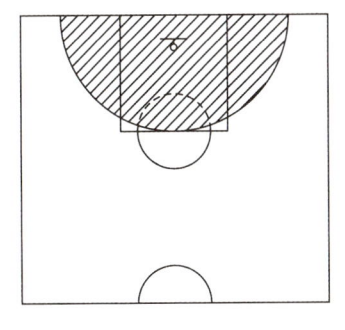

图 5-12

高度及灵活度的中锋球员往往能够成为左右比赛胜负的重要因素。以美国职业篮球联盟为例,一个拥有运动天赋、精神、球技和良好体格的中锋,往往是构成一支强大球队的关键。历史上许多强队都是以联盟顶尖的中锋球员为基石而打造的。在现今的国际篮坛以及职业联赛当中,中锋和大前锋经常由条件相似的球员担任,或被赋予相似的任务,因此已难以明确区分。

中锋要做哪些工作呢？首先,既然是在三秒区附近活动,那么篮板球是绝对不可或缺的。其次,禁区又是各队的兵家必争之地,当然不能让对手轻易攻到这里面来,所以阻攻、盖帽的能力也少不得。而在进攻时,中锋经常有机会站在靠近罚球线的禁区内(此乃整个进攻场的中心位置)接球,此时他也应具备不错的支配球能力,将球传到空位同伴手中。以上三项,是中锋应具备的基础技能。而在球队中,中锋也经常身负得分之责,他是主要的内线得分者,与锋线队员相互配合。因为他要能单打,所以在命中率上的要求可以低些,但他出手的位置又往往较接近篮筐,所以命中率又应该高些,大致来说,五成二可以作为一个标准。对中锋命中率的要求,是仅次于大前锋的。

四、篮球比赛中教练员指挥工作的意义

(1)至少在预定的比赛开始前40分钟,双方主教练要将包括参赛球员姓名、号码以及队长、主教练和第一助理教练员的书面名单送交记录员。所有在记录表上填入姓名的球队成员有权参加比赛,即使他们在比赛开始后才到达。

(2)至少在比赛开始前10分钟,主教练要确认该队已登记的球员姓名、号码和教练员姓名的名单,并在记录表上签字。同时指明开始上场的5名队员。"A"队教练员要首先提供名单。

(3)只允许主教练或助理教练员有权提出暂停请求。比赛期间,只允许主教练或助理教练一人保持站立指挥。所有替补队员、出局的队员和随队人员必须保持坐着。

(4)当教练员想要替换队员时,必须由该替补队员向记录员报告请求替换,并立即做好上场比赛的准备。

(5)如有助理教练员,他的姓名必须在比赛开始前填入记录表内(他没必要签字)。教

练员如因任何原因不能继续执行其职责,要由助理教练员代理。

(6)如果教练员不能继续工作,而在记录表上又没有登记助理教练员(或助理教练员也不能继续工作),队长可以担任教练员。如队长因任何正当的原因必须离场,他可以继续担任教练员。然而,如因被取消比赛资格而必须离场,或因受伤不能担任教练员,则代替他担任队长的队员替代他当教练员。

(7)当队长离开比赛场地时,主教练应通知裁判员担任场上队长的队员号码。

(8)如果没有主教练,或者主教练不能继续工作,并且记录表内没有登记第一助理教练(或第一助理教练不能继续工作),队长应担任队员兼主教练。如果队长必须离开比赛场地,他可以继续担任主教练。如果队长在取消比赛资格的犯规后必须离开,或如果他因为受伤不能担任主教练,替换他的队员替代他当主教练。

(9)在规则没有限定罚球队员的所有情况中,主教练应指定本队的罚球队员。

五、篮球运动竞赛中裁判员、记录台人员和技术代表的职责

(一)裁判员

裁判员应是1名主裁判员和1名或2名副裁判员。他们应得到记录台人员和技术代表(如到场)的协助。

1. 主裁判员:职责和权力

主裁判员应:

(1)检查和批准在比赛过程中使用的所有器材。

(2)指定正式的比赛计时钟、24秒钟装置、计秒表并确认记录台人员本人。

(3)从主队提供的至少两个用过的球中挑选比赛球。如果两个球中没有一个适宜作为比赛球,他可在提供的球中挑选最好的。

(4)不允许任何队员佩戴可能造成其他队员伤害的物品。

(5)在第1节开始时执行跳球,在所有其他节和决胜期开始时管理掷球入界。

(6)当情况需要时有权停止比赛。

(7)有权判定该球队弃权。

(8)在比赛时间结束时,或在任何他认为有必要的时候,仔细地审查记录表。

(9)裁判员应在预定的比赛开始时间前20分钟到达球场,此时他们的权力应生效,当裁判员批准比赛结束时他们的权力结束。在比赛时间结束时,经主裁判员的认可和在记录表上签字终止了裁判员对比赛的管理以及他们和比赛的联系。

(10)如果在早于预定的比赛开始前20分钟或在比赛时间结束和核查及在记录表上签字之间发生了运动员、教练员、助理教练员或随队人员违反体育运动精神的行为,主裁判员必须在签字之前在记录表的背面记录该事件,技术代表或主裁判员必须向竞赛的组织者提交详细的报告。

(11)每当有必要或当裁判员的意见不一致时做出最终的决定。

(12)在记录表上签字之前,有权运用技术设备决定每一节或任一决胜期结束时的最后一投是否在比赛时间内。

(13)如果其中一支球队提出申诉,主裁判员(或到场的技术代表)在收到队伍提交的申诉原因后,应将该起申诉的事件情况书面报告给竞赛的组织部门。

(14)有权对这些规则中未明确规定的事项做出决定。

2.裁判员:职责和权力

(1)裁判员有权对不论发生在界线内或界线外包括记录台、球队席以及紧靠线后的区域所发生的对规则的违犯做出宣判。

(2)当发生一次违犯规则、一节结束或裁判员发现有必要中断比赛时,裁判员应鸣哨。在一次成功的投篮、一次成功的罚球之后或当球成活球时,裁判员不应鸣哨。

(3)当发生违例或犯规时,裁判员应鸣哨并同时给出适当的手势以停止比赛计时钟,使球成死球。

(4)当判定身体接触或违例时,篮球裁判员应在每一个实例中注重和考虑下列基本原则:

• 运用"有利/无利"概念中的一致性,篮球裁判员不应企图靠不必要地打断比赛来处罚附带的身体接触,况且这样的接触没有给有责任的队员以利益,也未置他的对方队员于不利。

• 在每场比赛中运用规则的一致性,要记住有关队员的能力以及他们在比赛中的态度和行为。

• 在比赛控制和比赛流畅之间保持平衡,对于参与者们正想做什么以及宣判什么对比赛是正确的,要有一种"感觉"。

(5)如果一位裁判员受伤或因任何其他原因不能继续执行任务,比赛应继续。除非有替补裁判员更换受伤的裁判员,如果没有,两名裁判员应继续执裁直到比赛结束。

3.记录员和助理记录员:职责

(1)记录员应使用正式的记录表

• 登记比赛开始时上场的队员和所有参加比赛的替补队员的姓名和号码。

• 记录累积分数以及投篮和罚球得分。

• 记录登记在每个队员名下的侵人犯规和技术犯规。

• 把每名球员的犯规登记在其名下。当登记任一队员第 5 次犯规时,记录员必须立即通知裁判员。他应把每一主教练的犯规登记在其名下,当主教练被取消比赛资格时,他必须立即通知裁判员。同样,当某队员已发生两次技术犯规、两次违反体育运动精神的犯规或一次技术犯规和一次违反体育运动精神的犯规并应被取消比赛资格时,他必须立即通知裁判员。

• 登记暂停。当某队已提出暂停请求,在出现暂停机会时通知裁判员。当主教练在该半时或决胜期中不再有剩余暂停时,他应通过裁判员通知该主教练。

操作交替拥有箭号来指明下一次交替拥有。上半时结束后,由于球队在下半时将交换球篮,记录员应立即反转交替拥有箭头的方向。

(2)助理记录员应操纵记录板和协助记录员

助理记录员应操纵记录屏,协助记录员和计时员。如果记录屏和记录表之间的任何差异不能被解决,应以记录表为准,并将记录屏做相应的改正。

(3)如果发现记录表上的记录错误

• 在比赛中,计时员必须等到第一次死球时才发出信号。

• 在比赛时间结束之后和在主裁判员签字之前,该错误应被改正,即使这个改正影响比赛的最终结果。

• 在主裁判员已在记录表上签字之后,该错误不再可能被改正。主裁判员或技术代表(如到场)必须向竞赛的组织部门送交详细的报告。

4. 计时员:职责

(1)应给计时员提供一块比赛计时钟和一块计秒表

计时员应该:

• 计量比赛时间、暂停和比赛休息期间。

• 保证一节或决胜期比赛时间结束时自动发出非常响亮的信号。

• 如果信号失灵或未被听到,应立即使用任何可能的办法通知裁判员。

• 每一队员发生犯规时,举示队员犯规次数牌,使双方主教练能清楚看到该队员的犯规次数。

• 在每一节全队犯规累计已达4次,球队处于全队处罚状态,球成为活球时将全队犯规指示器放置在记录台最靠近该队球队席的一端。

• 发出替换信号。

• 只有在球成为死球,并且球再次成为活球之前发出信号。计时员的信号不停止比赛计时钟或比赛,也不使球成为死球。

(2)当出现下列情况时应开始启动比赛计时钟

• 跳球时,球被跳球队员合法拍击。

• 罚球未成功并且球继续是活球,球触及场上队员。

• 在掷球入界时,球触及场上队员。

(3)当出现下列情况时应停止比赛计时钟

• 在一节或决胜期比赛时间结束时时间终了。

• 当球是活球时裁判员鸣哨。

• 当球是活球时24秒钟装置信号响。

• 某队已请求暂停,对方队投篮得分。

• 第4节或任一决胜期的最后2分钟内投篮得分。

(4)计时员应按下列所述计量暂停
- 裁判员鸣哨并给出暂停手势,立即开动秒表。
- 当暂停已走过50秒时发出他的信号。
- 当暂停已结束时发出他的信号。

(5)计时员应按下列所述计量比赛休息时间
- 先前的一节或决胜期已结束,立即开动秒表。
- 在第1节和第3节之前,距该节或决胜期开始剩余3分钟、1分30秒时通知裁判员。
- 在第2节和第4节和每一决胜期之前,距该节或决胜期开始剩余30秒时发出他的信号。
- 当比赛休息时间结束时,发出他的信号并同时立即停止秒表。

5.进攻计时员:职责

应给进攻计时员提供一个进攻计时钟,并按下述要求操作:

(1)开动或重新开动进攻计时钟
- 在某队在场上控制活球时。此后对方队员仅仅是触及球,而原控制球队依然控制球时,则不开始一个新的进攻时间周期。
- 在掷球入界中,球触及或者被场上任何队员合法触及时。

(2)停止但不复位进攻计时钟,且剩余时间可见,当判给原控制球队掷球入界
因为:
- 球出界。
- 一名同队队员受伤。
- 该队被判技术犯规。
- 一次跳球情况(球夹在篮圈和篮板之间时除外)。
- 一次双方犯规。
- 判给双方球队的相等罚则相互抵消。

停止但不复位进攻计时钟,且剩余时间可见,当判给原控制球队掷球入界,作为犯规或违例的结果,进攻计时钟显示14秒或更多。

(3)停止进攻计时钟并复位到24秒并且无显示
当:
- 球合法地进入球篮。
- 球触及对方球篮的篮圈(球夹在篮圈和篮板之间除外)并且球被触圈前未控制球的球队所控制。
- 某队获得后场掷球入界球权:
——作为一次犯规或违例的结果(球出界除外)。
——作为跳球情况的结果,球队先前没有控制球。

——比赛因与控制球队无关的行为被停止。

——比赛因与双方都无关的行为被停止,除非对方会被置于不利。

• 某队获得罚球。

(4)停止进攻计时钟并复位到14秒,且14秒可见

当:

• 判给原控制球队在前场掷球入界并且进攻计时钟显示13秒或少于13秒:

——作为一次犯规或违例的结果(球出界除外)。

——比赛因与控制球队无关的行为被停止。

——比赛因与双方都无关的行为被停止,除非对方会被置于不利。

• 作为一个结果,之前未控制球的队应在前场掷球入界:

——侵人犯规或违例(包括出界)。

——跳球情况。

• 作为一次违反体育运动精神的犯规或取消比赛资格的犯规的结果,从该队前场掷球入界线处执行掷球入界。

• 在一次不成功投篮(包括球夹在篮圈和篮板之间时)、最后一次不成功的罚球或者一次传球,球接触篮圈后,如果重新控制球的队和球触圈前控制球的队是同一队。

• 第4节或每一决胜期比赛计时钟显示2:00分钟或更少,后场拥有球权的队请求了一次暂停,主教练决定比赛由该队从其前场掷球入界线处掷球入界重新开始且比赛计时钟停止时进攻计时钟显示14秒或更多。

(5)在任一节或决胜期中,每当球成死球并且比赛计时钟停止时,任一球队获得新的控制球,并且比赛计时钟少于14秒,应关闭进攻计时钟。

进攻计时钟的信号既不停止比赛计时钟或比赛,也不使球成死球(某队正控制球除外)。

六、中国篮球裁判等级

我们国家篮球裁判员技术等级称号分为:国际级裁判员、国家级裁判员、一级裁判员、二级裁判员、三级裁判员。

各级裁判员应具备的条件:

1. 国际级裁判员

连续两年执裁国内最高水平联赛CBA或WCBA,年龄在35岁以下,品行端正、作风正派,具有良好的职业道德和临场执裁能力,形体、仪表、气质佳。英语无障碍交流,具备和掌握专业词汇及日常听说写读能力。

2. 国家级裁判员

取得一级裁判员证书满两年以上,精通篮球竞赛规则及裁判方法,并能在临场比赛中准确、熟练运用,具有较高的理论水平和丰富的实践经验,具有组织篮球竞赛的全面工作能力。

在全国篮球竞赛中能胜任正、副裁判长职务。掌握英语,熟悉英语裁判术语及规则。

3. 一级裁判员

取得二级裁判员证书满两年以上,熟练地掌握和运用篮球竞赛规则和裁判方法,具有一定的裁判理论水平和实践经验,基本具有篮球竞赛的全面裁判工作能力。在省级或相当省级篮球竞赛中能胜任正、副裁判长职务。具有训练二级以下篮球裁判员的能力。熟悉篮球技术、战术及篮球裁判英语术语。

4. 二级裁判员

取得三级裁判员证书满三个月以上,熟悉篮球竞赛规则和裁判法,能在比赛中较准确地运用,具有一定的裁判工作经验。能胜任市县级篮球比赛裁判工作。

5. 三级裁判员

品德端正,作风正派,身体健康,懂得篮球竞赛规则,并能在比赛中合理运用。

第四节 篮球比赛规则

一、规则演变

规则的修改,促进了篮球运动的发展,而篮球技、战术水平的不断提高,又促进了对规则不完善地方的适当修改或补充,从而使篮球运动向健康的方向发展。

规则与篮球技、战术就像生产力与生产关系一样,是相辅相成、相互依赖、相互促进的关系。规则通过肯定、否定、允许或不允许,来保证篮球比赛的正常进行,促进篮球运动的健康发展。球场上符合规则的动作,就是正确的动作,反之是错误动作。

篮球规则从最初的13条发展到现在的50条,篮球技战术从原来的简单发展到现在的复杂,都是它们许多年来相互制约、相互促进的结果。如:最新国际篮联对规则中"带球走"的概念做了新的改动,对确立接球队员的"中枢脚"有了全新的界定,俗称0—1—2动作。再譬如,规则对突破上篮动作的界定,突破上篮或其他运动中投篮的连续动作开始于:根据裁判员的判断,当队员结束运球或在空中接到球后,球已在手中停留时,队员在球离手前开始做投篮连续动作。而近年来,比赛中出现后仰跳投、后撤步跳投、勾手跳投等多种形式的技术,也是因为规则对攻守技术强调了垂直面的原则、腾空队员原则等几个处理身体接触与犯规的基本原则所决定的。在犯规处理上,特别强调了攻守平衡的指导思想,合法保护了攻守双方的圆柱体,迫使和促进了投篮队员为摆脱防守、避免撞人犯规而采取的各种形式的跳投技术,以达到得分的目的,推动了防守战术的不断发展等。

国际篮联在一般情况下,每隔两年对规则要进行一次修改与补充,其目的是为了促进篮球技、战术进一步发展,并限制粗暴动作,使比赛向文明、干净及紧张激烈和富有魅力的方向发展。

二、球场及界线

1. 比赛场地

(1)比赛场地应是一块平坦、无障碍物的硬质地面。其尺寸是长 28 米、宽 15 米(从界线的内沿丈量)。

2. 后场

某队的后场由该队本方的球篮、篮板的界内部分,以及由该队本方球篮后面的端线、两条边线和中线所界定的比赛场地部分组成。

(1)界线

比赛场地由两条端线和两条边线组成的界线所限定。这些线不是比赛场地的部分。

任何障碍物包括在球队席就座的主教练、第一助理教练、替补队员、出局的队员和随队人员,距离比赛场地应至少 2 米。

(2)中线、中圈和罚球半圆中线应从两条边线的中点画出并平行于两条端线。它向每条边线外延伸 0.15 米。中线是后场的一部分。中圈应画在比赛场地的中央,半径为 1.80 米(从圆周的外沿丈量)。两个罚球半圆应画在比赛场地上,半径是 1.80 米(从圆周的外沿丈量),它的圆心在两条罚球线的中点上。

(3)罚球线、限制区和抢篮板球分位区

罚球线应画成与每条端线平行。从端线内沿到它的最外沿应是 5.80 米,其长度是 3.60 米。它的中点应落在连接 2 条端线中点的假想线上。限制区应是画在比赛场地上的一个长方形区域,它由端线、延长的罚球线和起自端线(外沿距离端线中点 2.45 米)终于延长的罚球线外沿的线所限定。除了端线外,这些线都是限制区的一部分。

(4)三分投篮区域

某队的 3 分投篮区域是指除对方球篮附近被下述条件限制的区域之外的整个赛场地区。这些条件包括:

- 从端线引出两条平行线,外沿分别距离边线内沿 90 厘米。
- 以对方球篮的中心垂直线为圆心,此圆心距端线的内沿中心点 1.575 米,画半径为 6.75 米(量到圆弧外沿)的半圆与两平行线相交。
- 三分线不属于三分投篮区域的一部分

三、比赛时间、比分相等和决胜期

(1)比赛应由 4 节组成,每节 10 分钟。

(2)在预定的比赛开始时间之前,应有 20 分钟的比赛休息期间。

(3)在第 1 节和第 2 节(上半时)之间,第 3 节和第 4 节(下半时)之间,以及每一决胜期之前,应有 2 分钟的比赛休息期间。

(4)两个半时之间的比赛休息期间应是 15 分钟。

(5)一次比赛休息期间开始于：
- 预定的比赛开始时间之前20分钟。
- 结束一节或决胜期的比赛计时钟信号响时。

(6)一次比赛休息期间结束于：
- 第1节开始,在跳球抛球中,当球离开主裁判员的手时。
- 所有其他节和决胜期的开始,当掷球入界队员可处理球时。

(7)如果在第4节比赛结束时比分相等,比赛有必要再继续若干个5分钟的决胜期来打破平局。对于主客场总得分制的系列比赛,如果在第2场的第4节比赛结束时,两队两场比赛得分的总和相等,比赛有必要再继续若干个5分钟的决胜期来打破平局。

(8)如果一起犯规发生在比赛休息期间,在下一节或决胜期比赛开始之前应执行最后的罚球。

四、比赛或节、决胜期的开始和结束

(1)在中圈跳球抛球,当球离开主裁判员的手时第1节开始。

(2)所有其他节和决胜期比赛,当掷球入界队员可处理球时,该节开始。如果某一队在比赛场地上准备比赛的队员不足5名,比赛不能开始。

(3)对所有的比赛,在竞赛日程表中队名列前的队(主队)应拥有记录台(面对比赛场地)左侧的球队席和本方球篮。然而,如果两队同意,他们可互换球队席和/或球篮。

(4)在第1节和第3节前,球队有权在对方的球篮所在半场做赛前准备活动。

(5)球队下半时应交换球篮。

(6)在所有的决胜期中,球队应继续进攻与第4节比赛方向相同的球篮。

(7)当结束比赛时间的比赛计时钟信号响时,一节、决胜期或比赛应结束。当篮板四周装有红色光带时,光带信号亮先于比赛计时钟信号响。

五、跳球和交替拥有球权

1. 定义

(1)在第一节开始时,一名裁判员在中圈、在任何两名互为对方的队员之间将球抛起,一次跳球发生。

(2)当双方球队各有一名或多名队员有一手或两手紧握在球上,以至不采用粗野动作任一队员就不能获得控制球时,一次争球发生。

2. 程序

(1)每一跳球队员的双脚应站立在靠近该队本方球篮的中圈半圆内,一脚靠近中线。

(2)如果一名对方队员要求占据其中一个位置,同队队员不得围绕圆圈占据相邻的位置。

(3)裁判员应在两名互为对方的队员之间将球向上(垂直地)抛起,其高度超过任一队

员跳起能达到的高度。

(4)在球到达它的最高点后,球必须被一名或两名跳球队员用手拍击。

(5)在球被合法地拍击前,任一跳球队员都不应离开他的位置。

(6)在球触及非跳球队员之一或地面前,任一跳球队员都不得抓住球或拍击球超过两次。

(7)如果球未被至少一名跳球队员拍击,则应重新跳球。

(8)在球已被拍击前,非跳球队员的身体部分不得在圆圈上或圆圈(圆柱体)上方。

3. 跳球情况

一次跳球情况发生,当:

- 宣判了一次争球。
- 球出界,并且裁判员们对谁是最后触及球的队员拿不准或有争执。
- 在最后一次或仅有一次不成功的罚球中,双方队员罚球违例发生。
- 一个活球停在球篮支架上(除去罚球之间)。
- 当任一队既没有控制球又没有球权时球成死球。
- 除第一节外,所有节将开始时。

4. 交替拥有定义

(1)交替拥有是以掷球入界而不是以跳球来使球成活球的一种方法。

(2)交替拥有掷球入界

- 开始于:

掷球入界队员可处理球时。

- 结束于:

——球触及任一场上队员或被任一场上队员合法触及时。

——掷球入界队发生违例时。

——掷球入界中活球夹在篮圈和篮板之间时。

(3)交替拥有程序

①在所有跳球情况中,双方球队应交替拥有从最靠近发生跳球情况的地点掷球入界,正好在篮板后面的地点除外。

②跳球后未在场上获得控制活球的球队应拥有第一次交替拥有球权。

③在任一节结束时拥有下一次交替拥有球权的队,应从记录台对侧的中线延长线以掷球入界方式开始下一节或决胜期,除非有进一步的罚球和球权罚则要执行。

④应由指向对方球篮的交替拥有箭头来指明拥有交替拥有掷球入界球权的球队。当交替拥有掷球入界结束时,交替拥有箭头的方向立即反转。

⑤某队在其交替拥有掷球入界中违例,使该队失掉交替拥有掷球入界的球权。交替拥有箭头应立即反转,指明违例队的对方在下一次跳球情况中拥有交替拥有掷球入界的球权。于是将球判给违例队的对方从最初的掷球入界地点掷球入界继续比赛。

⑥在:
- 除第1节和决胜期外的其他节开始前
- 交替拥有掷球入界中,任一球队犯规

不使掷球入界队失去交替拥有掷球入界的球权。

六、常见的违例

1. 定义

(1)违例是指违反规则。

(2)罚则:将球判给对方队员从最靠近发生违例的地点掷球入界,但正好在篮板后面的地点除外,除非本规则另有规定。

2. 队员出界和球出界

(1)当队员身体的任何部分与界线上、界线上方或界线外的地面,或除队员以外的任何物体接触时,即是队员出界。

(2)球出界。

当球触及:
- 界外的队员或任何其他人员。
- 界线上、界线上方或界线外的地面或人、物体。
- 篮板的支柱或背面。

(3)球出界或球触及除队员以外的其他物体出界,最后触及球或被球触到的队员是使球出界的队员。

(4)如果球出界是由于触及了界线上或界线外的队员或被他所触及,是该队员使球出界。

(5)在争球期间,如果队员移动到界外或他的后场,一次跳球情况发生。

3. 运球

(1)运球是指一名队员控制一个活球的一系列动作:在地面上掷、拍、滚、运或弹在地面上。

(2)当在场上已获得控制活球的队员将球在地面上掷、拍、滚、运或弹在地面上,并在球触及另一队员之前再次触及球,为运球开始。当队员双手同时触及球或允许球在一手或双手中停留时运球结束。

(3)队员偶然地失掉和随后在场上恢复控制活球,被认为是漏接球。

(4)下列情况不是运球:
- 连续投篮。
- 一次运球的开始或结束时漏接球。
- 从其他队员的附近用拍击球来试图获得控制球。
- 拍击另一队员控制的球。

•拦截传球并获得控制球。

•只要不发生带球走违例,将球在两手之间抛接并在球触及地面前,允许球在一手或者两手中停留。

•将球掷向篮板并再次获得控制球。

(5)规定

队员第一次运球结束后不得再次运球,除非在两次运球之间由于下述原因他已在场上失去了控制活球:

•投篮。

•球被对方队员触及。

•传球或漏接球,然后球触及了另一队员或被另一队员触及。

4. 带球走

(1)当队员在场上持着一个活球,其一只脚或双脚超出本条款所述的限制,向任一方向非法的运动是带球走。

(2)在场上正持着一个活球的队员用一只脚(称为"中枢脚")始终接触着该脚与地面接触的那个点,而另一只脚向任一方向踏出一次或多次的合法运动是旋转。

(3)对在场上接住活球的队员确立中枢脚的情况。

•一名队员接住球时,双脚站在地面上:

——一只脚抬起的瞬间,另一只脚成为中枢脚。

——开始运球时,在球离手前中枢脚不得离开地面。

——队员可以跳起中枢脚传球或投篮,但在球离手前,任意一只脚不得落回地面。

•一名队员在移动中或在结束运球时拿球,他可以移动两步完成停步、传球或者投篮:

——如果接到球的队员开始运球,他应在第 2 步(脚接触地面)之前球离手。

——队员获得控制球之后,一只脚接触地面或双脚同时接触地面时,就视为第 1 步。

——在队员确立了第 1 步后,当他的另一只脚接触地面或双脚同时接触地面时,就视为第 2 步。

——如果队员在第 1 步就完成了停步,此时他双脚站在地面上时,或是双脚同时接触地面时,他可以用他的任一只脚作为中枢脚进行旋转。如果随后他双脚跳起,那么在他球离手之前,任一只脚都不得落回地面。

——如果队员是脚分先后落地完成(合法)停步,他仅可以用那只先着地的脚作为中枢脚进行旋转。

——如果队员第 1 步是一只脚落地,随即又跳起该脚,他可以双脚同时落地作为他的第 2 步。在这种情况下,该队员不可以再用任一只脚为中枢脚进行旋转。如果随后他的一脚或双脚离开地面,那么,在球离手前哪一只脚都不得落回地面。

——如果队员双脚离开地面后又双脚同时落地作为第 1 步时,那么,在一只脚抬离地面的瞬间,另一只脚就成为中枢脚。

——队员结束运球或获得控制球后,他不得用同一只脚或双脚连续地接触地面行进。

(4)一名跌倒、躺在或坐在地面上的队员。

• 当一名队员持着球跌倒并在地面上滑行或躺在地面上或坐在地面上时获得了控制球,这是合法的。

• 如果随后该队员持球滚动或持着球尝试站起来,这是违例。

5. 3秒

(1)当某队在前场控制活球并且比赛计时钟正在运行时,该队的队员不得停留在对方队的限制区内超过持续的3秒。

(2)队员在下列情况中应被默许。

• 他试图离开限制区。

• 他在限制区内,当他或他的同队队员正在做投篮动作并且球正离开或恰已离开投篮队员的手时。

• 他在限制区内已接近3秒时运球投篮。

• 为证实队员自身位于限制区外,他必须将双脚置于限制区外的地面上。

6. 被严密防守的队员

(1)一名队员在场上正持着一个活球,一名对方队员在距离他不超过1米处,并采取积极的、合法防守的动作时,该持球队员是被严密防守的队员。

(2)一名被严密防守的队员必须在5秒内传、投或运球。

7. 8秒

(1)每当:

• 一名在后场的队员获得控制活球时。

• 在掷球入界中,球触及后场的任何队员或者被后场的任何队员合法触及,掷球入界队员所在队仍拥有在后场的球权时。

该队必须在8秒内使球进入该队的前场。

每当:

• 没有被任何队员控制,球触及前场时。

• 球触及或者被双脚完全在他前场的进攻队员合法触及时。

• 球触及或者被有部分身体在他后场的防守队员合法触及时。

• 球触及有部分身体在控制球队前场的裁判员时。

• 运球队员在后场往前场运球的过程中,球和双脚完全进入前场时。

就是球队使球进入该队的前场。

(2)当先前已控制球的同一队由于下列情况的结果被判在后场掷球入界时,8秒应从剩余时间处连续计算:

• 球出界。

• 一名同队队员受伤。

- 该队被判技术犯规。
- 一次跳球情况。
- 一次双方犯规。
- 双方球队的相等罚则抵消。

8.24 秒

(1)当一名队员在场上获得控制活球时；

在掷球入界中，球接触场上的任何队员或被场上的任何队员合法触及，并且掷球入界队员的球队仍然控制球时，该队必须在 24 秒内尝试投篮。

(2)一次 24 秒内投篮的构成：

- 在进攻计时钟的信号发出前，球必须离开队员的手。
- 球离开了队员的手后，必须触及篮圈或进入球篮。

(3)在临近 24 秒结束时尝试了一次投篮，并且球在空中时进攻计时钟信号响：

- 如果球进入球篮，没有违例发生，信号应被忽略并且计中篮得分。
- 如果球触及篮圈但未进入球篮，没有违例发生，信号应被忽略并且比赛应继续。
- 如果球未碰篮圈，一次违例发生。然而，如果对方队员立即和清晰地获得了控制球，信号应被忽略并且比赛应继续。当篮板上沿装有黄色光带时，光带信号亮先于进攻计时钟信号响。关系到干涉得分和干扰得分的所有限制应适用。

(4)每当裁判员停止了比赛，进攻计时钟应复位：

- 因为不控制球的球队犯规或者违例(不是因为球出界)。
- 因为任何不控制球的球队有关的正当原因。
- 因为任何与双方球队都无关的正当原因。

在这些情况中，球权应判给先前控制球的球队。如果掷球入界在其：

- 后场执行，进攻计时钟应复位到 24 秒。
- 前场执行，进攻计时钟应按照下述原则复位：

①当比赛停止时，如果进攻计时钟显示为 14 秒或者多于 14 秒，进攻计时钟不复位，从被停止的时间处连续计算。

②当比赛停止时，如果进攻计时钟显示为 13 秒或者少于 13 秒，进攻计时钟应复位到 14 秒。然而，如果比赛因为与双方球队都无关的正当原因而被裁判员停止，根据裁判员的判断，进攻计时钟复位将置对方于不利，进攻计时钟应从停止的时间连续计算。

9.球回后场

(1)某队在它的前场控制活球，当：

- 一名双脚触及前场的该队队员正持球、接住球或在他的前场运球时。
- 球在位于前场的该队队员之间传递时。

(2)在它前场控制活球的球队使球非法地回到它的后场，如果该队一名队员在他的前

场最后触及球,并且随后球被该队一名队员首先触及:

• 该队员有部分身体触及后场。

• 在球已触及该队后场之后。

这个限制适用于在某队前场的所有情况,包括掷球入界。然而,它不适用于队员从他的前场跳起,仍在空中时建立新的球队控制球,然后持球落在该队的后场。

(3)在前场控制活球的球队不得使球非法地回到他的后场。球应判给对方球队在它的前场最靠近违犯的地点掷球入界,正好在篮板后面的地点除外。

10. 干涉得分和对球干扰

(1)投篮或罚球。

• 开始于:球离开正在做投篮动作的队员的手时。

• 结束于:

——球从上方直接进入球篮并且停留在球篮中或完全地穿过球篮时。

——球不再有进入球篮的可能性时。

——球触及篮圈时。

——球触及地面时。

——球成为死球时。

(2)规定。

①在一次投篮中,当一名队员触及完全在篮圈水平面之上的球时,并且:

• 球是下落飞向球篮中。

• 在球已碰击篮板后,干涉得分发生。

②在一次罚球中,当一名队员触及飞向球篮的、触及篮圈前的球时,干涉得分发生。

③干涉得分限制适用于:

• 球不再有进入球篮的可能性前。

• 球触及篮圈前。

④当以下情况出现:

• 在一次投篮或最后一次罚球中,当球与篮圈接触时,队员触及球篮或篮板。

• 在一次罚球(随后还有进一步的罚球)后,球有进入球篮的可能性时,一名队员触及球、球篮或篮板时。

• 队员从下方伸手穿过球篮并触及球时。

• 当球在球篮中,防守队员触及球或球篮,从而阻止球穿过球篮时。

• 队员使篮板颤动或者抓球篮,根据裁判员的判定,这种手段已妨碍球进入球篮或者使球进入球篮时。

• 队员抓球篮打球时。

干涉得分发生。

七、犯规

1.定义

(1)犯规是对规则的违犯,含有与对方队员的非法身体接触和/或违反体育运动精神的举止。

(2)可宣判一个队任何数量的犯规,不管罚则是什么,都要登记犯规者的每一次犯规,记入记录表并且根据这些规则进行处罚。

2.圆柱体原则

(1)定义

一名站在地面上的队员占据的一个假想的圆柱体内的空间。它包括该队员上面的空间,由以下部分圈定:

- 前面由手的双掌。
- 后面由臀部。
- 两侧由双臂和双腿的外侧。

(2)合法防守位置

简单来说,所谓的合法防守位置就是在队员的圆柱体内,保持正面面对对手,双脚着地。此时,圆柱体所确定的位置从地面到天花板垂直的上方无限伸展都是合法防守位置,队员可以将其双臂和双手举过头或垂直跳起,但是其必须在圆柱体内使头和手臂保持垂直的姿势。

注意:

a.防守队员为了保持最初的合法防守位置,可以保持静立、垂直跳起、侧移或者后移。

b.在保持合法防守位置的移动过程中,一脚或者双脚可以瞬间离地,只要该移动是向侧或者向后的,不朝向持球队员。

c.接触必须发生在躯干上。

已建立了合法防守位置的防守队员可以在他的圆柱体内转身,以缓和任何冲撞或者受伤。

3.接触及常见犯规

(1)掩护是试图延误或阻止一名没有球的对方队员到达希望到达的场上位置。

- 合法的掩护是当正在掩护对手的队员:
- 发生接触时是静止的(在他的圆柱体内);
- 发生接触时双脚着地。

(2)非法的掩护是当正在掩护对手的队员。

- 发生了接触时正在移动。
- 发生了接触时,是在静止对手的视野之外做掩护没有给出足够的距离。
- 发生了接触时,对移动中的对手没有重视时间和距离的因素。

•如果在静止对手的视野之内做掩护(前方的或侧方的),做掩护的队员可按自己的意愿靠近对手以建立掩护,只要没有接触。

•如果在静止对手的视野之外做掩护,做掩护的队员必须允许对手向掩护迈出正常的一步而不发生接触。

•如果对手在移动中,时间和距离的因素应适用。做掩护的队员必须留出足够的空间,以便被掩护的队员能通过停步或改变方向来避免掩护。要求的距离是不得少于正常的1步,不得多于正常的2步。与已经建立掩护的队员的任何接触,由被合法掩护的队员负责。

(3)撞人:撞人是有球或无球队员推进或移动到对方队员躯干上的非法身体接触。

(4)阻挡:阻挡是阻碍有球或无球对方队员行进的非法的身体接触。

(5)如果试图做掩护的队员在移动中与静止或后退的对方队员发生接触,则他发生了一起阻挡犯规。

(6)如果队员不顾球,面对着对方队员并随着对方队员的移动而移动他的位置,除非包含其他因素,他对所发生的任何接触负主要责任。所谓"除非包含其他因素"是指被掩护的队员故意推人、撞人或拉人。

(7)队员在场上占据位置时把他的手臂或肘伸在他的圆柱体之外是合法的,但当对方队员试图通过时,它们必须移到他圆柱体之内。如果手臂或肘是在他的圆柱体之外并发生接触,这是阻挡或拉人。

4.用手和/或手臂接触对方队员

(1)防守队员的犯规

•用手触及对方队员,本身未必是犯规。裁判员应判定引起接触的队员是否已经获得了不公正的利益。如果队员引起的接触在任何方面限制对方队员的移动自由,这样的接触是犯规。

•当防守队员处于防守位置,并且他的手或手臂放置在持球或不持球的对方队员身上并保持接触阻碍他行进,就发生了非法用手或非法伸展手臂。

•反复地触及或"戳"持球或不持球的对方队员是犯规,因为这可导致粗暴的比赛。

(2)进攻队员的犯规

•为了获得不公正的利益,用手臂或肘"钩住"或缠绕防守队员。

•为了阻止防守队员的防守或试图抢球,或为了在他和防守队员之间创造更大的空间,"推开"防守队员。

•运球时,用伸展的前臂或手去阻止对方队员获得控制球。

•不持球的进攻队员为了下列原因"推开"防守队员是犯规:

①摆脱去接球。

②阻止防守队员的防守或试图抢球。

③在他和防守队员之间创造更大的空间。

5. 背后非法防守

背后非法防守是防守队员从对方队员的背后与其发生的身体接触。

6. 拉人

拉人是干扰对方队员移动自由的身体接触。这样的接触(拉人)可用身体的任何部位来发生。

7. 推人

推人是队员用身体的任何部位强行移动或试图移动控制或未控制球的对方队员时发生的非法身体接触。

8. 骗取犯规

一名队员采用任何手段假装被侵犯,或采取戏剧性的夸张动作来制造"被侵犯了"的假象并从中获利,是骗取犯规。

八、侵人犯规

1. 定义

侵人犯规是队员与对方队员的接触犯规,无论球是活球或是死球。队员不应通过伸展他的手、臂、肘、肩、髋、腿、膝或脚来拉、阻挡、推、绊、阻止对方队员行进;以及不应将其身体弯曲成"反常的"姿势(超出他的圆柱体);也不应放纵任何粗野或猛烈的动作。

2. 罚则

应给犯规队员登记一次侵人犯规。

(1) 如果对没有做投篮动作的队员发生犯规:

- 由非犯规的队在最靠近违犯的地点掷球入界重新开始比赛。
- 如果犯规的球队处于全队犯规处罚状态时,则应运用全队犯规的罚则处罚。
- 如果对正在做投篮动作的队员发生犯规,应按下面所述判给投篮队员若干罚球:

a. 投篮成功,应计得分并判给 1 次追加的罚球。

b. 如果从 2 分投篮区域的投篮不成功,应判给 2 次罚球。

c. 如果从 3 分投篮区域的投篮不成功,应判给 3 次罚球。

- 在结束一节的比赛计时钟信号响时或恰好响之前,或当 24 秒钟装置信号响时或恰好响之前,队员被犯规了,此时球仍在该队员的手中,并且投篮成功,不应计得分。应判给 2 或 3 次罚球。

九、双方犯规

1. 定义

双方犯规是两名互为对方的队员大约同时相互发生侵人犯规或违反体育运动精神犯规/取消比赛资格犯规的情况。

2. 罚则

(1)应给每一犯规队员登记一次侵人犯规。不判给罚球。

(2)比赛应按下列所述重新开始：

• 如果在大约同时投篮有效或最后一次或仅有一次的罚球得分,应将球判给非得分队从端线掷球入界。

• 如果某队已控制了球或拥有球权,应将球判给该队在最靠近违犯的地点掷界外球。

• 如果任一队都没有控制球也没有球权,一次跳球情况发生。

十、违反体育运动精神的犯规

1.定义

违反体育运动精神的犯规是一起队员身体接触的犯规,并且根据裁判员判定,包含：

• 与对方发生身体接触并且不在本规则的精神和意图的范畴内努力比赛。

• 在尽力抢球或在与对方队员尽力争抢中,造成与对方队员过分严重的身体接触。

• 一起攻防转换中,防守队员为了中断进攻队的进攻,与进攻队员造成不必要的身体接触。该原则在进攻队员开始他的投篮动作之前均适用。

• 一起对方队员从正朝着对方球篮行进的队员身后或侧面与其造成的非法接触,并且在该行进队员、球和对方球篮之间没有其他队员。该原则在进攻队员开始他的投篮动作之前均适用。

• 在第4节和每一决胜期比赛计时钟显示2:00分钟或更少,当掷球入界的球在界外并且仍在裁判员手中,或掷球入界队员可处理时,防守队员在比赛场内对进攻队员造成身体接触。

2.在整场比赛中,裁判员对违反体育运动精神的犯规的解释必须一致,并且只能根据其所作所为来判定。

3.罚则

(1)应给犯规队员登记一次违反体育运动精神的犯规。

(2)应判给被犯规的队员执行罚球,以及随后：

• 在该队前场的掷球入界线处掷球入界。

• 在中圈跳球开始第1节。

应按下述原则判给若干罚球：

• 如果对没有做投篮动作的队员发生犯规,判2次罚球。

• 如果对正在做投篮动作的队员发生犯规,如中篮应计得分并追加一次罚球。

• 如果对正在做投篮动作的队员发生犯规,如球未中篮,判2次或3次罚球。

(3)当登记了一名队员2次违反体育运动精神的犯规或2次技术犯规,或一次技术犯规和一次违反体育运动精神的犯规时,应该取消他本场剩余比赛的资格。

十一、取消比赛资格的犯规

1.定义

(1)队员、替补队员、教练员、助理教练员或随队人员的任何恶劣的违反体育道德的行为是取消比赛资格的犯规。

(2)一名队员被登记了2次违反体育道德的犯规时,该队员也应被取消比赛资格。

(3)教练员也应被取消比赛资格,当:

• 由于他自身违反体育道德行为的结果而被登记了2次技术犯规时。

• 由于球队席人员(助理教练员、替补队员或随队人员)违反体育运动精神而被累计登记了3次技术犯规或3次技术犯规的组合中,其中有一次是登记教练员自身时。

2.暴力行为

(1)比赛中可能发生与体育运动精神和公正竞赛相违背的暴力行为。裁判员应立即制止,如有必要,通过负责维持公共秩序的保安人员来制止。

(2)无论何时队员、替补队员、教练员、助理教练员或随队人员之间在比赛场地上或其附近发生暴力行为,裁判员应采取必要的行动去制止他们。

(3)任一上述人员以十分恶劣的行为侵犯对方队员或教练员时,应被取消比赛资格。裁判员必须将此事件报告给竞赛的组织部门。

(4)裁判员绝不允许队员、替补队员、教练员、助理教练员和随队人员能导致比赛器材损坏的行为。

3.罚则

(1)应给犯规者登记一次取消比赛资格的犯规。

(2)他应被取消比赛资格并去该队的休息室,并在比赛期间留在那里,或者,他也可以选择离开体育馆。

(3)罚球应判给:

• 任一对方队员,就一次非接触犯规来说。

• 被犯规的队员,就一次接触犯规来说。

以及随后:

• 在记录台对面的中线延长部分掷球入界。

• 在中圈跳球开始第1节。

(4)罚球的次数应按如下规定:

• 如果对没有做投篮动作的队员发生犯规或如果是一次技术犯规,应判给2次罚球。

• 如果对正在做投篮动作的队员发生犯规,如中篮应计得分并加判给1次罚球。

• 如果对正在做投篮动作的队员发生犯规,并没有得分,应判给 2 或 3 次罚球。

十二、技术犯规

1. 行为规定

(1)比赛的正当行为要求双方球队的成员(队员、替补队员、教练员、助理教练员和随队人员)与裁判员、记录台人员以及技术代表有完美和真诚的合作。

(2)每个球队应尽最大的努力去获得胜利,但胜利的取得必须符合体育道德精神和公正竞赛的要求。

(3)任何故意的或一再的不合作,或不遵守本规则的精神,应被认为是技术犯规。

(4)裁判员可以通过警告或宽容那些明显是无意的并不直接影响比赛的、属管理性质的小的技术违纪来阻止技术犯规,除非在警告后重复出现同样的违犯。

(5)如果在球成活球后发现了一起技术违犯,比赛应停止并登记一起技术犯规。如同技术犯规已发生在被登记时一样,执行罚则。在技术犯规与比赛停止之间的时间间隔内无论发生了什么应有效。

当裁判员观察到这类行为时,应立即给违犯队的教练员一次警告。如果重复该行为,应立即宣判有关的违犯者一次技术犯规。裁判员所做的决定是最终的,不能被争辩和漠视。

2. 定义

(1)技术犯规是包含(但不限于)行为性质的队员非接触犯规:

• 无视裁判员的警告。

• 与裁判员、技术代表、记录台人员、对方队或允许坐在球队席的人员讨论和/或交流中没有礼貌。

• 使用很可能冒犯或煽动观众的粗话或手势。

• 戏弄或嘲讽对方队员。

• 在对方队员眼睛附近挥手或手保持不动妨碍其视觉。

• 过分挥肘。

• 在球穿过球篮之后故意地触及球,阻碍迅速地掷球入界或罚球以延误比赛。

• 伪造被犯规。

• 悬吊在篮圈上,致使队员的重量由篮圈支撑,除非扣篮后,队员瞬间抓住篮圈,或者根据裁判员的判断,他正试图防止自己受伤或另一名队员受伤。

• 在最后一次罚球中防守队员干涉得分,应判给进攻队得 1 分,随后执行登记在该防守队员名下的技术犯规罚则。

(2)球队席人员的技术犯规是与裁判员、技术代表、记录台人员或对方队交流中没有礼貌或无礼地触碰他们的犯规;或是一次程序上的或管理性质的违犯。当登记了一名队员 2 次技术犯规或 2 次违反体育运动精神的犯规,或一次技术犯规和一次违反体育运动精神的犯规时,应该取消他本场剩余比赛的资格。

(3)当出现下述情况时,应取消主教练本场剩余比赛的资格:

• 由于自身违反体育运动精神行为的结果登记了 2 次技术犯规("C")时。

• 由于其他球队席人员的违反体育运动精神行为累积登记了 3 次技术犯规,3 次全部登记为"B",或者其中一次是("C")。

(4)罚则

①如果:

• 判罚队员技术犯规,应作为队员的犯规登记在该队员名下,并计入全队犯规中。

• 判罚球队席人员,应登记在主教练名下,并不计入全队犯规次数中。

②应判给对方队员 1 次罚球,比赛应按下述重新开始:

• 应立即执行罚球。罚球后,由宣判技术犯规时,控制球队或拥有球权队在比赛停止时距离球最近的地点执行掷球入界。

• 也应立即执行罚球,不管是否有其他犯规带来的罚则的先后顺序,也不管这些罚则是否已经开始执行。技术犯规的罚球后,由宣判技术犯规时,控制球队或拥有球权队在最靠近比赛被技术犯规的罚则中断时的最近地点重新开始比赛。

• 如果一次有效得分或最后一次罚球得分,应在端线后任意地点掷球入界重新开始比赛。

• 如果既没有球队控制球,也没有球队拥有球权,这是一起跳球情况。

• 在中圈跳球开始第 1 节。

十三、三人制篮球比赛规则

1. 球场和比赛用球

比赛应在拥有一个球篮的三对三篮球场地上进行。标准的三对三篮球场地面积应为 15 米(宽)×11 米(长)。须具有标准篮球场上的相应区域,包括一条罚球线(5.80 米)、一条 2 分球线(6.75 米),以及球篮下方的一个"无撞人半圆区"。可以使用传统篮球场的半个比赛场地。

备注:基层比赛可以在任意场所中进行;如果场地带有标线,则标线应根据场地条件做相应调整。

2. 球队

每支球队应由 4 名队员组成(其中 3 名为场上队员,1 名为替补队员)。教练员不得进入赛场,不得在看台上指挥比赛。

3. 裁判员

比赛裁判员应由 1 名或 2 名临场裁判员以及计时员和记录员组成。

4. 比赛的开始

(1)比赛开始前,双方球队应同时进行热身。

(2)球队以掷硬币的方式决定第1次球权的归属。获胜一方可以选择拥有比赛开始时的球权或可能进行的决胜期比赛开始时的球权。

(3)每队必须有3名队员在场上才能开始比赛。

5. 得分

(1)每次在圆弧线以内区域中篮,计1分。

(2)每次在圆弧线以外区域中篮,计2分。

(3)每次罚球中篮,计1分。

6. 比赛时间/胜者

(1)一节常规的比赛时间为10分钟,在死球状态下和罚球期间应停止计时钟。在双方队员完成一次传递球时,重新开动计时钟(进攻队员获得球的瞬间)。

(2)在常规比赛时间结束之前,率先得到21分或以上的球队获胜。该规定仅适用于常规比赛时间(不适用可能的决胜期比赛)。

(3)如果比赛时间结束时比分相等,则应进行决胜期比赛。决胜期开始前,应有1分钟的休息时间。决胜期中率先取得2分的球队获胜。

(4)如果在预定的比赛开始时间某球队没有3名队员入场准备比赛,则判该队由于弃权使比赛告负。如果比赛因弃权而告负,比赛得分应记录为W-0或0-W("W"代表胜)。

(5)如果某队在比赛结束前离开场地,或该队所有的队员都受伤了和/或被取消了比赛资格,则判该队因缺少队员使比赛告负。在因缺少队员使比赛告负的情况中,胜队可以选择保留该队的得分或使比赛作对方弃权处理,在任何情况下因缺少队员使比赛告负的球队,得分应登记为0。

(6)某队因缺少队员告负或以不正当的方式弃权而告负,将取消该队在整个比赛中的参赛资格。

7. 犯规/罚球

(1)某队全队犯规达6次后,该队处于全队犯规处罚状态。为避免疑义,对应规则第15条,队员不因个人犯规的次数被逐出场外。

(2)对在弧线以内做投篮动作的队员犯规,应判给1次罚球,对在圆弧线以外做投篮动作的队员犯规,应判给2次罚球。

(3)对在做投篮动作的队员犯规,如果球中篮应计得分,并追加1次罚球。

(4)全队累计第7、第8和第9次犯规总是判给对方2次罚球。第10次及随后的全队犯规总是判给对方2次罚球和球权。

(5)所有技术犯规将判给对方1次罚球;违反体育运动精神犯规将判罚给对方2次罚球以及随后的球权。完成技术犯规或违反体育运动精神犯规的罚球后,双方队员在场地顶端圆弧线外传递球恢复比赛。

备注:控制球队犯规不判给罚球。

(6)在每一次投篮中篮或最后一次罚球中篮后(除非随后有要执行的球权)。

——非得分队的队员直接在场内球篮下方(而非端线以外)将球运或传至场地圆弧线外的任意位置重新开始比赛。

——此时,防守队不得在球篮下的"无撞人半圆区"内抢断球。

(7)在每一次投篮没有中篮或最后一次罚球没有中篮(除非随后有要执行的球权)。

——如果进攻队抢到篮板球,可以继续投篮,不需要将球转移至圆弧线外。

——如果防守队抢到篮板球,则必须将球转移至圆弧线外(通过运球或传球的方式)。

(8)如果防守队抢断球或者封盖投篮,获得球后必须将球转移回弧线外发动进攻,(通过传球或运球的方式)。

(9)死球状态下给予任一队的球权,应以在场地顶端的圆弧外交换球开始,即一次场地顶端圆弧外(防守队与进攻队队员之间)的传递球。

(10)若队员的双脚都不在圆弧线内,也没有踩踏圆弧线,则被认为"处于圆弧线外"。

(11)跳球情况发生时,由当时场上的防守队获得球权。

8. 拖延比赛

(1)拖延或消极进行比赛(例如不尝试得分)应判违例。

(2)如果比赛场地装备了进攻计时钟,则进攻队必须在 12 秒之内尝试投篮。一旦进攻队持球(在防守队向进攻队传递球后或在球篮下方得分后),12 秒计时钟应立刻开始计时。

(3)合法进攻开始后,进攻队员不得在弧线内背对或侧对球篮运球超过 5 秒,否则判罚违例。

备注:如果比赛场地没有装设进攻计时钟,并且某队消极比赛,裁判员应以最后 5 秒倒计时报数的方式警告该队。

9. 替换

当球成死球并且防守队与进攻队队员之间完成传递球或执行罚球之前,允许任一队替换球员。替补队员在其队友离开场地并与之发生身体接触后,方可进入场地。替换只能在球篮对侧的端线外进行,替换无须临场裁判员或记录台裁判员发出信号。

10. 暂停

(1)每队有一次暂停。任何球员都可以在死球状态下请求暂停。

(2)所有暂停时长都为 30 秒。

11. 球队的名次排列

下列原则将适用于小组赛和全部比赛的球队名次排列。如果双方在第一步的比较后积分仍然相同,则进行下一步的比较,以此类推。

(1)获胜场次最多(在比赛场次数量不同的小组之间比较时可使用胜率)。

(2)相互之间比赛结果(只考虑胜负,并仅适用于小组赛排名)。

(3)场均得分最多(不包括因对方弃权而获胜的得分)。

如果经上述3个步骤的比较后仍然无法排名,则具有更高种子队排位的球队排名靠前。

12. 种子队排位规定

种子队排位依据球队相关排名积分确定(参加比赛前该队最好三名队员个人积分总和即为该队排名积分)。如果排名分数相同,种子队排位将在比赛开始前随机决定。

备注:在国家队的比赛中,3×3联盟排名决定种子队的排名。

13. 取消比赛资格

队员累积两次违反体育运动精神犯规(不适用于技术犯规),在其被裁判员取消比赛资格的同时也将被比赛组织者取消其在该赛事中的参赛资格。赛事组织者将立即取消一切涉及暴力行为、言语或肢体的攻击行为、不正当影响比赛结果、违反国际篮联反兴奋剂条例(国际篮联内部规章第四卷)或国际篮联的道德准则(国际篮联内部规章第一卷第二章)的队员比赛资格。竞赛组织者有权根据其他球队成员的参与程度(包括对上述举动不作为)而取消全队的参赛资格。

14. U12比赛的修改

下列修改建议在U12比赛中执行:

(1)条件允许,球篮可降至2.6米。

(2)决胜期最先得分的球队赢得比赛。

(3)不设进攻计时钟,如果某队消极比赛,裁判员以倒计5秒的方式给予警告。

(4)没有全队处罚状态;犯规后由攻防队员传递球开始比赛,除非是对投篮队员犯规、技术犯规或违反体育运动精神的犯规。

(5)不允许暂停。

课后题

1. 现有五个队,采取单循环赛制,请计算要进行几场比赛?
2. 请问篮球场的长度和宽度分别是多少?
3. 若在比赛中,球员或者教练不尊重裁判员的判罚,有可能会受到哪些判罚?

第六章 篮球运动教学与训练中的保障体系

第一节 篮球运动中常见损伤的防治

篮球运动往往带有一定的对抗性和风险性,这是由篮球运动的本质属性决定的。在实际生活中,人们当然不希望出现因运动而引发伤病。然而不论怎么避免和预防,运动性伤病仍旧会出现。篮球运动是一项有身体直接对抗的"开网"运动,激烈的身体对抗和在高速运动中的动作转换都会增加人体受伤的概率。因此,在高校篮球课程当中配备一定的医务知识是十分必要的。本节主要对篮球运动训练中经常出现的运动性伤病的防治方法进行阐述,以便在训练过程中遇到此类伤病时可以做出及时的反应和采取正确的处理措施。

一、篮球运动损伤产生的原因

随着现代篮球运动不断向高强度、高速度和高空优势对抗方向发展,一方面对运动员的素质和技术、战术水平提出了更高的要求;另一方面,由于篮球运动本身所具有的高空争夺特征,拼抢激烈凶悍,攻防转换速度进一步加快,使运动员在训练和比赛中的受伤概率升高。

如何采取有效的预防措施,避免或降低运动创伤的发病率,应用科学手段改善和加强篮球运动损伤原因的分析及预防,是现代篮球运动伤病防治必须解决的实际问题,这对确保运动员和锻炼者的身体健康,促进篮球运动发展具有重要的现实意义。

了解篮球运动损伤发生的原因是预防运动损伤的前提。造成运动损伤的原因很多,归结起来有以下几个方面。

(一)思想原因

运动损伤的发生往往与体育教师、教练员和体育运动参加者对运动损伤的不重视有关。不注意科学的锻炼方法,忽视循序渐进和量力而行的原则,急于求成,不顾主客观条件的可能,盲目地或冒失地进行锻炼等,都容易发生损伤。在训练中,对难度较大或不熟悉的动作,因产生畏难和害怕心理,以致动作犹豫、过分紧张而造成损伤;或者做熟悉的动作时疏忽大意,也容易发生损伤。

(二)准备活动不适当

引发损伤常见的情况有以下四种:不做准备活动或准备活动不充分;准备活动的内容与课堂的基本内容结合得不恰当,或者说缺乏专项的准备活动,使运动时身体各部位的功能没有得到改善;准备活动量过大,进入正式运动时,身体功能已经下降或疲劳;准备活动离正式运动的时间太长。

篮球比赛(训练)开始阶段,在非对手因素所致的扭伤、拉伤病例中,绝大多数属于运动员自己没有充分地做好准备活动。特别是在环境温度较低、停训时间较长的情况下,肌肉的黏滞性大,动作僵硬,肌肉及其纤维结缔组织更易被拉伤。在训练或比赛开始后,随着双方的激烈拼抢,生理负荷强度在很短的时间里急剧升高,运动员的内脏机能跟不上运动系统的需要,从而出现"极点"现象,影响队员技术、战术水平的正常发挥。充分做好准备活动,在心血管机能中留下一个强度痕迹,能有效地克服内脏机能的生理惰性,将"极点"现象造成的不良影响降到最低。因此,高度重视训练后的整理活动是获取训练效果,防止肌肉僵硬,消除体内运动性代谢产物,促进心血管、呼吸系统机能的快速恢复,以及预防运动性疾病的重要途径之一。

(三)自身身体素质差

由于力量、速度、耐力与灵敏等素质差,致使肌肉力量和弹性差,关节的灵活性和稳定性不够,反应迟钝,这些都可能成为损伤的原因。

(四)训练科学化水平低

因训练的科学化水平低,直接导致运动员训练程度不高而受伤的病例在年轻(新)队员中最为突出,主要表现在许多年轻运动员完成技术动作时存在不规范、不合理,主动肌与拮抗肌舒缩不协调,以及自我保护能力较差等方面,故他们受伤的几率比老队员明显高。所以,教练员对于年龄较小、个子很高、体形单薄、动作迟缓的运动员尤其要注意协调性方面的专门训练。

(五)带伤训练

带伤或疲劳状态下训练,如在患病、伤病初愈阶段、睡眠不足、休息不好及过度疲劳的情况下,参加剧烈活动,会因肌肉力量弱、反应较迟钝、身体协调性差而导致损伤。

(六)心理状态不良

对训练或比赛缺乏自信和积极性,思想不集中,急躁、胆怯、犹豫等,也容易导致动作失常而引起损伤。

(七)气候不良与场地不适应

篮球运动中,场地光滑、不平坦、灯光不适宜也是造成运动员摔伤和扭、拉伤的重要影响因素。灯光暗淡,影响运动员的视力判断,会造成移位、完成技术和战术动作出现身体失控而受伤。地面过硬则极易诱发队员出现胫腓骨疲劳性骨膜炎和跟(底)痛症,会间接地加重损伤的程度。篮架未用软物包裹、球场边线外障碍物过分靠近,以及场外灯光照度不够,也是运动场所的不安全因素,有时也会引发意外受伤。运动员服装与运动鞋袜不合适也可能导致意外伤害事故,必须予以重视。

(八)缺乏医务监督

调查研究资料表明,医务监督工作较为薄弱的球队,其新队员出现过度训练综合征和意外受伤、老队员出现慢性积累性损伤的病例不仅数量多,而且在该队运动性伤病总数中所占的比例也明显比伤病监测工作较好的球队高。因此,提高教练员和运动员的医务监督意识,使其主动配合医务人员开展运动性伤病的监测工作,将有助于教练员准确掌握运动员的生物机能变化规律,及时了解队员的身体状况,合理安排运动量,从而有效地防止运动性伤病的出现。

二、篮球运动损伤的治疗

(一)篮球运动常见部位的损伤

1. 下肢部位

膝关节的伤患在篮球运动损伤中高居第一位,是影响运动员正常训练、比赛和技术发挥的最主要伤病部位之一。由于现代篮球运动具有快速、争夺激烈等特点,要求运动员降低身体重心,经常处于屈膝位,以便有效地完成突然起动、急停、迅速转身、移动中突破跨跳等各种技战术动作,从而使膝关节局部受到很大的瞬时冲击力、持续应力作用,其受伤的概率也就很高。

膝关节是人体最复杂的关节,构成此关节的肌肉、韧带等附件最多,受伤时累及的附件也就较多,加之受伤机制极为复杂,故其伤病具有多发性(多个附件同时受伤)、复合性(扭伤、拉伤等多种损伤类型同时发生)、综合性(急、慢性损伤同时存在)以及难治愈性的特点。

踝关节是韧带扭伤的易发部位,尤其是运动员在身体腾空抢篮板球或跳起投篮后,因落地时踩在他人脚上或落地缓冲动作不正确而失去重心控制时,最易发生踝关节损伤。踝关节病例在篮球运动损伤中居第三位。由于篮球运动制空拼抢技术向凶悍性方向发展,篮板球争夺日趋激烈,很多技术动作都是在空中或激烈对抗的情况下完成的,在人体腾空后,踝关节因其解剖学特点而处于一种J字形的自然跖屈内翻位,如果落地时稍有不慎,极易造成踝关节韧带的扭伤,重者还可伴有其他肌腱的断裂或骨折。踝关节损伤的类型多为韧带扭伤,受伤的具体部位以关节的外侧韧带为主。

2. 躯干部位

运动员的腰部是完成一切身体动作的枢纽,现代篮球比赛中,贴身攻守对抗都以腰部用力来完成,因此,腰部伤病在篮球运动损伤中占第二位,是影响运动员正常训练、比赛和技术发挥的主要伤病之一。正由于腰部是人体活动的枢纽,具有负重大、活动多、用力集中等生物学特点,在急转身、跨步过人、个人防守、跳起空中拼抢等技术动作中运用十分频繁,所以极易受伤,最常见的腰部损伤有急性腰扭伤和腰肌劳损。

篮球运动员腰部伤病的原因很多,但只要是间接暴力所引起的不仅具有急、慢性损伤同时存在的综合性特点,而且因受伤部位较深,不易治疗,加之训练与治疗又必须兼顾,因此常表现出难治愈性特点。另外,在训练比赛年限较长的高水平运动员群体中,普遍存在不同程度的腰部疾患,有些运动员甚至因腰伤而不得不退役。腰部的陈旧性损伤是困扰篮球运动员的最主要伤病。

3. 上肢部位

现代篮球技术动作很多都有以肩作轴,带动上肢的技术特点,从而加大了上肢的活动范围,对肩、肘和腕指关节的作用提出了更高的要求,同时也增加了肩、肘和腕指部的负荷和受伤的概率。据统计分析,篮球运动员的肩肘部损伤仅次于膝、腰部,是篮球运动中常见的损伤之一。由于篮球比赛具有高空争夺的特点,要求运动员在投篮和拼抢篮板球时尽可能伸展上肢,故伤患多为因外力过度牵拉所致的肩袖损伤、肘关节内侧部韧带受伤以及指关节的挫伤。

(二)常见急性损伤的现场处理与治疗

1.闭合性软组织损伤处理及治疗

肢体急性闭合性软组织损伤在篮球运动中经常发生,正确的现场处理不仅可以防止受伤局部的进一步出血、减缓疼痛,而且有利于伤病的后期恢复。现场急救处理的总体原则为局部制动休息(Rest)、冰疗(Ice)、压迫包扎(Compress)以及抬高伤肢(Elevation),因此,又被称为 RICE 原则。

(1)局部制动休息

伤肢制动是急性损伤现场处理的重要措施,是有效减轻伤病疼痛和组织出血、防止再次活动而加重损伤程度的重要措施。当队员受伤时,必然产生一种保护性自我制动的条件反射,此时切忌为了急于诊断和达到手法治疗的目的,使用按压、揉捏、转动、牵拉等方法,否则将加剧伤肢疼痛、局部出血,引发炎症。分析过去一些伤患部肿胀严重、愈后关节周围软组织增生明显的病例,其中一个重要原因就是受伤早期的制动处理不当。为了加强制动休息的疗效,除患者自我控制伤肢不动外,还可使用钢丝托板、支撑保护带等。受伤后 48 小时内,应连续执行制动休息的原则,禁止使用转动、牵拉等可能导致重新出血的治疗方法。

(2)冰疗

在比赛现场,受伤急救时的冰疗常采用氯乙烷配制的雾化降温剂进行局部喷涂,旨在降低局部组织的温度和痛觉感受器的敏感性,促使受伤血管收缩,以产生明显的止痛、减轻伤部出血以及阻止液体渗出的作用。同时也能降低局部组织的代谢率,缓解受伤部位的缺氧状况,有利于受伤组织的后期恢复。在条件较差的情况下,可先用凉水冲洗 15～20 分钟,但离开球场后,需继续使用冰袋进行半小时的冷敷。伤后 48 小时内,禁用温度较高的热水冲洗(或热敷)患部。

(3)压迫包扎

这是伤病现场处理措施中最关键的一步。压迫包扎不仅是伤病急性期中减少组织出血、防止伤部组织过度肿胀的有效方法,而且也是防止伤患组织内的结缔组织在恢复期过度增生、受伤关节在恢复后明显比对侧健(肢)部肿大的疗法之一。在冰疗后,最好用弹性绷带对受伤部位进行包扎,包扎所用的绷带宜宽一些,松紧也应适度。在包扎后 5 分钟,应检查一次伤部远端肢体(或甲床颜色)有无发绀、发麻、发胀的现象。如果不易分辨,可与对侧健肢进行比较,以便确认有无包扎过紧而出现的肢体远端缺血症状。一般在受伤急性期内,局部均有不同程度的进行性肿胀。因此,运动员自己也应注意观察远端肢体的颜色,如出现皮肤发紫、肢体麻木、疼痛加剧的症状,应立即报告,以便及时调整包扎带的松紧度。

(4)抬高伤肢

适当抬高伤肢能有效地改善血液循环,有利于淋巴液回流,促进肿胀的消退。肢体受伤后,由于疼痛保护性反射或软组织本身的伤病,使肌肉收缩对血(淋巴)液回流的推挤(压)功能暂时不能发挥作用,导致大量的血液因重力作用而滞留在受伤部位和四肢远端的静脉中,从而加重了局部出血和肿胀的病理过程。抬高伤肢的措施充分利用了血液的重力作用,弥补了肌肉收缩"挤压泵"功能的不足,在一定程度上消除了血液回流不畅的因素,促进了滞留于伤肢局部和远端肢体皮下疏松结缔组织中的液体回流的过程,因而具有防止进一步肿胀和消肿的功效。一般而言,运动员下肢受伤后,身体宜采取半躺位或坐位,足踝部垫(抬)起的高度应超过大腿部水平;采取躺位时,下肢垫高应超过心脏水平。上肢远端受伤后,手腕部应抬高,并超过心脏水平。

2. 开放性软组织损伤处理及治疗

开放性软组织损伤是指伴有皮肤、黏膜的完整性受到破坏,伤口直接与外界相通的软组织损伤。篮球运动中最常见的有擦伤、挫裂伤等,此类损伤的现场处理原则是有效止血、保护创面和防止感染。

(1)止血

采用有效方法止血,如手指受伤可用另一侧拇指和食指压住出血手指的两侧动脉。当出血严重,一般压迫止血方法效果不佳而必须使用橡皮筋、胶布条等带状物实施止血时,应特别注意结扎的松紧度应以刚好阻断动脉血流(不出血)为宜。结扎止血带的时间要注意,一般上肢每20~30分钟必须缓慢解除止血带一次,约5分钟;下肢每45~60分钟必须解除止血带一次,约5分钟,使伤肢间断恢复血液循环一次,并随时观察结扎止血后肢体远端的状况(参见"压迫包扎"),防止因结扎过紧或止血时间过长,引发神经损伤或远端肢体缺血性坏死。当伤口不再继续出血、创(口)面血液已凝固时,可缓慢松弛止血带,并密切观察有无继续出血现象。

(2)保护创面,防止感染

在基地训练时,若场地离医务室不远,原则上不要用任何未经严格消毒的物品覆盖在创面上,应快速到医务室进行清创等处理。若创面上有异物,禁用嘴吹或用一般水冲洗,以防进一步感染。若运动队经常在远离医务室的训练场地(赛场)训练(比赛),且又无随队医务人员时,建议助理教练员随身准备一个常规外伤小急救包,以便应急。急救包内至少应有碘酒和酒精各一小瓶、消毒橡胶手套、棉签、棉垫、纱布、胶布、绷带、止血带、三角巾、上肢小夹板(一副)等。局部消毒操作时应特别注意由创面中心逐步(画圆圈式地)向外周消毒。

3. 骨折与脱位处理及治疗

当发现受伤局部出现明显畸形、剧烈锐痛时,原则上应立即按骨折脱位的病例进行现场处理,切忌在未弄清楚伤病的情况下擅自实施手法复位等治疗。闭合性骨折和脱位的现场处理原则主要是:临时夹板固定、肢体制动,以减轻疼痛,避免再伤以及便于转送。当环境温度较低时,还要注意保暖。对于开放性骨折或脱位,除止血、保护创面和防止感染外,也应对患肢进行临时制动与固定。固定时最好按患肢受伤后的自我保护性姿态进行,尽量不要移动伤肢,以免加重运动员的疼痛和伤情。

三、篮球运动损伤的预防

篮球运动中发生的各种伤害事故,轻者影响学习、工作和健康,重者可造成残疾甚至危及生命。因此,要注意做好运动损伤的预防,以免发生各类伤害事故。

(一)思想上重视

体育锻炼的目的是促进身体的生长和发育,增强体质,提高健康水平。体育运动参加者要明确体育运动的目的,在思想上重视对运动损伤的预防,并懂得如何进行预防。

(二)充分做好准备活动和整理活动

充分做好准备活动是预防运动创伤的重要措施之一。在准备活动中,除采用动力性辅助练习外,还应特别提倡使用静力性牵张练习。在使用静力性牵张练习时应注意以下三点:

(1)缓慢牵拉,逐步到位,尤其是对胯关节小肌群、韧带,以及曾经受过伤的肌肉韧带,以防止出现微牵拉伤或不易察觉的再受伤。

(2)在做大、小肌群和韧带的并重牵拉练习时,不可忽略对围绕容易受伤的关节周围的小肌群、韧带的牵拉练习。

(3)按照先牵拉小肌群、韧带,后牵拉大肌群、韧带的原则进行牵拉练习。但对大肌群、韧带进行牵拉时,由于牵拉的力量和动作幅度较大,可能造成大肌群周围的小肌群、韧带因未充分活动,肌肉组织黏滞性又较高而出现的牵拉伤。大关节的牵拉顺序应是腕、肘、肩、踝、膝、腿。动力性准备活动练习中的瞬时(短暂)生理负荷强度应适当提高,最好接近比赛时的负荷强度,以使机体内脏自主神经系统的机能水平快速动员起来,并留下强度"痕迹",以适应比赛一开始即进入高对抗状态的篮球运动的需要。使疲劳、僵硬的肌肉充分放松,内脏系统工作水平逐步恢复到安静状态,是整理活动的主要内容,这对于促进人体疲劳的消除、防止肌肉因僵硬而失去良好的本体感受性、预防运动性疾病("内伤")的发生具有重要的意义,教练员应当高度重视。

(三)加强全面身体素质训练,注意对胯关节小肌群和韧带的专门训练

现代篮球运动竞赛对运动员的身体素质提出了更高的要求。运动员既要具有凶悍拼斗的顽强作风,又要具有强壮的体格,这些不仅是比赛中充分发挥良好技术、战术水平和夺取最后胜利的生物学基础,同时也是训练和比赛中能有效避免或减少运动伤病发生的物质保障。根据现代篮球运动的发展趋势和针对我国篮球运动员专项技术训练较早、体格普遍较"单薄"的实际情况,教练员更应加强对队员的全面身体素质训练。抓全面的身体素质训练,不但要强化大肌群的力量、耐力、柔韧等训练,而且还要特别注意对大关节小肌群的训练。一方面,随着篮球技术的发展,以大关节作为运动轴完成的技术动作(如以肩为轴的运球技术)日益增多,而大关节小肌群在投篮、运球时控球的"球感",与大肌肉协同发力以及技术动作的控制与精细调节等方面,越来越发挥着极其重要的作用。另一方面,疲劳往往从小肌肉开始,伤病往往在弱组织发生。大关节小肌群因体积小和肌力不足,在训练和比赛中最易疲劳和受伤,从而保护性地直接或间接影响大肌群作用的发挥。因此,围绕肩、肘、腕,以及膝、踝关节的小肌群,教练员应专门安排有针对性的训练,从而改善球员的整体身体素质条件。

(四)科学训练

防止疲劳状态下大运动量训练,即运动量、运动强度和动作难度必须与身体状况和训练水平相适应,要遵守循序渐进和区别对待的原则,合理安排运动量,尤其要注意局部负担量和伤后的体育锻炼问题。

(五)有伤要及时治疗

许多人在出现轻度运动损伤后仍照常训练,以致出现新的损伤或形成劳损。因此,如果运动员在篮球运动过程中受伤,一定要及时治疗,切勿留下后遗症,以免影响后期的体育运动。

(六)提高自我保护意识,强化自我保护技能的专门训练

强化自我保护意识和自我保护专门技能的训练是现代篮球运动训练的重要内容之一。由于篮球运动属于身体直接接触、高强度对抗、空中动作很多的竞技性运动项目,提高自我保护意识、强化保护动作的专门训练是积极预防出现意外损伤的一个关键环节。具有很强的自我保护意识和很高的自我保护技能是优秀篮球运动员的特征之一,因此,将自我保护意识和动作(技巧)的训练作为技术训练课必不可少的一个内容来抓,对提高和保持球队的战斗力具有十分重要的意义。

自我保护意识包括运动员可能对对方队员使用的伤害性动作(如快攻突破上篮时,对方队员可能从身后做"推人"的动作)的预见和对其他情况(如自我动作的合理性、场地、器材等)的估计两方面。运动员自身应始终有一根自我保护的"弦",但同时也不要因为怕受伤而不敢拼搏和大胆完成技术、战术动作。

自我保护动作:一方面包含运动员在掌握和完成技术动作本身时所具有的(规范、协调以及合理等)自我保护。如运动员在完成运球(左)后转身摆脱对方的动作时,当头部转动带动躯干转向后,作为中枢的右脚应随同及时地使脚跟微离地,以前脚掌为轴心,随身体向左侧快速转动。如果队员忽略了脚步的这一正确动作,而以右全脚为轴心,全脚(黏滞)拖拉外旋或滑动转向(右膝处于外翻位),当急转身用力过猛或受到对方队员从右侧方向而来的推挤力量时,极易造成右膝关节内侧副韧带、内侧半月板损伤,以及右腿内侧肌群的拉伤。另一方面,自我保护动作还包括运动员抵抗对方伤害性动作的能力。通过专门的训练,使运动员具备能有效地"避开""化解"或"扛住"来自对方队员的伤害性行为的素质和技巧,这也是自我保护技术训练的重要内容。

(七)加强医务监督并注意设备的安全合适

经常参加体育运动的人要定期进行详细的体格检查。伤病初愈的人参加体育锻炼时,应根据医生的意见进行;在进行体育运动的过程中,要做好自我监督,随时注意自己的身体有无疲劳征象;要特别注意运动器官的局部反应,当有不良反应时,及时调整运动量;要经常认真地对运动场地及设备进行安全检查,不应在不合要求的场地上或穿着不合适的服装及鞋子进行运动。进行篮球活动应注意的问题有:篮球运动是对抗性强、体力消耗较大的运动,鉴于篮球项目运动损伤患病率较高的现状,应重视加强对运动损伤的防治工作,尤其注意平日训练中对损伤的预防,加强组织管理,完善训练的规章、制度,加强各方面的医务监督,是保证运动员身体健康和预防运动损伤的重要措施。膝部损伤、筋骨劳损等是篮球运动损伤防治的重点,这是由篮球项目技战术特点对人体的特殊要求和膝关节部位自身存在的解剖生理弱点共同决定的。因此,应重视改进传统的训练方法、手段,日常训练中应特别注意对膝、腰等部位局部负担量的合理安排和及时调整。在比赛训练结束后,运动员要注意膝关节的积极性休息。还应重视对运动员身体素质和专项素质包括对应变能力、对抗能力、自我保护能力、耐力等方面的培养;增加平衡、协调、柔韧等方面的

身体练习比重;身体训练中,要加强股四头肌和大腿屈肌力量的练习。运动员在训练过程中要按正确的技术动作进行练习,如技术动作错误要及时予以纠正。伤后根据不同情况,患者应积极遵医嘱进行医疗和体疗,合理地安排伤后体育运动。实践证明,伤后恰当地进行功能锻炼或体育活动可以促进伤肢的血液循环,改善伤部组织的代谢,加速瘀血和渗出液的吸收,促进损伤组织的修复,同时又可防止或减轻肌肉发生失用性萎缩和受伤组织的松弛,加强关节的稳定性和适应性。尤其是运动员,合理安排伤后训练还可保持已获得的良好训练状态,伤愈后即可投入正常的训练,防止因伤后停止训练而引起各种疾病。软组织严重损伤的早期,伤部可暂停活动,但其他部位的功能锻炼应继续进行,如上肢损伤时活动下肢,下肢损伤时活动上肢等。随着伤情的逐渐好转,功能锻炼或体育活动应随之逐步加强,由于运动损伤,尤其是慢性损伤与运动技术动作有关,因此在治疗时应停止或减少这些动作的练习。

第二节 篮球运动中疲劳的产生与恢复

一、运动性疲劳的产生

(一)运动性疲劳的概念

自1880年莫索(Mosso)开始研究人体的疲劳,距今已有100多年的历史了。许多著名学者从不同的视角、采用不同的手段对疲劳进行了广泛的研究,并先后给疲劳的概念做了不同的界定。概念上的不统一给实际研究工作带来了诸多不便。1988年第七届国际运动生化会议对运动性疲劳的定义是:在进行运动时,运动本身引起机体工作能力降低而难以维持运动输出功率的需要,但经过适当的休息后又可以恢复的现象。这一定义得到国内外许多专家、学者的认可。

(二)运动性疲劳的分类

运动性疲劳根据其运动方式不同、产生部位不同、产生机制不同,可以分为多种,其主要分为以下几种:

1. 按疲劳发生的部位划分

按疲劳发生的部位可分为脑力疲劳和体力疲劳。脑力疲劳是指运动刺激使大脑皮层细胞工作能力下降,大脑皮层出现广泛性抑制而产生的疲劳。例如,在周期性耐力运动(如长跑等)过程中,由于运动时的单调刺激,在体力尚未明显下降时,大脑细胞的工作能力已开始下降,并引起整个身体机能下降。脑力疲劳往往同时伴有心理疲劳。心理疲劳是由于心理活动造成的一种疲劳状态,其主观症状是注意力不集中,记忆力下降,理解、推理困难,脑力活动迟钝、不准确;行为表现是动作迟缓、不灵敏,动作的协调能力下降,失眠、烦躁不安。

体力疲劳是指由于从事身体训练使身体工作能力下降而产生的疲劳。在体育运动训练中,体力疲劳非常普遍。例如,剧烈运动后出现的周身乏力、工作能力下降等均属于体力疲劳症状。在体育锻炼和运动训练中,体力疲劳(身体疲劳)和脑力疲劳(心理疲劳)是密切相关的,故运动性疲劳是身心的疲劳。

2. 按身体的整体和局部划分

按身体的整体和局部可分为整体(全身)疲劳和局部(器官)疲劳。整体疲劳是指由于全身运动使全身各系统机能下降而导致的疲劳。如马拉松跑、激烈的足球比赛等均可造成全身身体机能下降。局部疲劳是指以身体某一局部进行运动,使该局部器官机能下降而导致的疲劳。如前臂负重屈伸运动可造成前臂肌肉力量下降,负重深蹲则导致下肢肌肉群疲劳等。整体疲劳和局部疲劳存在着紧密的关系。一般来说,局部疲劳可以发展为整体疲劳,而整体疲劳往往包含着某一系统为主的局部疲劳。

3. 按身体各系统划分

按身体各系统可分为骨骼肌疲劳、心血管疲劳和呼吸系统疲劳。由于运动而引起的骨骼肌机能下降,称骨骼肌疲劳。例如,力量训练后,肌肉收缩力下降、肌肉僵硬、肌肉酸痛等。在体育活动中,骨骼肌疲劳最为常见。由于运动引起的心脏、血管系统及其调节机能下降,称心血管疲劳。心血管疲劳的表现为心率恢复速度减慢、血压升高、心脏射出的血液减少。由于运动而引起的呼吸机能下降等,称呼吸系统疲劳。呼吸系统疲劳一般在运动中并不常见,多出现在长时间运动或憋气用力后,并伴随着心血管疲劳。例如,剧烈运动时,呼吸表浅、胸闷、喘不过气、肺功能下降等。

4. 按运动方式划分

按运动方式可分为快速疲劳和耐力疲劳。

(1)快速疲劳。由于短时间、剧烈运动引起的身体机能下降,称快速疲劳。例如,100米跑和400米跑分别在不足10秒和1分钟的时间内就可造成机体极度疲劳。快速疲劳产生快,消除也相对较快。

(2)耐力疲劳。由于长时间、小强度运动引起的身体机能下降,称耐力疲劳。马拉松跑、越野、滑雪、长距离游泳等可产生耐力疲劳。耐力疲劳发生较缓慢,但恢复时间也相对较长。

上述对疲劳的种种划分,并不是说存在多种实质性完全不同的疲劳。我们采用不同的划分方法,主要是为了帮助大家从不同的侧面更好地了解疲劳问题,以利于掌握疲劳的有关知识。例如,关于脑力疲劳和体力疲劳的划分,对运动员处理好学习和锻炼的关系有一定的指导作用;全身疲劳和局部疲劳的划分,对我们在训练中处理好负荷的分配也有良好的启迪作用。

(三)运动性疲劳的判断

科学地判断运动性疲劳的出现及其程度,对合理安排体育教学和运动训练具有重大的实际意义。有关的评定方法很多,归纳起来包括三点:

1. 观察法

观察运动员,如出现脸色苍白、眼神散乱、表情淡漠、连打哈欠、反应迟缓、精神不易集中、情绪改变(易激动或沉默寡言)、运动成绩下降等现象,就可初步判断为疲劳。

2. 生理指标测定法

(1)闪烁值法。疲劳时,闪烁值下降。

(2)膝跳反射法。疲劳时,用叩诊锤叩击髌骨,其受力加大才引起反射,即反射阈上升。

(3)呼吸耐力测定。连续测 5 次肺活量,每次间隔 30 秒。疲劳时,肺活量一次比一次下降。

此外,还有皮肤空间阈法、尿蛋白法等。

3.参考主观感觉

疲劳的主观感觉是疲乏、腿疼、心悸,甚至头疼、胸闷、恶心等。

由于运动性疲劳时表现出运动能力下降、疲劳感和某些客观生理指标发生改变等几个方面的变化,而且这些变化随所观察对象的年龄、性别、训练水平、思想、情绪和运动条件等方面的差异而各有不同,所以不能单独用一种方法评定疲劳,只有综合观察,才比较可靠。

二、篮球运动疲劳的具体恢复措施

运动疲劳是体内多种因素综合变化的结果,要想使其恢复的速度和效果都更为理想,就要采用多种科学手段,否则往往达不到预期的效果。高校篮球运动中,疲劳恢复的措施有很多,其中,最主要的有以下几大类,即运动性疗法、传统康复治疗、睡眠、中医药疗法、物理疗法、温水浴与冷热水交替浴法以及心理放松疗法。

(一)运动性疗法

运动性疗法是以运动学和神经生理学为基础,利用人体肌肉关节的运动,达到防治疾病、促进身心功能恢复和发展的方法。它是康复医疗的重要措施之一,要想达到较为理想的恢复效果,就要以运动员的实际情况为主要依据,以运动处方的形式,有针对性地选择适合的运动方法,从而能够确定适当的运动量。具体来说,运动性疗法的具体措施主要有以下两种。

1.积极性休息

用变换活动部位和调整运动强度的方式来消除疲劳的方法,就是积极性休息。谢切诺夫在 1903 年进行测力描记实验中发现,右手握测力器工作到疲劳后,以左手继续工作来代替安静休息,能使右手恢复得更迅速、更完全。他认为,在休息期,来自左手肌肉收缩时的传入冲动会加深支配右手的神经中枢的抑制过程,并使右手血流量增加。大量研究也充分证明,与安静休息相比,积极性休息可使乳酸的消除快一倍。积极性休息是运动疲劳恢复的重要措施之一,运用也较为广泛,其恢复效果也较为理想。

2.整理活动

整理活动是指在正式练习后所做的一些加速机体功能恢复的较轻松的身体练习,这是消除疲劳、促进体力恢复的好方法,应给予足够重视。如果一个人跑到终点后站立不动,血液会大量集中在下肢扩张的血管内,使静脉回心血量减少,因而心输出量下降,致使血压降低而造成暂时性脑贫血,引起一系列不适感,甚至出现"重力性休克"。在剧烈运动后进行整理活动的主要意义在于,不仅能够使心血管系统、呼吸系统仍保持在较高水平,而且对于乳酸的排除也有非常积极的促进作用。

整理活动一般包括慢跑、深呼吸、体操、肌肉放松练习、静力牵伸练习等内容。肌肉静力牵伸练习对缓解运动后的肌肉紧张、放松肌肉、预防延迟性肌肉酸痛、消除肌肉疲劳、保持和改善肌肉质量都有良好的作用。总的来说,整理活动具有及时放松肌肉,避免由于局部循环障碍而影响代谢过程,进而延长恢复过程的重要作用。但是,为了能够保证理想的恢复效果,在做整理活动时需要注意,运动量不要大,尽量缓和、放松,使身体逐渐恢复到安静状态。

(二)传统康复治疗

传统康复治疗技术主要包括针灸、拔罐、推拿按摩、中药熏蒸等非药物疗法。

在传统康复治疗的措施中,运用较为广泛的是气功。气功是一种自我调节、自我控制的锻炼形式。气功练习对运动疲劳的恢复作用主要表现在以下几个方面:第一,气功练习能够使抵抗能力有所增强;第二,气功练习能帮助"放松",消除紧张状态,使交感神经系统的活动减弱,使血管紧张素分泌系统发生变化,调节血压,使血运加快、皮温升高、红细胞和血红蛋白有所增加,白细胞吞噬能力提高,血皮质醇减少;第三,通过脑电图检查证实,气功练习对大脑皮层起保护性抑制作用;第四,气功可使骨骼肌放松,心跳减慢,耗氧量减少。

(三)睡眠

睡眠是最好的消除运动疲劳、恢复机能的治疗方法。人在睡眠时感觉减退、意识逐渐消失,肌体与环境的主动联系大大减弱,失去了对环境变化的精确适应能力,全身肌肉处于放松状态。通过睡眠,可以使精神和体力得到恢复。通常情况下,成年人每天的睡眠为7~9小时,儿童、少年每天的睡眠大约需要10小时。对于存在运动疲劳的运动员,睡眠时间可能需要更多一些,但并不是越多越好,应根据他们的疲劳程度来确定适当的睡眠时间。

(四)营养性疗法

恢复机体的能量储备是运动疲劳恢复的关键,主要包括肌肉及肝脏的糖原储备、微量元素平衡、关键酶的活性以及体液、细胞膜的完整性等。其中,补充营养是恢复的物质基础。

糖类在运动过程中起着非常重要的能量供应功能,只有糖类的储备充足,才能够使肌体的机能逐渐恢复到正常水平。因此,补糖是营养补充的重点,人体感到疲劳或大运动量训练后补糖,可恢复血糖水平,增加肝糖原的储存,并且有加速消除乳酸的作用。对耐力类项目而言,被耗尽的能量储备,特别是碳水化合物,必须系统地通过富含碳水化合物的营养物质重新予以弥补,在一般混合饮食情况下,约72小时后方能得以弥补,但是如果补充富含碳水化合物的食物,那么糖原储备在负荷结束后的24小时即能恢复原有水平。除此之外,要想更快、更好地恢复运动疲劳,还少不了膳食中的优质蛋白质和适量的脂肪。

在补充运动中消耗的热量时,一般按照蛋白质、脂肪、糖三者的比例均衡进补。但是,不同类型的运动项目,营养成分的比例也是不相同的,需要根据运动项目的特点进行适当调整,这样才能够取得更好的恢复效果。比如,多数项目运动员的膳食中,三种能量的补充比例为1.2∶0.8∶4.5;耐力性运动项目要求膳食中糖的含量较高,故三种能量的搭配比例为1.2∶1∶7.5;运动负荷量比较小的项目比普通人的能量补充稍高一些,三种能量的搭配比例为1∶0.6∶3.5。三大营养物质摄取总量应根据项目的特点,以能满足机体代谢需要为依据,既不能过多,也不能过少,否则都会影响人体的生理机能、运动水平,甚至影响身体健康。

除了糖、脂肪、蛋白质等能源物质的供应要保证充足外,维生素也要进行适量的补充。维生素的营养作用也非常重要,它不仅为人体正常代谢和生理机能所必需,而且还对人体运动能力有直接的影响。大负荷训练后,维生素 B、C、E 的需要量将提高一倍,尤其在碳水化合物消耗量增加之后,特别要增加维生素 B 的补充量。

综上所述,训练后合理、及时的营养补充对运动疲劳来说非常重要,对运动员的膳食要求是,应富含营养,易于消化,并尽量多吃新鲜蔬菜、水果等碱性食物。

(五)物理疗法

应用天然的或人工的物理因子,如光、电、声、磁、热、冷等作用于人体,引起局部或全身的生理效应,从而起到康复和提高机能的治疗方法,就是所谓的物理疗法。物理疗法的形式有很多种,常见的有电疗、光疗、水疗、冷疗、蜡疗、超声波疗、热疗、磁疗以及生物反馈等治疗。

蜡疗的应用范围较为广泛,其主要特点是热容量大、导热性小、几乎无对流现象。石蜡有很高的蓄热性能,在冷却过程中可释放大量热能。石蜡用于治疗的作用主要表现在两个方面:一个是温热作用,皮肤能耐受 60—70℃ 的石蜡而不被烫伤;另一个则是机械压迫作用,对肌腱挛缩有软化、松解作用。因此,蜡疗的主要作用为防止淋巴液渗出,减少水肿,促进渗出液吸收,扩张毛细血管和增加血管弹性。

(六)温水浴与冷热水交替浴

消除肌肉疲劳的一种最简单的方法就是沐浴。通过沐浴,能够对血管扩张产生刺激,对血液循环和新陈代谢起到积极的促进作用,使代谢产物排出的速度加快,神经肌肉的营养得到进一步的改善。温水浴的水温以 42℃ 左右为宜,时间为 10～15 分钟,每天 1～2 次。训练结束后 30 分钟可进行温水浴。但是,在应用温水浴时需要注意,为了保证理想的清除疲劳的效果,不能入浴时间过长、次数过频,水的温度也不能过高,否则就会起到相反的作用,加重疲劳。

冷热水交替浴刺激血管的收缩和舒张,更有效地促进血液循环。进行冷热水交替浴时,热水温度宜 40℃,冷水温度宜 15℃,冷水浴的时间为 1 分钟,热水浴的时间为 3 分钟,交替三次。

(七)心理放松疗法

应用心理学的理论、原则和技术,对康复对象的各种心理、精神、情绪和行为障碍或严重的情绪困扰进行矫治的特殊治疗手段,就是心理放松疗法。行为疗法和合理情绪疗法是常见的两种心理放松疗法。这两种疗法各具特点,作用也有一定的区别。行为疗法又称行为矫正疗法,是 20 世纪 50 年代迅速发展起来的一种重要的心理学的理论和治疗技术。它按照一定的程序,采取正负强化的奖惩方式,对个体进行反复训练,以消除或矫正不良行为的一种心理疗法。而合理情绪疗法是以认知理论为基础,结合行为疗法的某些技术,以矫正人们认知系统中非理性的信念,促进心理障碍得以消除的心理疗法。

在训练和比赛之后,采用心理调整放松能够达到较好的消除疲劳的效果,具体表现为:神经、精神的紧张程度有所降低,心理的压抑状态得到一定程度的缓解,神经系统的恢复速度加快,这样就能够更好地促进身体其他器官、系统机能的恢复。对身体起作用的心理放松手段很多,其中,心理调整训练、各种消遣和娱乐性活动等是最主要的几种手段。

第三节　篮球运动教学与训练中膳食营养的补充

在高校篮球教学与训练过程中,安全营养保健是不可忽视的一部分。学生只有确保了安全,在营养保健方面得到有效的保障,才能高质量地完成高校篮球课程。本节将对这部分内容进行详细阐述。

一、营养膳食与人体健康

(一)营养对健康的影响

世界卫生组织近年对影响人类健康的众多因素进行评估,结果表明:遗传因素对人类健康的影响居于首位,而膳食营养因素的影响仅次于遗传因素,远高于医疗因素。人类的遗传是相对稳定的因素,因此,对人的健康经常起决定作用的往往是膳食营养因素。合理的膳食营养对人一生的健康都起着重要作用。

1. 促进生长发育

生长是指细胞的繁殖、增大和细胞间质的增加,表现为全身组织、器官和系统的大小、长短和质量的增加。发育是指身体各组织、器官和系统功能的完善过程。营养是影响生长发育的主要因素。蛋白质是构成人体细胞的主要成分,细胞的繁殖和增大都离不开蛋白质。此外,碳水化合物、脂类、维生素、矿物质和水等营养素也在生长、发育过程中扮演着重要的角色。

2. 提高智力

婴幼儿和儿童时期大脑发育最快,需要足够的营养物质,如蛋白质、二十二碳六烯酸、卵磷脂等。特别是二十二碳六烯酸,如摄入不足,就会影响大脑发育,阻碍大脑智力的开发。

3. 促进优生

在影响优生的因素中,营养是一个重要因素。在怀孕期,如果孕妇膳食营养不良,可能造成胎儿畸形、流产或早产。例如,孕妇膳食中长期缺乏锌,可能会引起胎儿中枢神经系统出现畸形;膳食中长期缺乏维生素,可能会导致胎儿的骨骼先天畸形。

4. 增进免疫

免疫是机体的一种保护性机制。如果免疫力低下,则易受各种病菌的侵害。营养不良会使机体免疫系统的反应能力降低。许多食物中的营养素,如维生素 C、维生素 E、维生素 A 等都可以提高机体的免疫力。

5. 延缓衰老

人体的衰老是一种必然规律,但如果注意合理膳食,则完全可以达到延缓衰老、健康长寿的目的。例如,根据人体衰老时的生理特点,有针对性地补充营养,多吃蔬菜、水果和清淡食物,避免高盐、高脂肪饮食,可防止心血管病、糖尿病的发生或复发。

6.预防疾病

不良的膳食习惯,如营养不足和营养过剩,都可能引起疾病。营养不足可引起缺铁性贫血、佝偻病、夜盲症等,而营养过剩可引起糖尿病、心脑血管疾病、肥胖病等。调查结果表明,膳食高能量、高脂肪、少体力活动与超重、肥胖、糖尿病、血脂异常密切相关;高盐饮食与高血压病的患病风险密切相关;饮酒与高血压病、血脂异常密切相关。特别应该指出的是,脂肪摄入最多、体力活动较少的人,患上述各种慢性病的机会较多。通过改善膳食营养状况,就可以达到预防疾病、改善健康的目的。

(二)人体必需的营养素

人体需要的营养素有七大类,包括无机盐、脂肪、蛋白质、维生素、碳水化合物、水和膳食纤维。其中,营养素对人体可以发挥三方面的生理作用:一是作为能源物质,供给人体所需的能量,主要有碳水化合物、蛋白质和脂肪;二是作为构成机体组织器官的基本成分,主要是蛋白质;三是作为调节物质,调节人体的生理功能,主要有维生素、无机盐和膳食纤维等。

1.无机盐

无机盐是人体主要的组成物质,在生物体内已经发现有50多种,其中以氧、碳、氢、钙、氮、磷、钾、钠、氯、镁、硫、铁、锌、锰、铜、碘、氟、钴等元素最为重要。除氧、碳、氢、氮、硫是糖、脂肪和蛋白质的组成成分并在体内含量较多外,其他元素含量很少。在人体内,碳、氢、氧、氮约占体重总量的96%,钙、磷、钾、钠、氯、镁、硫占3.95%。无机盐在人体内,虽不供应能量,但有着重要的生理功能,是构成细胞组织的成分,维持渗透压,维持血液的酸碱度,维持神经、肌肉的兴奋性。人体内缺乏无机盐将会导致一系列的疾病,如缺锌会导致生长发育落后,缺铁会导致缺铁性贫血,缺钙会导致佝偻病,缺碘会导致生长发育迟缓、智力落后等。所以对无机盐要引起足够的重视,在日常生活中适当补充无机盐,避免出现此类疾病。

2.脂肪

脂肪是储存和供给能量很重要的营养素,主要来自动物食品,占成人体重的15%~20%,是人体长时间、低强度运动的重要能量来源。脂肪对人体有重要的作用,是含能量最多的一种物质,其在体内氧化所释放的能量约为同量糖或蛋白质的两倍,是人体运动时的重要供能物质;是构成细胞的组成部分,机体细胞膜、神经组织、激素的构成均离不开它;脂肪大部分储存在皮下结缔组织、内脏器官周围、大网膜等处,不仅起到储备能量的作用,还可以起到保护器官、减少摩擦和防止体温散失等作用。

脂肪除能从食物中获得外,还可以在体内由糖或蛋白质转变而成。营养较好而不经常参加运动的人,多余的营养物质就会转变成脂肪储存在体内,一旦达到一定程度,将会引起肥胖,严重者可引起肥胖症,因此应给予足够的重视。肥胖者应积极参加体育锻炼,燃烧体内多余的脂肪,使身体更加匀称、健康。

3.蛋白质

蛋白质是维持生命活动不可缺少的物质,是生命的基础,也是建造、修补和再生组织的主要材料。在代谢过程中,大多数酶都是由蛋白质构成的,蛋白质在调节体液酸碱平衡方面起着重要作用,可以维持渗透压。人体组织、器官由细胞构成,细胞结构的主要成分为蛋白质,占细胞干重的80%以上,用于构成细胞膜和细胞内物质。蛋白质还可以调节激素在体内进行的生化反应,组成抵御各种疾病的抗体,传递遗传信息。在长时间、高强度的运动中,蛋白质可以作为细胞燃料,在有关酶的催化作用下释放能量,以供给机体。

体育运动使人体的新陈代谢得到加强,促进蛋白质的含量增多,从而使骨骼粗壮、肌肉发达。在饮食中,应注意多摄入鱼、肉、牛奶、鸡蛋、豆制品等优良蛋白质,其中含有人体急需的各种氨基酸;也要摄入米、面、杂粮等植物蛋白质,与动物蛋白质起到互补作用。只有平衡膳食,荤素合理搭配,才能使身体摄入的食物丰富而全面,为人体提供足够的营养物质,促进人体生长发育,增强疾病抵抗力,促进身体健康发展。

4. 维生素

维生素是维持生命活动所必需的一类低分子化合物,可以维持人体生长发育和生理功能,促进酶的活力或作为辅酶之一,对人体的健康起着重要作用。维生素的种类很多,且理化性质各不相同,大多数不能由人体合成或合成量不足,只能由食物供给。各类维生素按溶解性可以分为两类,一类是脂溶性维生素,如维生素A、D、E、K;一类是水溶性维生素,如维生素B、维生素C等。每一种维生素都有独特的作用,可以促进人体对矿物质的吸收,缺一不可。

当膳食中维生素长期不足或缺乏时,可能会引起代谢紊乱或维生素缺乏征。长期轻度缺乏维生素,不一定会出现临床症状,但可使人的劳动能力、运动能力以及抵抗力下降。因此,在营养饮食中要多摄入新鲜蔬菜、肝脏、水果、蛋黄等,并适当食用部分粗粮、杂粮,保持膳食平衡。同时,多晒太阳也可以有效促进维生素的吸收。

5. 碳水化合物

碳水化合物广泛存在于米、面、薯类、豆类及各种杂粮中,是为生命活动提供能源的主要营养素,也是人类最重要、最经济的食物。碳水化合物进入人体内,经生化反应,最终被分解转化为糖,因此也被称为糖类。糖类是人体组织细胞的重要组成成分之一,在体内的含量虽较蛋白质和脂肪少,但它是人体所需能量的重要来源,人体从糖类中获得的能量约占总能量消耗的70%。

糖类在体内除供应能量外,还可以促进其他营养素的代谢,是组成抗体、激素、神经组织、酶、细胞膜、核糖核酸等的重要物质。如果每天摄入的糖类太少,就会引发低血糖症状,影响学习和工作,进而影响身体健康;如果摄入过多,糖类就会转变成蛋白质和脂肪,导致身体发胖,容易引发肥胖症,影响生长和发育。

6. 水

水是组成生物体的重要成分,也是生命的源泉,更是维持生命所必需的物质。成年人体内含水量约占体重的65%,人体内的水分布于各种器官组织及体液中,血液、胆汁及唾液中含水量最多,骨骼及脂肪组织中含水量最少。人体细胞的重要成分是水,机体的物质代谢、生理活动均离不开水的参与。水以两种形式存在于人体内,一种是自由水的形式,可以自由流动,是较好的溶剂和运输工具,如血液、淋巴液和组织液;另一种是结合水的形式,与无机盐的离子和亲水胶体(如蛋白质、糖原等)颗粒结合,主要存储在肌肉、皮肤、肝脏和脾脏等处。

水在体内有着非常重要的作用:能够维持体温,促进物质的电离、分散,从而加速化学反应;具有润滑的作用,是运输营养物质及代谢产物的工具。水来源于各种食物和饮水,在日常生活中,成年人一昼夜每千克体重消耗的水量约为40克。保持体内水代谢的平衡十分重要,若机体丧失20%的水分,生命就无法维持。在剧烈运动后,水分的补充应遵循少量多次的原则,避免暴饮,以免对心脏造成不良影响。

7. 膳食纤维

膳食纤维分为可溶性膳食纤维和非可溶性膳食纤维。前者包括部分半纤维素、树胶和果胶等,后者包括木质素、纤维素等膳食纤维,是哺乳动物在消化系统内未被消化的植物细胞的残留物,主要存在于蔬菜和水果中。多摄入膳食纤维可以有效将人体难以自我代谢的各种污染物、有害物质排出体外,促进胃肠的蠕动,减少对肠壁的刺激,调节脂肪、糖类的代谢,有效控制体重,还可以预防和抑制心血管疾病、呼吸道疾病。

(三)人体健康与营养食物

在今天的食物货架上,各式各样的食品会使人眼花缭乱,诸如绿色食品、美容食品、减肥食品、高血压食品、糖尿病食品、老年人食品等。究竟选取何种食品为宜,除了考虑其价格之外,重要的是了解各种食物的营养特点,以及身体对其需求量。只有认识到这一点,食物才能在保健、强体方面起到良好的作用。对目前营养学的研究进行综合分析,可以认为下列八类食物对人体的生长、发育和增进健康具有重要作用。

1. 谷类食物

谷类食物包括小麦、大米、高粱、玉米、小米等,它们是长期以来人类的主要食物之一。在我国人民膳食结构中,有60%～70%的热量、50%左右的蛋白质都是由谷类食物提供的。谷类食物是极好的糖的来源,而且含有丰富的维生素。谷类食物的加工既可去除杂质和大量谷皮,又便于烹饪,有利于人体消化、吸收。但是,加工方式与营养素的存留程度有密切关系。长期以来,在谷类加工中,如何既保持食品的良好感官性质和消化吸收率,又能最大限度地保留各种营养成分,是一个需要研究的课题。

2. 豆类食物

豆类食物包括大豆、豌豆、蚕豆、绿豆、红豆等,其中大豆(黄豆、黑豆、青豆)含有30%～40%的蛋白质、15%～20%的脂肪、25%～30%的糖。而且大豆蛋白质是来自植物的优质蛋白质。我国的大豆制品很多,如豆腐、豆浆、豆芽,以及各种调味品。豆腐有丰富的蛋白质,且极易被消化吸收(92%以上)。豆浆含蛋白质4%、脂肪1.8%、糖1.8%,还有一定量的铁、钙和维生素,也易于人体消化吸收,同时也是一种价格低廉的营养饮料,对体弱者和老人尤为适用。豆芽为大豆或绿豆发芽而成,质地脆嫩,除含有豆类的营养成分外,还含有丰富的维生素C,是一种极好的新鲜蔬菜。

3. 肉类及动物内脏

我国人民的主要肉食为猪肉,其次为牛肉、羊肉和禽肉。它们可供给人体所必需的多种氨基酸、脂肪酸、无机盐和维生素,且味道鲜美,饱腹作用强。肉类食物的蛋白质含量在10%～20%,其必需蛋白质及利用率都相当高。肉类食品中含有多种必需氨基酸,并且富有植物性食物中所缺少的精氨酸、组氨酸、赖氨酸等。肉中含的脂肪为10%～30%,其中以饱和脂肪酸为主,胆固醇多存在于动物的内脏,尤以脑、肝、肾含量高,多食对人体健康不利。

4. 鱼类

鱼类及其他水产品是营养价值较高的优质食品。鱼类中的蛋白质占15%～20%,其中必需氨基酸与肉类食品很接近,鱼肉的肌纤维主要由多种不饱和脂肪酸组成,消化吸收率为95%左右。在鱼类脂肪特别是鱼肝脂肪中,含有极丰富的维生素A、D、B,同时含有碘、钙等无机盐,因此,鱼类是较为理想的动物性食物。

5. 蛋类

普通食用的鸡蛋、鸭蛋、鹅蛋等,不仅营养价值高,而且来源丰富,加工烹调方便,无论儿童、老人还是体弱者,都适用。鸡蛋中的蛋白质是天然食品中最优秀的,可提供多种必需氨基酸,而且组成比例非常适合人体需要。蛋类中的脂肪都集中在蛋黄中,易于消化吸收,而脂肪的含量可达30%,且大部分为中性脂肪。蛋类食品含有多种无机盐,如磷、镁、钙、铁、铜、锌等,维生素也极为丰富。

6. 奶类

奶类食品营养丰富,易于人体消化吸收,是优良的营养滋补品。奶的蛋白质含量为3.5%,消化吸收率高。而且蛋白质中含有丰富的赖氨酸,是谷类食物中良好的天然互补食品。奶中的脂肪约含3.5%,呈高度分散状态,易于人体消化吸收。同时,奶中含有人体必需的脂肪酸、卵磷脂等。奶油虽然营养价值高,但因含有较多的胆固醇,故动脉硬化和血脂过高者不宜食用。

7. 蔬菜

蔬菜按品种不同可分叶菜类、根茎类、瓜茄类和鲜豆类。叶菜类蔬菜主要提供胡萝卜素、抗坏血酸和核黄素等重要维生素,也是铁、钙、磷等无机盐的宝库,且含铁量特别丰富,所以是贫血患者的重要食品。根茎类蔬菜的营养价值不如叶菜类,但营养成分各有特点,如马铃薯、山药、芋头和藕,其中淀粉含量较高,马铃薯还含有较多的蛋白质和维生素,胡萝卜含有丰富的胡萝卜素。瓜茄类蔬菜的营养价值较低,但辣椒、西红柿、黄瓜等的胡萝卜素和抗坏血酸的含量较高。鲜豆类蔬菜包括扁豆、夏豆、毛豆等,其中蛋白质、糖、硫胺素、钙、磷、铁的含量均比其他蔬菜高,蛋白质的质量也比谷类高,铁也易被吸收利用,所以鲜豆类蔬菜是一种营养丰富的蔬菜。

8. 水果

水果的营养价值与蔬菜相似,是维生素和无机盐的重要来源。新鲜水果也是抗坏血酸的良好来源,其中,鲜枣、山楂、橘子、柠檬、柚子中的抗坏血酸的含量较多。野生水果中,刺梨和猕猴桃中的抗坏血酸的含量也十分丰富。红黄色的水果,如柑橘、杏、菠萝、柿子中含有较多的胡萝卜素。水果也是钙、磷、铜、锰等无机盐的良好来源,其中铁、铜均有促进贫血病人血红蛋白再生作用。此外,水果中还含有有机酸、果胶、纤维素和酶,可刺激胃肠蠕动和消化腺分泌,增进食欲,帮助消化和排泄。

(四)膳食不均衡对人体的影响

人体的生命活动是依靠蛋白质、脂肪、碳水化合物、矿物质、维生素、水等六大营养素的营养作用来完成的。如果某一种营养素摄入过多或过少,对人体的功能都会产生不利的影响,如果长期膳食不均衡,最终会导致疾病的发生。

1. 糖类不足

糖是中枢神经的主要能源物质,糖类摄入不足,会影响大脑神经的生理代谢活动,容易产生中枢神经疲劳,导致思维能力、反应能力、灵敏性下降。

糖的摄入不足还会直接影响肌肉的收缩力,影响连续性运动的体能维持,使耐力下降。同时,还会导致维生素 B 族的吸收率降低,进而引发代谢性疾病。糖的供给不足还能使免疫力下降,最终使身体抵抗疾病的能力下降。

2. 蛋白质摄入过多

长期大量摄入蛋白质,会使体液发生酸化倾向;导致运动时疲劳过早发生,使运动能力下降,加重肝、肾的负担;使钙离子丢失过多,影响骨质的坚固性;对神经内分泌活动也有不利影响。蛋白质摄入过多的同时,还会伴随脂肪摄入增加和糖的摄入减少。

3. 脂肪摄入过多

脂肪和糖在产生等量能量时所消耗的氧量是不同的,脂肪代谢的耗氧量比糖代谢的耗氧量要大。脂肪代谢能间接地增加氧自由基的生成,加重过氧化对组织细胞的损害作用。脂肪摄入过多会减少碳水化合物的摄入,导致糖原的储备不足,使耐力下降,容易发生疲劳;还会影响神经内分泌活动,导致高脂血症、动脉硬化症,引起肥胖,使不孕症的概率增加。

4. 维生素不足或摄入过多

维生素 B 不足会使乳酸堆积增加,进而使有氧运动能力下降。叶酸不足会使脱氧核糖核酸(DNA)复制能力下降,进而使肌肉的生长减慢,阻碍肌肉发展。

维生素 B12、叶酸不足会影响造血,导致贫血。

维生素 A 过多会出现头痛、脱发、黏膜干燥、骨骼畸形和肝损害。

维生素 D 过多会引起肾结石、肝中毒,异位骨化。

5. 微量元素不足或摄入过多

铁不足:影响造血,导致缺铁性贫血。钙不足:使肌肉的兴奋性升高,容易出现肌肉痉挛(抽筋),使肌肉收缩力下降。

钙过多:干扰铁、锌的吸收,使人体缺铁、锌,容易引起肾结石。

硒的生理功能:有抗氧化作用,可以保护细胞膜的结构和功能免遭过氧化的损害;保护细胞内重要活性物质不受强氧化剂的破坏;参与体内多种代谢活动,对多种酶有激活作用,参与细胞内呼吸过程。硒是肌肉的组织成分,缺硒会使心肌发生病变,硒还有抗癌作用。但硒过多会引起脱发、指甲软化。

锌的生理作用:人体内有 200 多种酶含锌,锌维持这些含锌酶的活性,使胰岛素活性增强。锌还有增强大脑功能的作用。缺锌可使糖耐量下降,导致餐后血糖高,肌肉收缩力下降,容易发生疲劳,使智力下降。

钠、钾、氯、铝、镁的生理作用:主要是维持体液的渗透压和酸碱平衡,维持神经、肌肉的应激功能和细胞正常的新陈代谢。

二、篮球运动员营养的消耗

(一)热量的消耗

在进行篮球运动训练或比赛时,由于学生身体运动量突然加大,并带有无氧运动,使得学生的热量消耗要比平时多出 10 多倍。一般情况下,学生的热量消耗为每分钟 0.07～0.3 千卡,而在进行篮球运动时,可以达到每分钟消耗 3 千卡的热量,甚至更多。

(二)蛋白质的消耗

学生在进行篮球运动时,会增加其自身蛋白质的分解和合成代谢,也就是说,会对体内的蛋白质产生较大的消耗。造成这种蛋白质消耗的主要原因是学生在运动时器官会增大,体内酶的活性会提高,激素的调节会相对活跃。由于蛋白质的特别动力作用强,蛋白过多会使机体代谢率增高,并增加水分的需要量,所以学生在运动前不宜摄入过多的蛋白质。

(三)糖的消耗

学生进行篮球运动时,给机体提供主要热能的物质就是糖类,它在运动中的利用程度直接影响着运动员是否能够顺利完成既定的训练任务和大强度的比赛。碳水化合物是糖的主要构成物质,它具有易消化、耗氧少的特点,并且其代谢产物为水和二氧化碳,很容易就能排出体外。正因为糖类在人体运动过程中发挥的重要作用,如果机体的碳水化合物得不到及时补充,就会形成供需脱节,在这种情况下,如果还坚持运动,机体对碳水化合物的大量需要只能来自体内储备的糖原,由此引发的直接后果就是机体的糖原枯竭,而学生体内糖原的枯竭会严重影响其身体健康。

(四)水的消耗

由于篮球运动时间较长,且强度较大,学生在运动时会持续大量出汗,其目的主要是对自身体温进行调节,这就意味着学生在运动过程中要消耗大量的水。同时由于篮球运动是在室外,因此学生的排汗量还与周围环境有较大关系。

(五)矿物质和微量元素的消耗

学生体内矿物质和微量元素的代谢会随着篮球运动的进行而发生一定的改变。例如,在进行大运动量的篮球训练时,学生尿液中的钾、磷和氯化钠排出量减少,而钙的排出量增加。如果学生对负荷的运动量适应,那么其体内的矿物质变动幅度就会逐渐降低。

(六)维生素的消耗

学生在进行篮球运动时,体内物质代谢量增大,使得机体对维生素的需求也逐渐增大。维生素的需要量主要与学生进行运动的负荷量、机能状态和营养水平有关。在剧烈运动的情况下,可使学生提前出现维生素缺乏症,甚至症状更为严重,因此,学生在进行篮球运动时,尤其是对维生素缺乏的耐受力差的人,应及时补充维生素。

三、篮球运动员营养的科学补充

(一)篮球运动员营养补充的要求

高校学生在参加篮球运动时,其自身能量会进行集中消耗,其主要特点包括强度大、消耗率高、酶和辅酶的活性加强、肾上腺皮质和髓质激素分泌增加、酸性代谢产物堆积等。在消耗过程中,学生机体内的营养素代谢和需要也会发生相应变化。从营养学知识中,我们可以得知,人体进行科学、合理的营养补充,可以对器官、组织细胞的功能进行有效调节,大大增加人体的运动能力,保证机体内代谢的正常进行,并且还可以在运动结束后促进机体的恢复。因此,高校学生进行合理的营养补充,可以为篮球运动的正常进行提供良好的保障。高校学生在进行营养补充时,主要有以下几个方面的要求。

1. 要延缓和减轻学生疲劳

高校学生进行篮球运动时,产生运动疲劳的主要原因是脱水引起体温调节障碍所致的体温增高,酸性代谢产物堆积,电解质平衡失调造成的代谢紊乱,能源储备耗竭等。因此,在进行营养补充时,学生必须对如何补充才能有效缓解和减轻自身的运动疲劳这一问题进行重点考虑,只有这样才能使学生保持良好的身体状态,延缓疲劳的发生或减轻疲劳的程度。

2. 为学生提供适宜的能量

能量消耗是保持篮球运动正常进行的基础,但是人体所能提供的快速功能储备是非常有限的。如果高校学生不能及时补充优质的能源物质,就很难保证有足够的能量来供应篮球运动的需要,而最直接的结果就是会导致体内糖原水平降低,使体内 ATP 的合成速率达不到机体需要的要求。所以,学生在进行篮球运动时,要注意保证糖类食物的摄取量,使自己体内储存足够的肌糖原和肝糖原,确保机体内 ATP 在运动时的合成速率达到要求。同时,高校学生还要保证自己拥有适宜的体重和体脂成分,以实现对运动中能源物质的良好利用。

3. 能提高学生的恢复速度

在高校学生进行完篮球运动后,机体功能的恢复也很重要,同样要受到学生的重视。机体恢复的内容主要包括有机体能量供应及其储备的恢复、体液的恢复、代谢能力的恢复、元素平衡及细胞膜的完整性等。而这些代谢能力的恢复都需要学生进行合理的营养补充来完成。

4. 为学生防止运动损伤提供保证

在高校篮球运动中,学生的运动损伤相当普遍,其主要内在原因则是由于肌纤维中能源物质水平降低。当快收缩肌纤维中的糖原耗尽时,人体就会发生疲劳,控制和纠正运动动作的能力就会受到损害,运动外伤的发生也会随之增加。因此,高校学生在进行营养补充时,要着重补充体内的糖原物质,这样才能够很好地预防高校大学生在运动中发生损伤。

(二)篮球运动员一般营养补充的方法

篮球运动员的能量及各种营养素的消耗大大高于普通人群,因此,运动员除了需要平衡的膳食营养保障,还需要更多的营养补充。

1. 糖的补充

糖是运动时肌肉的最佳能源。人的运动能力与糖的储备有密切关系,中枢神经的能量 99% 以上来自糖,因此,低水平的血糖将首先影响中枢神经系统的功能。

(1)赛前的糖原储存

体内糖的储备包括肌糖原、肝糖原和血糖三部分。其中,肌糖原是体内糖储备的最大部分。比赛前及比赛中适量补充糖可维持血糖水平,有利于提高竞赛能力,延缓疲劳的发生。赛前补糖的目的是使体内有充足的肝糖原和肌糖原的储备量。

(2)运动中的糖摄入

长时间从事高强度运动的人,运动中每小时应该补偿 30~60 克葡萄糖、蔗糖或其他高血糖指数的含糖食品。补糖可使疲劳推迟 30~60 分钟发生,而且能使运动后期保证足够的糖供给。

(3)运动后补糖

运动后 4~24 小时,食物的血糖指数在肌糖原合成率中起主要作用。运动后应该尽早摄入 50 克高或中血糖指数的糖,而且随后每 2 小时摄入 50 克糖,直到用正餐。

(4)低血糖的症状与预防

在体育活动中,有时练习者会出现低血糖症,轻者头晕、心跳加快、有饥饿感、乏力、面色苍白、出冷汗;重者神志模糊、语言不清、四肢发抖、精神错乱,甚至还会出现更为严重的现象。低血糖症发生的原因主要是长时间剧烈运动时血糖供应不足或消耗过多,导致血糖过低,机体调节糖代谢的机制紊乱。

预防低血糖的发生,就要在参加体育活动时避免空腹,尤其是参加体力消耗大且运动时间长的体育比赛时,要注意补充含糖丰富的食物或饮料;对于有低血糖病史的学生,应去医院检查,查明原因,对症治疗。

2. 蛋白质的补充

一般来说,运动员对蛋白质的需要量比普通人要高,不同运动项目的运动员所需蛋白质含量也不尽相同。蛋白质摄取时要适量,如果摄入过多,不仅对肌肉增长和提高肌肉的运动能力没有好处,反而会对正常代谢和健康产生不良影响,导致肥胖或肝、肾的负担加重,产生疲劳,运动能力降低等。

3. 水的补充

水是生命之源。缺水不但影响运动能力,而且容易造成运动损伤和其他运动性疾病。所以,运动中水分大量流失后,需要及时补充,才不会伤害身体。

参加体育运动时,肌肉运动产生大量的热量,使皮肤血流量增加,分泌大量汗液,失水量多。如在天热的环境下打篮球,运动员 1 小时汗液的流失量高达 2~7 升。当脱水量达到体重的 1%~2% 时,就会损害运动员的体力、运动能力和认知能力。

运动期间补水时,应少量、多次,让水温适宜。运动前补水是预防性补水,可以避免运动中脱水。合理的方法是在运动前 15~20 分钟进行补水或饮料 400~700 毫升,且少量、多次摄入,每次 100~200 毫升,分 2~4 次饮用。运动中要适量补水,以保持水分的平衡。补液的量根据出汗量的多少而定。一般情况下,每小时补液总量不宜超过 800 毫升,在运动中可以每隔15~20分钟补液100~300毫升,或每跑2~3千米补液100~200毫升。运动后要充分补水,使进出机体的液体达到平衡。运动后补液也要遵循少量、多次的原则,切忌暴饮。运动后补液量的多少可根据体重的丢失量确定,补液量一般是运动前后体重差的150%,如运动前后的体重相差0.5千克,那么补充的水量控制在750毫升为宜。

4. 维生素的补充

体育运动促进了人的能量代谢,在能量消耗增加的情况下,某些维生素的需要量就会增加。参加体育运动(中等强度以上)时,应重视多种维生素的补充,以促进运动恢复,延缓疲劳发生,增进体力和体能,从而保证身体健康,提高竞技能力。

通常,在获得膳食平衡的情况下不会发生维生素缺乏,但是在长时间进行高强度、大运动量的训练,控制、减轻体重或进食紊乱等特殊情况下,应注意适量补充维生素,但在补充维生素时应注意供给量,避免过量补充引发副作用。

(1)运动后造成机体维生素需要量增加的原因

①运动训练使胃肠对维生素的吸收功能下降。

②运动引起汗液、尿液及粪便中维生素的排出量增加。

③运动使维生素在体内的周转率加速,能量代谢增加等。

(2)对运动影响较多的几种维生素

①维生素B1。在能量代谢和糖代谢生成三磷腺苷(ATP)的过程中,维生素B1起着重要的作用。当维生素B1缺乏时,其代谢物丙酮转化成乳酸,乳酸堆积会导致疲劳,损害有氧运动能力,影响正常的神经冲动和传导,并使消化功能和食欲受影响。维生素B1的主要食物来源为粗粮,如米、面、花生、核桃、芝麻和豆类。

②维生素B2。维生素B2与人体细胞呼吸有关,在有氧耐力运动中起着重要的作用。此外,维生素B2还可能是糖酵解酶的有效功能物质,所以对无氧运动来说不可或缺。维生素B2主要集中在少数食物中,如肝、肾中的含量最丰富,牛奶、黄豆和绿叶菜中的含量相对较多。

③维生素B6。运动训练是加强维生素B6代谢的途径,因此,经常锻炼的人对其需要量较多。坚果类、豆类和动植物食品以及蔬菜、水果中均含有维生素B6,此外,米汤、麦芽中的维生素B6含量最为丰富。

④维生素C。维生素C是一种强有力的抗氧化剂。大运动量训练可能会使人体维生素C的代谢加强。运动后补充维生素C有利于减轻疲劳和缓解肌肉酸痛,增强体能,保护细胞免于自由基损伤,但不宜过量补充。维生素C的主要来源是蔬菜和水果。

⑤维生素E。维生素E是一种重要的抗氧化营养素,在特殊条件下,进行训练后补充维生素E有提高最大吸氧量、减少氧债和血乳酸的作用。维生素E最丰富的来源是植物油、麦胚、坚果类及其他谷类食物。

5. 微量元素的补充

体育运动中人体所需的微量元素主要有铁、锌、铜、锰、铬、硒、氟等。人体比较容易产生的问题是缺铁和缺锌。

(1)铁的补充

铁在机体内最突出的功能是运输氧,如果铁的运氧能力被阻断或铁的含量不足,机体会出现缺铁性或营养性贫血。因此,铁对运动能力的发挥具有重要意义。对于运动员来讲,缺铁可能直接损伤机体的氧运输能力。

运动中,大量的铁经汗液流失,使运动员的铁流失高于普通人。大运动量训练会降低铁的吸收率,致使食物所供应的铁得不到充分利用。由于以上原因,运动员对铁的需求量高于普通人。

铁主要来源于肉类、蛋类、蔬菜、谷类、水果、海带等。动物性铁易溶解,且其中的一种结合铁——血红素铁可以直接被小肠黏膜吸收,因此血红素铁是最优质的。

(2)锌的补充

锌是许多重要代谢酶的成分之一。运动对锌代谢的影响取决于运动量的大小或机体的适应能力。当运动量过大时,血液中的锌水平会下降,尿锌的排量也大大增加。此外,运动还可以影响食物中锌的吸收与利用,引起体内锌的重新分布。这些都是影响人体锌量平衡的重要原因。因此,运动后应注意锌的补充。

大多数膳食锌的摄入来源于动物性食物,尤其是肉类。谷类是植物性食物中含锌量较高的。此外,饮用水中也含有一定量的锌。

(三)篮球运动员特殊营养的补充

1.肌酸的使用

肌酸从1994年成为体育界最流行的能力增强剂,对从事篮球运动的人来说,肌酸的使用也会带来一定的益处。短时间补充肌酸(每天15~25克,5~7天),总肌酸量增加15%~30%(127~149毫摩尔/千克干重肌肉),磷酸肌酸储存增加10%~40%(67~91毫摩尔/千克干重肌肉)。肌酸和磷酸肌酸储量增加,有利于维持高强度运动时的ATP水平,促进反复高强度运动的间歇期磷酸肌酸的再合成。因此,短期的肌酸补充可使最大做功或最大力量增加5%~15%,最大用力时肌肉的收缩能力提高5%~15%,单次冲刺能力增加5%~15%。除此以外,长时间补充肌酸(每天15~25克,5~7天,然后每天2~25克,服用7~84天),可以明显地提升力量、短距离冲刺能力和增加去脂体重。

研究表明,肌酸可以增加肌纤维摄取蛋白的能力。肌动蛋白和肌球蛋白对所有肌肉的收缩都是必需的,所以当这些收缩蛋白增加后,最终将导致运动员肌肉从事体力活动能力的提高。肌酸的以上这些作用无疑对于篮球运动是有益的。1996年,中国女足使用肌酸增加力量,取得了较好的效果。

一些来自教练员的个案报告指出,肌酸的补充会提高肌肉痉挛和拉伤的发生率。也有报道称,有运动员在使用肌酸后未能达到增强体能的效果。为保证肌酸的使用效果和不出现副作用,必须遵从以下几条原则。①严格掌握肌酸使用的剂量,即冲击量:每天20克,服5~7天。维持量:每天2.5克。过量摄入的肌酸将由肾脏排出,造成浪费。②使用的同时服用含糖饮料将有助于肌肉摄取更多的肌酸,从而提高肌酸补充的效果。③使用肌酸的运动员,尤其是在热湿环境下训练的运动员要注意液体的补充,防止肌肉痉挛和拉伤的发生。

2. 使用1,6-二磷酸果糖

要想通过训练使运动员的肌肉增长,训练的强度要足以造成肌细胞微结构的损伤,当这些损伤被修复后,肌肉就会有所增长。使用1,6-二磷酸果糖可以促进我们机体自身的内源性。1,6-二磷酸果糖、二磷酸甘油和ATP增高,可以增加心肌供血,使心肌收缩力加强,改善微循环,改善细胞膜的极化状态,促进缺血组织、器官的活动;具有抗氧化作用,能够抑制肌细胞产生自由基,对维持细胞完整性、恢复和改善细胞膜功能有重要作用。口服1,6-二磷酸果糖可以作为常规使用,运动前2小时使用效果最佳,而且使用方便,价格也便宜。当运动员训练的强度很高时,可以间隔2~3天静脉滴注一次,以加速肌肉恢复过程。

3. 谷氨酰胺制剂的合理使用

谷氨酰胺对保护肌肉有明显的作用。研究表明,运动期间,机体酸性代谢产物的增加使体液酸化。谷氨酰胺有碱基产生的潜力,因而可在一定程度上减少酸性物质造成的运动能力降低或疲劳。还有研究认为,谷氨酰胺有使肌肉糖原聚集的作用。也就是说,它可以加速肌肉糖原的再合成,有利于肌肉疲劳的消除。在训练的不同阶段,可以使用不同的谷氨酰胺制剂。平常训练可使用"强力恢复冲剂,它是以L-谷氨酰胺为主要成分,配以葡萄糖、维生素、肌酸、牛磺酸等制成,运动后冲服40克即可加速体能恢复。训练后期,尤其是临近比赛的那一段时间,可改用谷氨酰胺胶囊,它是一种纯的L-谷氨酰胺制剂,通过提供高浓度的谷氨酰胺来增强免疫机能和加速体能的恢复。用量为第一周使用冲击量,每天20粒,此后改成维持量,每天4~8粒。

4. 高生物活性的蛋白质和氨基酸制剂

高生物活性的优质蛋白质和氨基酸包括乳清蛋白、酪蛋白、卵白蛋白及其水解产物(含二肽、三肽、游离氨基酸)、谷氨酰胺、鸟氨酸和a-酮戊二酸合剂(OKG)、支链氨基酸、p-羟基、p-甲基丁酸盐、牛磺酸等。运动员从事大强度运动,要及时补充这些高生物活性的优质蛋白质和氨基酸,有利于使肌肉酸痛的时间明显缩短。可见,这对连续大运动量训练是大有益处的。

5. 抗氧化剂的合理使用

在进行激烈的体力活动时,高出于平时2~3倍的自由基将对肌细胞产生损伤,造成疲劳的早出现以及疲劳的消除延缓,尽快清除机体的自由基成为体能恢复的一个重要方面。除在膳食中注意摄入含抗氧化物质的水果和蔬菜外,补充维生素C、维生素E、胡萝卜素和微量元素硒及绞股蓝皂苷、灵芝多糖和生命红素等保健品均能达到一定的清除体内自由基的功效。新近出现的生命红素,是一种抗自由基能力最强的补充品,每天只要服用1粒,就可以起到很好的恢复体能的效果。

(四)篮球运动员营养补充的误区

1. 体液补充的不科学性

高校学生在参加篮球运动时,由于运动量较大,出汗情况较为严重,而大多数学生经常会在运动完后才想到补充水分。科学研究表明,运动中人体内水分的流失会导致机体的血容量下降,造成心脏负担增大,当机体体液流失占总体重的 2%～3% 时,机体的运动能力就会受到一定的影响。由于高校学生对科学补水知识的缺乏,经常认为口渴了才需要补水,这就使得学生在进行篮球运动时,机体经常处于缺水状态。实际上,当学生感觉到口渴时,其体液流失就已达到体重的 2%～3%,此时运动能力已经受到损害。因此,学生应在运动中经常补水,保持体内水分的充足。此外,学生在进行体液补充时,还要注意矿物质、维生素和碳水化合物的补充。

2. 忽略早餐的重要性

早餐是人体保持一天好状态的开始,一顿丰富的早餐不仅能补充人体的营养,而且会给人带来一份好的心情,这一点对于正值身体发育期的高校学生而言更为重要。而在我国高校,早餐最容易被学生忽视,早餐时间多被懒觉所占用,出现"早简晚盛"的现象。这会直接导致机体各种营养素的摄入出现失衡和严重不足,特别是那些参加篮球运动的学生,这样的失衡会使他们体内的各种营养物质得不到及时补充,严重影响机体的能量供应。因此,无论从营养角度还是从运动角度,学生都要重视早餐对自己身体健康的重要作用。

3. 蛋白质补充不合理

大多数学生对蛋白质作用的认识较为深刻,在平时的饮食或运动补充上都会刻意重视蛋白质的补充。但是蛋白质并非摄入得越多越好。许多学生走进了过量补充蛋白质的误区,形成了膳食中摄入的肉越多,营养越丰富的错误思想,从而忽视了米、面以及新鲜蔬菜等食物的补充,造成机体内碳水化合物的缺失。

4. 忽略微量营养素的补充

高校学生在进行篮球运动过程中,往往会错误地认为,只要吃高脂肪、高蛋白、高热量的食品就可以加强自身的营养,导致对机体所需的宏量营养素的补充过于频繁。然而,机体内摄入过多的脂肪和蛋白质会对学生运动能力产生许多不利影响,如增大机体内脏的负担,影响其他营养素的吸收。由于对微量营养素的认识不够,许多学生几乎都不知道如何补充体内所需的微量营养素,从而造成体内宏量营养素过剩、微量营养素缺失的不平衡状态,对学生的身体健康造成不利影响。

5. 过于注重营养品的补充

现阶段,许多关于营养补品的广告对其产品的作用进行夸大宣传,造成高校学生误以为只需通过这些营养品来补充体内营养就行,以为补品可以补救一切营养缺乏,出现以药代食的现象,如对减肥、增高、增智等药效产生依赖。其实,营养补品仅提供一小部分营养素,而且只对缺乏某些营养素的人起作用。至于补药,主要是调整或提高某些生理功能,需不需要补,补什么,要因人而异。单纯的营养补品是不可能完全满足人体营养需要的,所以我们还是要在平常饮食中进行全面营养的补充。

课后题

1. 请简述在运动中崴脚并发生明显错位,应该如何处理?
2. 采取哪些方法可以有效避免运动损伤?请简述。
3. 请简述如何判断运动性疲劳?

参考文献

[1] 曹玲.球类运动——足球、篮球、排球[M].大连理工大学出版社,2013
[2] 中国篮球协会审定.篮球规则[M].北京:北京体育大学出版社,2019
[3] 王磊,柏海平.篮球运动教学与训练体系的优化和实践指导教程[M].西安:陕西旅游出版社,2020
[4] 中国篮球协会审定.篮球规则解释[M].北京:北京体育大学出版社,2018
[5] 中国篮球协会审定.篮球裁判员手册[M].北京:北京体育大学出版社,2016
[6] 元文学.体育修养[M].大连:大连理工大学出版社,2011
[7] 夏培玲,王正树.大学生体能锻炼指南[M].大连:大连理工大学出版社,2012
[8] 李芃松,由世梁.篮球规则与裁判法实用图解[M].大连:大连理工大学出版社,2022